内容提要

《刑罚·沟通与社群》一书关注的中心是为犯罪人承受的正式刑罚，寻求一种统一的正当性基础。在达夫看来，任何规范性刑罚理论都或多或少地依附于某些被设定的国家概念——政治团体和政治义务的本质，国家角色和权力的适当性。

基于这样的认识，他提供了一个关于政治社会的"自由－社群主义"理想，并就刑法在这样的政治体中所扮演的角色展开论述。"自由社群"要求刑法界定或创设一系列关涉到整个社群的"公共"不法行为；刑事审判的作用在于要求社群成员对其所指控的不法行为进行答辩，并接受公共性责难；刑事程序将那些被刑罚处罚的人也视为政治社群的成员，并尊重他们的自治、自由和隐私。

不同于报应主义和结果主义的"排斥型"刑罚理论，达夫认为与"自由－社群主义"相契合的刑罚，应当是一种包容性的沟通机制，即刑罚应当向犯罪人（我们的社群伙伴，而不是我们之外的他者）传达与其罪行相适应的谴责，并旨在通过这样的沟通过程，说服其对罪行进行悔悟，尝试自我改造，并达成与被害人的和解。

这种包容性的刑罚理念，允许并且提倡刑事程序当中的和解，肯定犯罪人（和受害者）在决定量刑时的作用，反对死刑，这些对于我国当前正在进行的刑罚结构与体系改革具有启示作用。

另外，达夫将刑罚理解为"沟通性事业的独特类型"的思想，"消极的罪刑相适应原则"思想也颇值得我们深思。

刑罚·沟通与社群

〔英〕安东尼·达夫 — 著
王志远 柳冠名 姜盼盼 — 译

中国政法大学出版社
2018·北京

刑罚·沟通与社群

Punishment, Communication, and Community
by R. A. Duff
Copyright © 2001 by Oxford University Press, Inc.

Punishment, Communication, and Community was originally published in English in 2001. This translation is published by arrangement with Oxford University Press. China University of Political Science and Law Press Co., Ltd. is solely responsible for this translation from the original work and Oxford University Press shall have no liability for any errors, omissions or inaccuracies or ambiguities in such translation or for any losses caused by reliance thereon.

《刑罚·沟通与社群》一书英文版首次出版于2001年。该书中译本经牛津大学出版社授权出版。中国政法大学出版社对中译本翻译的准确性完全负责。牛津大学出版社对中译本翻译质量以及因翻译质量问题所造成的任何损失概不负责。

版权登记号：图字01-2018-5377号

中文版前言

R. A. 达夫

非常高兴看到这本书被翻译成中文出版。这本书从写成到现在已经过去了将近 20 年,原来设想仅面向英语背景的读者。然而我相信这本书的主题在 20 年后的今天仍然是重要的,甚至有重大意义的;我也相当感兴趣于这一主题能够在多大程度上影响一个有相当差异的读者群。

这本书是对英美两个主要刑罚思想流派的部分回应。一方面,刑罚被报应主义者描述为对不法行为者施加的应得痛苦;另一方面,结果主义者则将其界定为施加于犯罪人以获得社会利益(预防或者减少犯罪是最为显著的收益)的手段。在这两种语境下,刑罚被描述为"我们"向"他们"做的事情;"他们"仅仅是消极的接受者。这样的描述符合英国和美国刑罚理论与实践(以及修辞上)通常具有的排斥属性:施加惩罚的"我们"是守法公民,被惩罚的"他们"是危险的局外人、敌人,"我们"必须对"他们"采取防卫。

我的目标是发展一种更具包容性的刑罚概念:审思我们能否将刑罚作为相互视为公民——政治社群的完全适格成员——的"我们"相互施加的要求,来理解,证成其正当性。我相信我们可以这样做,只要将刑罚理解为沟通性事业的独特类型,而在这其中,政体寻求与犯罪人沟通其应受的谴责,并确保犯罪人的适当回应。本书的大部分内容致力于解释这种刑罚概念及其实践意涵。

需要明确的是,我所提供的并非现行刑罚实践的正当性证成。毋宁说,它是关于刑罚应当是什么的一种理想性理论——一种有助于充分证成刑罚正当性的刑罚制度设想。作为一种理想观念,它应当为我们提供反对现行实践,确认并且理解现行实践主要缺陷的标准,并作为改革的基础。然而,我们不能仅通过改革刑罚实践来获得刑罚的正当性:正当的刑罚体系依赖于公正的社会;在本书的结尾部分,我探讨了一些不公正社会体系的刑罚实践必须面对的问题。

对于翻译工作的艰巨性,我有一些了解,所以最后,我要对本书的译者们表示衷心的感谢。特别是柳冠名先生,他直接推动了这一项目的进行,并且承担了正文的翻译工作。

R. A. 达夫
2018 年 9 月

致 谢

安东尼·达夫

近二十年来，我一直在思考和撰写有关刑罚的问题，因此在这里，我无法奢望可以感谢所有曾经影响过和帮助过我的人，我谨向那些帮助过我完成此书的人致以诚挚的谢意（并对那些对此书给予贡献，但是我忘记提及的人，表达我的歉意）。

在此，向斯特林大学（University of Stirling）给予我学术休假的资金资助表示感谢，这让我完成了本书的初稿；向英国国家学术院（British Academy）给予我的学术假期表示感谢，这让我完成了本书的写作；感谢斯特林大学哲学系的同事们，他们的评论对于本书的论点和观点非常具有帮助，同时感谢他们营造了一个长期具有激励性的，且建设性的哲学批判环境；感谢在阿伯丁，伯明翰，爱丁堡，格拉斯哥，伦敦，牛津，和谢斯菲尔德的听众们，我向他们试讲了本书的部分内容；感谢迈克·汤瑞（Michael Tonry）鼓励我撰写本书，感谢史蒂芬·莫斯（Stephen Morse）对于本书的大纲给予了有益的建议；感谢安德鲁·冯·赫希（Andrew von Hirsch），他阅读了全稿并提供了许多建设性的批判，这至少帮助我避免了一些混淆；最要感谢的是桑德拉·马歇尔（Sandra Marshall），不仅仅是因为她阅读了全稿并做出评论，更是为了这

么多年我们彼此共同分享的探讨，支持和鼓励。

我从已发表的文章中选用了一些材料，在此我感谢以下的出版商允许在此引用它们。哈特出版社（Hart Publishing）[《刑罚、沟通，和社群》，载于《刑罚和政治理论》，马特·马特拉沃斯（M. Matravers）编，1999年，第48~68页]；牛津大学出版社（Oxford University Press）[《危险和公民身份》，载于《量刑理论的基础》，安德鲁·阿什沃斯（A. J. Ashworth），马丁·沃斯科（M. Wasik）主编，1998年，第141~164页；《法律，语言，和社群：刑事责任的一些预设条件》，载于《牛津期刊之法律研究》第18期，1998年，第189~206页；《包含和排外：公民，主体和犯罪人》，载于《当代法律问题》第51期，1998年，第241~266页]；塞奇出版社（Sage Publications）（《社群刑罚》，载于《刑罚与社会》第1期，1999年，第23~39页）；芝加哥大学出版社（University of Chicago Press）[《沟通性刑罚：刑罚哲学的近期研究》，载于《犯罪与正义：研究评论》，迈克·汤瑞（M. Tonry）主编，第20期，1996年，第1~97页]。

以本书纪念 H. L. A. 哈特教授（H. L. A. Hart），他第一次向我，也向其他人，展示了哲学和刑法学之间如何形成丰富的互动。

安东尼·达夫
斯特林，苏格兰
1999年12月

目录
Contents

中文版前言 · 001
致　谢 · 003

引　言 · 001
1. 什么需要正当性证成？· 002
2. 理论与实践 · 006
3. 何种正当性？· 008
4. 概　览 · 011

第一章　结果主义、报应主义和废除论 · 014
1. 纯粹结果主义和刑罚 · 014
1.1　结果主义的理论架构 · 014
1.2　对纯粹结果主义的批判：无辜者的权利 · 019
1.3　结果主义者的回应 · 021
2. 边际约束的结果主义 · 024
2.1　边际约束和"消极的"报应主义 · 025

2.2 批评：实现有罪者的正义 · 028
3. 权利弃置论与社会防卫论 · 029
3.1 权利或道德属性的弃置 · 030
3.2 作为一种社会防卫的刑罚 · 032
4. 报应主义的主旨和种类 · 036
4.1 "犯罪人罪有应得" · 037
4.2 "免除不公平的利益" · 039
4.3 惩罚性情感 · 043
4.4 刑罚，作为一种沟通机制 · 047
5. 废除论者的挑战 · 053
5.1 什么将被废除？· 053
5.2 为什么要废除？· 055
5.3 什么应当替代刑罚？· 056

第二章　自由的法律社群 · 059

1. "自由主义"与"社群主义" · 060
1.1 自由主义与刑罚 · 060
1.2 刑罚言辞中的"社群" · 065
2. 一个规范性的社群范型 · 069
2.1 一个典范：学术社群 · 069
2.2 政治性社群 · 074
3. "社群主义"和"自由主义"（再论）· 077
3.1 形而上的问题与规范性的问题 · 077
3.2 "我"和"我们" · 081
3.3 选择与认同 · 083
3.4 个体利益和共有利益 · 085
4. 自由政体中的刑法 · 088
4.1 禁止和宣告 · 089

   4.2　作为普通法的刑法 · 092
   4.3　犯罪的概念 · 094
   4.4　刑法的权威 · 099
   4.5　一个有限的刑法 · 103
5. 非自愿的成员身份 · 105
6. 对犯罪的回应 · 110

第三章　**刑罚、沟通与社群** · 113

1. 刑罚能与自由社群相契合吗？· 113
   1.1　包容和排斥的模式 · 114
   1.2　排斥性刑罚 · 116
2. 刑罚与沟通 · 119
   2.1　沟通与表达 · 119
   2.2　沟通与刑法 · 119
   2.3　刑罚、沟通和严厉的措施 · 122
3. 沟通，威慑和谨慎性补足 · 123
   3.1　沟通加威慑 · 123
   3.2　责难与谨慎性补足因素 · 127
4. 刑罚，作为一种目的性的沟通 · 130
   4.1　刑罚，作为一种道德教育？· 131
   4.2　调解：民事与刑事 · 136
   4.3　刑事调解，刑罚和沟通 · 141
5. 作为沟通性刑罚的缓刑和社区服务 · 145
   5.1　作为刑罚的缓刑 · 146
   5.2　缓刑的扩展 · 150
   5.3　作为公共补偿的社区服务 · 152
   5.4　结合令：社群与犯罪人之间的和解 · 153

6. 作为忏悔的刑罚 · 155
　6.1 3"R"刑罚理论 · 156
　6.2 谁对谁负有何种义务？· 163
7. 不同种类的犯罪人 · 168
　7.1 被道德说服的犯罪人 · 168
　7.2 羞愧的犯罪人 · 169
　7.3 已经忏悔的犯罪人 · 171
　7.4 反叛的犯罪人 · 176
8. 悔罪式刑罚与自由的国家 · 181
9. 但是…… · 186

第四章　沟通式量刑 · 189

1. 相称的刑罚 · 190
　1.1 相对的原则还是绝对的原则？· 191
　1.2 什么与什么相适应？· 194
　1.3 积极的还是消极的？· 197
　1.4 优先性的原则还是可退让的原则？· 200
　1.5 超越相称性 · 202
2. 刑罚方式和它们的含义 · 206
　2.1 罚金刑 · 209
　2.2 监禁刑的含义 · 212
　2.3 死刑 · 218
3. 谁来决定？· 222
　3.1 "司法公正"：普遍的还是个案的 · 223
　3.2 协商式量刑？· 227
4. 犯罪记录和"危险"犯罪人 · 233
　4.1 先前犯罪记录的相关性 · 239
　4.2 "危险的"犯罪人 · 242

第五章　**从理论到实践**·248

　　1. 理想的理论和现实的实践·248
　　2. 刑罚的前提·253
　　2.1　条件和前提·253
　　2.2　政治义务·257
　　2.3　我必须向谁答责？·261
　　2.4　法律的语言·266
　　2.5　法律与社群·273
　　3. 刑罚的正当性能够被证成吗？·277

参考文献·284
译后感言（代后记）·308

引 言

每一年,我们的法院都会将成千上万涉嫌犯罪的人定罪。[1]其中包括像杀人,强奸,和其他暴力侵袭那样的严重侵犯人身权利的犯罪;占有或损害财物,诈骗;违反道路交通法,卫生和安全法的危险性犯罪;持有和提供违禁毒品的犯罪;还有违反公共秩序的犯罪。这些仅仅是刑法所规定的众多犯罪中的一部分。绝大部分被定罪的人将被判处法律所规定的一种刑罚措施。[2]这些刑罚方式包括,期限从几周到终身的监禁;或多或少的罚金;不同种类和期限的社区服务令;附条件的缓刑令等。

若问"什么可以证成刑罚的正当性"——这是刑罚之法哲学探讨的核心问题,其本质在于什么可以证成此类实践活动的正当性。对于国家应当如何对待其公民这一关注而言,这个问题是无法回避的。虽然这一问题是以"个人非涉"的语境提出的,提问者也往往不受这种实践活动的直接影响,但它实际上关涉所有的个体公民。对于许多公民,他们与国家的刑事机制(penal apparatus)直接发生

---

[1] 1997年,有911 842人被美国联邦法院和州法院定为重罪(美国司法统计局1998,421);32 000人被英格兰刑事法院和威尔士刑事法院定为公诉罪(英国内政部1998,21)。这些数字没有统计更多被美国法院定为轻罪的人以及被英格兰法院和威尔士法院定为即决审判罪的人。

[2] 还有其他犯罪人避免了(进一步的,正式的)刑罚,或者被认定为精神病患者,转移到医院进行强制医疗,或者被判处无条件释放或附条件释放。参见 Walker & Padfield 1996, chs. 15, 21。

关系，例如嫌疑人，被告人，或被认定为有罪的犯罪人；启动刑事机制或刑事机制所处理之案件中的被害人；也可能是调查和起诉嫌疑人，决定其有罪或是无罪的执行刑罚的司法工作人员。另外，为避免被处罚，许多公民会依据刑事机制来指引他们的行为。总之，这个问题关系到所有的公民，因为刑事制度的运行正是明确地以公民的名义，代表他们的权利所进行的。

在学者们讨论"刑罚危机"的时候，正当性的问题显得尤为引人注目，这个问题的讨论已经持续了二十多年（参见例如 Bottom & Preston 1980; Cavadino & Dignan 1997, ch. 1）。刑罚危机的思考，有时指向监禁刑（例如我们对监禁刑的过度依赖，不人道的监禁环境）而并非宽泛意义上的刑罚；有时指向某种具体的刑罚方式或是其决定性条件，而不是刑罚本身是否能够真正地获得正当性证成。但是如果我们注意到刑罚（是以我们的名义）被强加到我们众多的同胞身上，并且给被执行者造成的诸多影响，我们就不能不想到其合法性的问题：究竟有什么可以证成刑罚这种实践活动的正当性呢？而这正是刑罚合法性危机的一个重要方面。

我们必须要清楚，当我们提出这个问题的时候，我们确切的含义是什么：什么需要被正当性证成，以及何种正当性证成才可算作是充分的。

1. 什么需要正当性证成？

在考虑什么需要正当性的证成时，我们也应当关注现行刑事制度所涉及的深层次问题。刑罚，虽然是刑事机制中一个核心方面，但它也仅仅是其中之一。[3]

第一，只有少部分的犯罪人才最终被刑事法院所定罪。因为有许多犯罪并没有正式地被报告，而针对被举报的犯罪，其破案率也

---

〔3〕 我从加兰（Garland）的文章中引用"刑事机制"这一术语，加兰用它来指"整个刑事复合体，其包括刑制裁，机构，话语和事实陈述"（Garland 1985, x）。

比较低（参见 Ashworth 1995a, 7-17），只有一小部分的犯罪人才被抓获。而且，其中的许多人也没有进入审判程序。有一些人从刑事程序被转移到了其他程序——例如，被送进精神病康复医院，或者被其他执法机关直接执行罚款（如，警察对违章驾驶执行的固定金额罚款，或者由海关或税务部门开具的罚款）；有一些人在得到非正式或者官方的警告后被释放——有些情况下，甚至连释放的原因都没有给出，如检察机关出于某种原因最终决定撤销对案件的办理（参见 Galligan 1987; Ashworth 1994, 125-58; 1995a, 17-24; Sanders & Young 1994, 205-40）。而那些受到审判的被告人，有些也会被判决无罪。

此外，那些没有犯罪的人却可能被牵扯进刑事程序中。他们会被当作犯罪嫌疑人而被警察拘留和审问，或作为被告而被审判；有一些甚至会被错误地定罪并遭受刑罚。

所以，虽然本书主要关注**被定罪的犯罪人**（convicted offender）所受到的刑罚，但是我们必须清楚，人类尚没有设计出一种刑事制度，保证可以处罚**所有的犯罪人**，且只处罚那些真正的犯罪人。任何一个制度，如果它不接受那些无法忍受的成本（包括物质成本和道德成本），那么它对真正犯罪人的追诉就只能维持一定比例的，甚至是很小比例的。任何人类的刑事制度都会错误地惩罚无辜者。所以，对人类刑罚制度正当性的证成，就要去正当化"目标绝非处罚所有的犯罪人（参见 Braithwaite & Pettit 1990, chs. 6-9），也无法避免会处罚一些无辜者"（参见 Schedler 1980; Alexander 1983; Duff 1991, 435-41）的一种制度。

第二，刑罚对于犯罪人所产生的实际负担和效果也是大相径庭的——这不仅取决于刑罚本身，还取决于刑罚实施的环境，犯罪人自己的性格和经历（参见 Tonry 1994; Ashworth & Player 1998），以及事后其他人对犯罪人的态度。对有的犯罪人而言，刑罚不过是一些不方便；对另一些犯罪人而言，即使在物质层面的影响比较小，刑罚本身却带来了悔恨，羞愧，以及严重的耻辱感。对有的犯罪人而言，刑罚是一种严重的负担，但此种负担随着刑罚执行的完毕也就结束了;但对另一些而言,刑罚却给他们的生活带来巨大的变化以及根本的转向。对于有的犯罪人而言,刑罚则会彻底摧毁他们与其他人的关系,他们的事业,以及他们对生活原有的信仰(参见 Walker 1991,108-10, on "incidental punishment")。另外,与被处罚的犯罪人有紧密关联的人也会受到严重的影响——特别是犯罪人的家人以及他们的被抚养人。(参见 Walker 1991, 106-8, on "*obiter* punishment")。

此外,犯罪人受到的刑罚,只是服务于刑事司法强制力的更大过程中的一个阶段。刑罚是审判程序的结果,而审判程序本身又以警察和检察机关一系列调查和决定程序为前提。调查和审判过程给犯罪人所带来的负担,与刑罚本身也非常相似:失去人身自由,如为询问或者待审而拘押犯罪嫌疑人、被告人;失去经济利益,如丧失收入来源或诉讼带来的成本;对时间的严重占用;在调查、审判、暴露于公众监督过程中所带来的羞愧感和耻辱感;以及面对国家强制性规训权力的无助感。即使最后没有被定罪,这些负担也依然落在他们的身上。

所以,虽然本书主要关注被定罪的犯罪人所承受的**正式的刑罚**(formal sentences),但是我们必须清楚这些刑罚在惩罚内容,严厉程度和影响程度上,都存在非常大的差异,而且还会对犯罪人和其他的人造成进一步的可预见结果,同时,凡是受到刑事强制力(coercive power)调查追诉的人,也必然会承受刑事司法体系所施加的其他负担。

第三,刑事法庭所判处的刑罚绝不是惩罚的全部,甚至都不是国家正式机关所施加的惩罚的全部。例如,军队就有其独立的审判系统和惩罚方式,而其他的机关,例如警察、税务、海关,所施加的惩罚甚至不经过正式的定罪。在其他的场合——例如机构,行业,和家庭中——我们也可以发现正式的或者非正式的惩罚。

虽然本书主要关注被**刑事法庭**所判处的刑罚,但是我们必须清楚,还存在其他机构施加的正式或非正式的惩罚。(对于青少年犯罪,也有其他正式的处理措施。这些措施与成年犯罪人所受的刑罚存在巨大的差异。这当然是重要的理论问题,但是我们不在本书中进行探讨。)

如果我们仅关注由刑事法庭对被定罪的人所判处的正式刑罚,如何证成此种理论限定的正当性呢?需要正当性证成的不仅是上述狭义理解下的刑罚,而是刑事法律体系,即系统的强制性惩罚机制;以及所有种类的惩罚,而不仅仅是由刑事法庭正式施加的刑罚。

对**国家**惩罚的关注,对国家正式机关的惩罚行为的关注,其正当性是很容易被证成的。我们无需(也难以想象)主张严格的和典型意义上的"惩罚"意味着"国家刑罚",也无需认为非国家实施的其他种类的惩罚,只有通过与国家刑罚的类比,才能被理解为"刑罚"。我们只需要注意,国家刑罚与其他种类的惩罚有着本质的不同,因为前者是国家对其公民运用的垄断性强制权力,这也提出了一个尖锐的问题,即国家拥有什么样的刑罚权(如果国家拥有的话),以及该刑罚权应当如何被行使。

但是,这还不能证明仅仅关注于国家**刑罚**(state punishment)而不是更广范围的国家惩罚(state penalty)的合理性。国家刑罚正当性的思考最终当然会扩展到对整个刑事运行机制的思考——但是这并不是说,我们应当去追求某种统一宏大的理论,能够利用单一的价值观或者统一的价值观体系,对复杂机制的所有方面提供合理化的解释。[4]对刑罚正当性的思考必然建立在对刑法目的适当性思考,以及更为深入地对国家权力适当性的思考基础之上。至少从这点而言,规范性的刑罚理论本身无法自足。但是,不采用如此宽泛的追问方式,而是对国家刑罚的正当性进行特别的追问,无论如何都是有余地的。对所有的国家惩罚进行探究,可以被包容到对惩罚以及刑事司法的其他方面进行的进一步追问当中。

如果刑罚本身并没有充分的独特性,使其区分于刑事法律机制的其他方面——比如说,刑罚被简单地理解为相似于犯罪预防措施,

---

[4] 关于这种理论的总体概述,参见 Braithwaite & Pettit 1990;关于该理论的合理纠正,参见 Ashworth 1994, 1995a, 1995b.

或者对潜在犯罪人的控制措施，那么上述追问方式就可能被误导。但是，刑罚确实存在其独特的性质。在此，我不想像某些哲学家所热衷的那样，进行某种刑罚定义的讨论[5]——这样的讨论，如果旨在制造一个概念，使它可以涵盖所有的被适合称作"刑罚"的实践行为，那么此种讨论是无益的，而且如果试图对"刑罚"**应该**是什么进行有效思考时，就会迅速转入如何证成刑罚正当性的规范性讨论。我们只需要回顾一下已经熟悉的要点，典型的刑罚（应当）是由权力主体，基于犯罪人的（应当存在的）犯罪行为，向（应当是）[6]犯罪的人所施加的某种负担或痛苦；[7]刑罚与其他形式的惩罚的根本区别在于，它是对谴责（censure）的有意表达或者传达（参见 Feinberg 1970）。这些要点并没有设置任何规范性的问题，即何种国家惩罚行为，如果有的话，能够得到正当性的证成，至于这些要点的重要性，我随后会仔细讨论。[8]这些要点只是为了确认某种实践行为的特殊性，即基于犯罪人的犯罪行为，向其所施加的具有道德谴责性的负担。这也就提出了一个独立的正当性问题：如何证成这种实践行为的正当性呢？

2. 理论与实践

"什么需要正当性证成"的进一步问题，涉及规范性理论与现存实践的关系问题。

---

[5] 参见例如 Flew 1954; Benn 1958; Hart 1968, 1-27; Fletcher 1978, 408-14; Scheid 1980.

[6] Adler (1992) 认为，痛苦不是刑罚的必要特征。但是，他的表述强调刑罚是一种必要的负担，因为它限制了犯罪人的某些"基本权利"。

[7] 我所说的"（应当）"和"（应当是）"旨在提醒人们注意一个事实：要求刑罚的人可能缺少必需的权威性，或者可能不是在惩罚有犯罪事实行为的真正犯罪人。参见 Duff 1986, 151-153.

[8] 参看一些刑罚哲学家通过"取消刑罚定义"的方式来回避那些不支持特定种类刑法实践的观点。参见 Quinton 1953-54; Benn 1958; 对于批判的理论，参见 Hart 1968, 5-6; Honderich 1984a, 62-64.

引 言

一方面，一种规范性的刑罚理论，必须被确定为针对此种独特人类实践行为的理论。哲学必须从真正的人类实践出发，从这种实践所包含或被赋予的概念和价值出发。(它也必须回到实践中，即规范性的刑罚理论，必须对我们现行的实践应当如何运行，改革，或取代，给出指引。)

另一方面，一种规范性的刑罚理论必须是**一种批判性的**(critical) 理论。它不应该拘泥于现状而仅仅给我们提供一种令人沉浸其中的合理化或正当化的解释（参见 Murphy 1979c），而是应该提供批判性的标准：即刑罚应当是什么的应然概念，以及我们可以据以评价（无疑这正是我们汲汲渴求的）现行实践的应然标准。但是，理想跟现实经常是有距离的。所以，我们绝不能预先假定现行的刑罚实践最终将或多或少地被证明是恰当的，只需要进行适当的改革或者修正。我们必须展开一种可能性，即刑罚应当如何——如果刑罚的正当性被完全证成时，刑罚所具有的状态——有可能与现行的实际情况存在非常大的差异。

当一些刑罚哲学家们过于轻易地假设，刑罚实践的某些方面的正当性是能够被证成的，研究者的任务就是找到这样一种正当性，并证明何种做法可以被其正当化。以这样的方式立论甚至可以说是一种误导，它将面临"预设制序"(institution) 的指控（Mackenzie 1981, 41）。我们不应该作这样的假设。我们必须认真对待废除主义者的挑战，即刑罚的正当性根本无法被证成，它应该被废除。我认为这样的挑战是存在的。我们必须去面对它，而不是忽视它。

我们可以以另一种方式来立论。当我们说规范性理论必须源于现实的实践，实际上是说它必须开始于一种内在的或内部的批判，而不是超越性或外部性的批判。我们不能先对刑罚（或是任何一种人类实践）建构一套完全先验的思考，然后将这种思考从外部强加到现实的实践中。这样的思考究竟能够基于什么，以及它又为什么应当与现行的实践相关呢？于是，我们必须从现行的实践出发，确定它所（意图）建立的目标和价值体系，并以此对其进行评定。这样一种内在的批判是强有力的。即使它无法如"批判性"学者认为的那样显现我们实践中存在的根本性"矛盾"(参见例如 Norrie 1991, 1993),它也完全能够说明这些实践是如何与他们自设的目标和价值相距甚远。但是,仅仅采用实践内部的目标和价值是有问题的,正如内部性批判也无法一直保持其纯粹的内部性,这是因为:其一,刑罚实践本身甚至都无意拥有完全的自足性。其内部的正当性会诉诸更广泛的政治的、社会的和道德的价值。其二,若问刑罚的正当性如何被证成,也就是问刑罚在我们的政治生活中有什么作用,以及应当起到什么样的作用,任何一种充足的刑罚正当性最终都会诉诸更高的价值。如此,对刑罚实践的内部性批判一定会转变为超越特定实践的批判,并始终基于对某种政治生活的思考。一旦实践被如此超越,我们必定会提出这样的问题:实践的正当性究竟是否可能被完全证成呢?

这些从内部性批判转变为(相对地)超越性批判的观点,也会对如下问题产生影响,即对于"什么可以证成刑罚的正当性?"问题,何种答案才算是充分的。这提醒我们不能预先排除这样的答案,即"正当性无法被证成";但是,这也暗示着正当性证成应当采取的某些形式。

3. 何种正当性?

内在性批判基于具有历史偶然性的现行实践。我们的内在性批判也是基于我们生活中的刑罚实践——即当代西方社会所践行的刑罚实践,例如英国和美国,以及对这些实践的规范性思考。[9]然后我们寻求超越这些特定的实践活动,走向一个更广泛的政治或道德

---

[9] 我们的出发点到底有多特别或者有多狭隘?我们能否把谈到的刑罚看作是"当代西方社会"的实践,或者仅仅是"特定社会"的实践?在当代同属西方社会的不同法域,刑罚的理论与实践也各有明显的不同。但是,我认为,人们对于实践和对实践理论的理解有共鸣之处,相对于我所谈论的内容而言,在一般情况下,足以证明具有一定的合理性。

价值观念，并依此追问这样一种实践的正当性是否可以被证成，以及如何被证成。

哲学家们有时渴望一种彻底的先验理论，这样一种理论可以建构一套普遍的、非历史性的原则，其真理可以向任何一个理性存在者昭示，我们亦可以从中推导出应该如何架构政治社会的先验性思考——包括何种刑罚实践，如果存在的话——是应当维持的。但是，我并没有这样的志向，因为我相信它们注定是无效的。我确实试图阐述一套道德的和政治的价值观念，并依此来证成某种刑罚实践的正当性（这样一种刑罚实践会在许多方面与我们现行的刑罚存在差异）。但是，这些价值观念是基于对一个特定的、具有历史偶然性的政治社会的规范性思考。我希望，这样一种理解对于本书的读者既是合乎理性的，也是合乎常理的，但是我并不认为，它必须受到任何一个理性思考者的先验认可。

这里存在一个更深层次的问题，什么样的刑罚正当性才算是充分的呢？如果我们开始探寻"刑罚正当性"，或许我们会假定所需要的是某种整体性（unitary）的（虽然会有些复杂）正当性理论——这种理论如果不是假设某一个单一的目标或价值，至少也会假定一套内在统一的目标或价值，并依此明确地证成刑罚的正当性。但是，即使刑罚的正当性可以证成，我们为什么要假设此种正当性的理论形式应当是整体性的且内在逻辑贯通的呢？是否我们宁可怀疑，如此一种宏大的整体性理论对于复杂的刑罚实践制度是不充分的呢？（参见 Harrison 1988; Garland 1990, 9-10; J. Gardner 1998b, 31-33.）

这样的疑问至少有两个原因。第一，犯罪与刑罚的形式是多样化的。我们为什么要期望寻找一种单一的正当性，其可以为针对任何犯罪所施加的任何刑罚提供合理性的解释：对于杀人和强奸犯所施加的长期监禁，对于轻微盗窃所实施的缓刑或社区矫正，对于公司逃避增值税所实施的高额罚金，对于未投保的司机所实施的罚款或取消其驾驶资格，等等。也许，一个正当性可以被证成的刑罚制度与我们的刑罚制度，在应罚行为的范围上和刑罚的种类及幅度上，都存在很大的区别。但是，犯罪和刑罚的多样化也足以产生这个问题，即我们是否应当要寻求某种单一的整体性正当性理论。

第二，价值冲突已是一种熟知的现象。如今，作为众所周知的一个现实情况，道德意识所呈现给我们的，无论在公领域还是私领域，并不是我们可以依此指引生活，找到在任何情况下准确无误的行为准则的一种整齐划一、内部和谐的价值体系，而是一套混乱的无法融合的价值冲突，尽管我们可以（也必须）从中达成一系列的、令人不安的妥协，但是我们根本无法保证这种调和可以成功。[10]所以，我们也不应该对刑法（参见 Ashworth 1995b）和刑罚（参见 Hart 1968, 1-27）领域中存在的价值冲突感到惊讶；我们应该保持怀疑，尤其对某种声称可以将一切冲突消除在某种宏大且统一的"刑罚理论"净化中的那些主张。

但是，统一的理论正是我想要提供的。我认为，刑罚应当向犯罪人传达与其罪行相适应的谴责，并旨在通过这样的沟通过程（communicative process），说服其对罪行进行悔悟，尝试自我改造，并达成与被害人的和解。

现在我并不假设任何一种现行的刑事法律体系是基于这种统一的目的而被架构起来的。这样一种假设是难以令人信服的（也令人不敢想象），即一个自由民主式的政治和法律制度是由某个单一的观念发展而来。但是，我确实认为，这样一种思考（刑罚沟通性理论——译者注）提供了刑罚应当是什么的应然概念，即使在我们对刑罚的规范性理解中，它并不占有唯一性的地位，但也应当占有核心的地位。

---

[10] 有人认为这是当代道德理解缺失——也即道德缺失的表征［参见例如 MacIntyre 1985；麦金太尔（MacIntyre）批判自由主义法学理论，参见例如 Norrie 1998］。其他人认为，将这种现象理解为道德世界属于真正的冲突复合体的写照更为合理（参见例如 Nagel 1979b; Stocker 1990）。

4. 概　览

接下来对本书内容的要点加以概览，我相信这些都是对刑罚进行充分的规范性思考的关键所在。

第一章　提供了过去 30 年刑罚规范性理论中的主要思潮。它的目的不是对所讨论的观点进行全面或具体的批判（虽然这些批判的内容会在随后的章节中涉及），而是勾勒出我所支持的思想形成的理论语境。本章涉及了对刑罚研究而言最为熟知的两个规范性理论流派，结果主义和报应主义（包括"混合型理论"，即将结果主义和报应主义的要素加以结合）；以及新出现的将刑罚理解成为一种实质性的沟通的观念；还有废除主义者对刑罚正当性的挑战。

第二章　概述了我所支持的刑罚理论所依赖之政治社群（political community）的规范性概念。任何规范性刑罚理论都或多或少地依附于某些被设定的国家概念——政治团体和政治义务的本质，国家角色和权力的适当性。[11] 我提供了一个关于政治社会的"自由-社群主义"（liberal-communitarian）理想，并就刑法在这样的政治体中所扮演的角色做了一些论述。

第三章　开始于这样一个问题，刑罚能否与社群共存：一种刑罚制度能否将那些被处罚者依然视为政治社群中的合格成员呢？通过区分"排斥型"（exclusionary）刑罚理论和"包含型"（inclusionary）刑罚理论，我们可以体会到针对结果主义者和报应主义者的某些共同批判所具有的力量。我将论证，刑罚的沟通性概念将最有可能提供一种适当的包含性思考，并在刑罚理论中呈现纯粹的"第三条路径"前景。这样一种包含性思考，认同报应主义所要求的刑罚的应得惩罚性（deserved），同时也赋予了刑罚一个前瞻性的目标，

---

[11] 刑罚的规范性理论一直在直接地或者间接地诉诸国家的某些政治概念，最近的论著似乎有越来越重视这个维度的趋势。参见例如 Philips 1986；Lacey 1988；相反参见 M. Davis 1989.

即刑罚应当满足"产生某些益处"的期待,只是实现此种目标的方式应当避开对结果主义刑罚理论所受到的批评。这种思考必然会面对一个问题,即为什么刑罚所应包含的"沟通"要通过"严厉的刑事制裁措施"作为媒介来发挥作用(参见 Feinberg 1970)。我先对这个问题的已有答案做出批判,然后阐述我所支持的一种独特的(且目的深远的)沟通理论。根据这种理论,刑罚应当被理解成一种现世的赎罪(penitential),其目标不仅在于对道德谴责的表达,更是说服犯罪人进行悔悟、改造,以及达成和解。我将进一步阐释,在多种已熟知的刑罚种类,和那些经常——但是,错误地——被描述为非惩罚性的多种制度(包括"和解"制度)中,是能够成立的。这也显示了我们如何可以把经常被对立起来的概念,即报应性正义和恢复性正义,加以调和,以及这样的刑罚理论如何回应废除主义者的关注——即,他们错误地认为废除刑罚是必需的——还有,刑罚如何具有"包含性",而不是"排斥性"。然后,我将对此种理论所遭到的多种批评进行辩护,特别是认为"此种刑罚理论准许国家对于其公民的道德品性进行侵犯性的强制关怀,这违背了任何一个自由国家的合理的界限"的观点。

第四章 将讨论一些关于量刑的核心问题(开始展示我所建立的理想理论如何在实践中得以运用)。第一个被深入讨论的问题是罪刑相适应原则(proportionality)——即所施加的刑罚的严厉程度应当与犯罪的严重程度相适应——的含义以及其相应的功能。我将探讨这个原则在沟通性,赎罪性刑罚制度中的作用。第二个问题是刑罚适用模式,何种刑罚是可适用的?对于某些特定种类的犯罪而言,哪些刑罚方式是适当或是不适当的?学者们对此并没有足够的重视。我将展示,作为赎罪的刑罚的沟通性理论对此问题的积极意义。第三个问题是谁应当决定量刑。对于这个问题的讨论,经常集中于量刑权限应当如何在立法机构,量刑委员会,上诉法院,和法官(或陪审员)之间进行分配。我对此着墨不多,着重讨论犯罪人(和受害者)在决定量刑时的作用。

第五章 将探讨理想的理论和现行的实践之间的联系问题。我们将讨论将现行的刑罚实践,转变成以赎罪性刑罚为核心的适当沟通性制度的可能性,也会提出一系列关于刑罚前提条件的复杂问题——这些前提条件,是在刑罚制度合法化运行以前就必须被满足的。这涉及真实的政治社群的存在性问题,在这样的社群中,所有的公民负有服从法律的义务,犯罪者的违法行为都将受到谴责,而通过这种真实存在的政治社群,能够达成公民和犯罪人之间的和解。这种前提性问题同样关涉到法院(或其他以法院的名义行动的审判机构)对出现在他们面前的犯罪人进行审判或谴责时的道德立场,以及依赖于刑罚的沟通所发生的共同语境的可行性问题。在这样的语境中,本部分将对现实社会中的刑罚合法性问题,表达我们的批判性关切,特别是在不公平的社会中能否实现刑罚公正,因为正如我所论述的,这些问题最好被视为刑罚前提条件问题。一个沟通性理论,例如我的理论,会充分关注这些前提性条件,也会提出一个非常棘手的问题:如果它们没有被满足,那应该怎么办?我认为,任何一个具有说服力的刑罚规范性理论,都会假定一些前提性条件,同时也面临着对当它们没有被满足时所产生的问题。

第一章 Chapter 1
结果主义、报应主义和废除论

长期以来，刑罚哲学一直是多种版本的结果主义（其核心口号是只有当产生了某种有益的结果时，刑罚正当性才能够被证成）和报应主义（其核心口号是只要刑罚是犯罪人所应得，其正当性就可以被证成）的战场。在这一章，我将勾勒出这场论战中的近期思潮，以及削弱或化解争论所作出的某些尝试。

1. 纯粹结果主义和刑罚

1.1 结果主义的理论架构

"结果主义"这个术语的意涵，坚持认为任何人类实践活动的正当性都基于其实际产生的或期待产生的结果：[1]即对一个独立的，且可确认的善，该活动所具有的依附性或工具性的贡献（参见 Michael 1992）。纯粹的结果主义认为一种实践活动的正当性只取决于它的结果。我们首先确定所应当追求的善（或是我们应当避免的恶），而这与特定的实践活动并没有实质性的关联。然后，我们通过证明此种实践活动对于我们所追求的善是一种有效的实现途径，来证成其正当性，尽管两者之间的关联往往是偶然的事实。这种正当性证明路

---

[1] 实际产生的结果决定其客观正当性。合理期待产生的结果决定掌控该结果的人们行动的正当性或者合理性。

径不仅要证明实践活动本身会产生特定的善,还需要证明:其一,它所产生的善要大于其产生的恶——它的利益要大于它的成本;其二,没有其他可替代性的选择能以更低(或不高于)的成本达到如此多(或更多)的益处。因此结果主义是集合性的。如果我们要努力以最低的成本达到最大的利益,我们必须要统计某种实践活动的利益和成本,并对它们进行衡量。

一种结果主义的刑罚正当性必须先确定刑罚所能带来的善,以及其所带来的恶。一个完整的结果主义理论,其思考是始于对所有人类行为都应指向的某种(或多种)终极的善——例如经典功利结果主义者所坚持的幸福(happiness)。在探讨某些刑罚结果主义者如何精密地思考刑罚所应当追求的终极善之前,我们先了解一些比较熟悉的结果主义理论,这些理论并没有论述终极的善,而是诉诸刑罚能够实现的某些非终极善的常识观念。

其中最明显的非终极善就是预防犯罪,〔2〕如果像结果主义者所主张的那样,仅仅将那些造成伤害或者产生危险的行为定义为犯罪,那么降低此种行为的发生率本身并降低对危害的恐惧,就可以获致善。预防犯罪不是正当性无需证明的终极善,它明显只是一个中间善。其他的相关的善也应予以考虑——例如对犯罪所产生的悲痛得以安抚(参见 Honderich 1984a, 28-32),或对法律框架以外的危险的报复性冲动提供疏通的渠道(参见 J. Gardner 1998b)。

结果主义必须要衡量犯罪的成本。最直接的成本莫过于施加给被惩罚者的负担,以及运行刑罚制度所必需的资源(虽然部分的成本可以被抵销,因为它为许多工作人员提供了就业的机会)。但是,我们也必须考量刑罚以及刑事程序对其承受者(参见引言第 1 节),以及其他公民(例如刑事制度对其进行强制性关注所产生的不安和恐惧)所造成的更深的伤害。因此,一个彻底的结果主义对刑罚正当性的证成,需要大量的且复杂的经验性的预判和计算(而证成的可

---

〔2〕"预防"不应理解为完全的预防(这是一种荒谬的雄心),而应理解为降低犯罪率。参见 Walker 1980, 24-45。

能性绝非那么明显)。

确定预防犯罪的目标性意义,并不意味着就可以将刑罚确定为我们所应当寻求的手段,甚至是其中的手段之一。因为目的本身是独立于实践活动的,而实践活动对于目的的达成是否是充分的,仍然是一个开放的问题,需要经验性的研究。事实上,确实存在许多预防犯罪的非惩罚性的方法——例如,劝说,教育,"情景式犯罪预防",以及意在消除犯罪动机或机会的其他方法。结果主义者可以支持所有的这些措施,但是要证成刑罚制度的正当性,他们需要说明刑罚如何具有独特且有效的犯罪预防功能。关于这一点,传统的理论集中于刑罚可能具有的三种作用。

第一,刑罚可以威慑(deter)潜在的犯罪人,其实际执行可以向其他人表明这种威胁的严重性("一般"威慑),也可以向被惩罚者施加特殊的力量影响("特殊"威慑)。威慑理论,如此也就被描述成一种理性的、谨慎的规训。它之所以是理性的,因为刑罚的目的是给予潜在犯罪人抑制其自身犯罪的理由(不仅是引起对犯罪的非理性反感),它的谨慎则表现在其理性并不诉诸潜在犯罪人的良知,而是基于他们回避刑罚痛苦的利己判断。

众所周知,确定威慑性制度究竟在多大程度上是有效的(更不用说有多高的效率)是一个非常困难的问题(参见 Beyleveld 1979; von Hirsch, Bottoms, Burney & Wilkstorm 1999)——特别是当它还要取决于破案率和定罪率,以及被威胁施加之刑罚的严厉程度。但是,一个常识性的假设也难以否认,即威慑性刑罚至少对于某些犯罪的潜在犯罪人是有效的(参见例如 Walker 1991, 13-20; M. Davis 1996, 9-21)——正是以这样的方式,刑罚可以达到预防犯罪的目的。

第二,刑罚可以剥夺犯罪人的犯罪能力(incapacitation)。剥夺某人的能力,即通过某些措施,使其无法实施特定的行为。刑罚可以利用相关的措施(例如监禁,死刑)剥夺潜在犯罪人的犯罪能力,使其无法实施犯罪。一般而言,刑罚的剥夺是部分的而不是完全的,是暂时而不是永久的。当然,死刑是永久地剥夺了被处罚者未来犯罪的可能性。其他剥夺犯罪能力的措施，只在遏制针对某些受害者的特定犯罪时是有可能的。例如，那些在监狱中的人，仍然可以对其他犯人或看守实施犯罪；而且这种监禁也是暂时的，除非他们被判处终身监禁。

对于我们现行的刑罚制度，将剥夺犯罪能力作为一般性目标是不可行的，因为其中鲜有具体的刑罚方式是剥夺性的，但是它为死刑和监禁刑提供了明确的结果主义的合理解释。[3]我们必须知道，问题的关键是确保犯罪率的整体下降。我们无法通过监禁一些贩毒者或盗窃者达到有效的预防犯罪效果，如果他们可以轻易地被其他的贩毒者或盗窃者所取代的话（参见 Zimring & Hawkins 1995, 53-58）。

第三，刑罚可以矫正（reform）潜在的犯罪人或者帮助其复归社会（rehabilitation）。结果主义矫正过程的最简单方式，是寻求改变人们的性格和动机的机制，使其在未来能够主动放弃犯罪实施——而不是像威慑主义那样，通过制造对刑罚的恐惧使人们被迫放弃犯罪。更为有雄心的目标在于，它或许可以让人们对法律产生积极的尊重感和激发他们有效的认识到犯罪的错误性——而不是以服从法律会符合其长期的利益这样的理由来说服他们。进一步目标还在于，它或许会寻求对犯罪人更为全面的改善，而这不仅仅在于放弃其犯罪行为：或许"对他们的性格进行改善，并达到一种近乎完美的矫正"（Diana 1970, 48）。[4]

相反，回归社会理论则寻求改善人们的技能、能力，以及提供机会，而不是改造他们的性格或动机，例如提供培训以使他们做好工作的准备，或者提供消除毒瘾的项目或者其他服务项目。此时目标，简单而言依然是帮助人们放弃犯罪；而更宏大的目标，是确保他们的生活有更大程度的改善。

---

[3] 参见 Zimring & Hawkins 1995, 3-17，他认为在默认情况下，剥夺犯罪能力为监禁刑提供主要的理论依据。

[4] 戴安娜（Dina）探讨缓刑的目的，将其作为"任何惩罚性品质都已经被去除"的过程（参见第三章第5.1节）。

6   当然刑罚还可以以其他的方式起到犯罪预防的作用。例如，刑罚可以造成强烈的羞辱感，使犯罪人在未来放弃其犯罪行为（参见 Braithwaite & Pettit 1990）；它也有助于维持对法律的普遍尊重和信任——德国将此称为"积极的一般预防"（positive general prevention）（参见 Schünemann, von Hirsch & Jareborg 1998）。但是，通过以上三种我们所熟知的刑罚犯罪预防模式，我们可以理清纯粹的结果主义刑罚理论的逻辑框架，明确该理论所遭受的，为我们所熟知的那些批判的理论根基。

    可能的问题是，仅借助上述任何一种措施的刑罚制度对预防犯罪而言是否有效。另一个可能的问题是，这些措施的有效的运用是否与公正刑罚的通识观念相一致，如公正刑罚对犯罪主观可谴责性的要求。

    就威慑理论而言，一个前提性的问题是，刑罚的威胁只指向犯罪人是不是有效益的——例如，不针对他们的家人——或者只采用通常的刑事责任标准——而不针对那些本身并不应承担刑事责任或无法被威慑，但对其施加处罚会产生威慑效果的人（参见 Hart 1968, 40-44）。另一个疑问则是仅针对犯罪人施加刑罚（有效的威慑立基于犯罪人会被惩罚的**信念**，有时候会允许使用一个无罪者作替罪羊也可以保证这样的信念），或施加刑罚于所有被定罪的人（例如，制度可以随机地免除某些犯罪人的刑罚，而这原则上不影响威慑的效用）是不是有效益的。

    对于剥夺犯罪能力理论，关键的问题是剥夺措施是否只应当适用于那些真正的犯罪人——而不针对那些虽然尚没有实施犯罪，但是根据充分且准确的预测性技术可以被确认具有危险性的人——或只适用于应当承担刑事责任的犯罪人（对于不应承担刑事责任的犯罪人，其同样可能具有危险性）。

    对于矫正理论和复归理论，同样的一个前提性问题是，这些措施是否应当仅仅适用于真正的犯罪人——而不是那些虽然还没有实施犯罪，但是很有可能会实施犯罪的人——或者是针对所有的犯罪人（因为有些犯罪人可能无需这些矫正措施），还是只应被适用于那些应负刑事责任的犯罪人。

最后，在以上三种理论中，并没有建立犯罪的严重性和所施加刑罚的严厉性之间的必然联系。何种刑罚措施是最有效益的，不取决于已然犯罪，而是取决于其要预防的未然犯罪。如此，对于一个轻微犯罪施加严厉的刑罚威慑也可能会取得有效益的威慑力，实际上这样刑罚确实被适用了，而且它也遏制了非常多的轻微犯罪。而如果可以遏制足够多的轻微犯罪，针对轻微犯罪的犯罪人施加旨在剥夺犯罪能力的长期监禁或矫正性威胁，原则上也可能有效益的。

某些对纯粹结果主义刑罚正当性的批判正是基于这些前提性的疑问。

1.2 对纯粹结果主义的批判：无辜者的权利

在 20 世纪中叶的一段时间，结果主义，特别是改造和复归理论，表面上已经成功取得了正统地位。但是，在 20 世纪 70 年代，报应主义和反结果主义思想取得了显著的复兴。[5]

促使这个变化的部分原因是，人们察觉到，结果主义为达到其所宣称的"有效预防犯罪"这一宏大目标，而采取的多种策略皆归于失败。一个乐观的信念认为，我们可以依靠科学（基于对犯罪原因研究的不断深入，对行为和性格矫正技术的不断完善，对犯罪人危险性准确预测能力的不断提高）来建构一套有效的，威慑性的，或矫正性的，或剥夺性的刑罚制度。但这种信念逐渐地蜕变成一种悲观的观念，即"刑罚完全没有用"：刑罚不是，也不可能是实现犯罪预防的有效方法（参见 Cohen 1985，33-35）。[6]

易言之，刑罚与作为其正当性目标的"预防犯罪"之间的逻辑

---

[5] 参见例如 H. Morris 1968；美国教友会 1971；20 世纪基金会 1976；von Hirsch 1976；Murphy 1979c. 评论参见 M. Gardner 1976；Tonry & Morris 1978；Bottoms & Preston 1980, chs. 1-3；Allen 1981；Galligan 1981；Radzinowicz & Hood 1981；von Hirsch 1985, ch. 1；Hudson 1987, chs. 1-2.

[6] 有一些社会学理论家做出回应：刑罚制度确实"起作用"，但是它起到的作用与犯罪预防相比完全不同。参见 Cohen 1985, 21-30；Garland 1990；Abel 1991.

关联,并不能强大到可以证成其自身的正当性的程度。事实上,如果从结果主义的第一原则出发,我们或许都不清楚是否有必要建构一套刑罚制度——即基于特定犯罪人特定罪行施加刑罚负担——作为预防犯罪的适当方法(参见 Duff 1986, 102-104, 164-170)。诚然,威慑理论需要某种类似的刑罚制度:其可以针对犯罪进行威慑并施加制裁(对被发现的犯罪)。但是,正如我们所看到的,无论是剥夺犯罪能力措施、矫正措施或社会复归措施,基本上都是直接针对实际的犯罪人,而不是潜在的犯罪人;当然这些措施通常是压制性的(当涉及剥夺自由时,或者无论承受者是否接受这些措施而被强行施加时),但是它们无需是经过深思熟虑的强制。经常不清楚的问题是,那些支持此类措施的人,特别是强调矫正或社会复归的人,是在寻求**刑罚**的合理化,还是实际上在证成处遇措施(mode of treatment)的正当性,只不过刑罚(只要我们有一个刑罚制度)为其提供了机会。[7]如果是这样,他们或许应当支持——至少是一种理想的目标——一种完全**不具有惩罚性**的犯罪处遇形式(如果一定的强制性是必要的)。

这正是某些批评者所倡导的:我们应当抛弃刑罚,而支持那些可以更合理运用人类科学资源、更有效率的"处遇措施"(参见例如 Wootton 1963; Menninger 1968)。而另外一些批评者,提出对纯粹结果主义刑罚理论的**道德**批判,主张刑罚正当性的证成必须在将其作为预防犯罪技术之外另寻他途。

8 这些批判反映了对在社会管理意义上将结果主义观点作为社会政策之确信地拒斥。自由主义者开始重述公正(justice)对功利(utility)的优先性,强调个人权利对国家的对抗意义(特别是参见 Rawls 1972; R. Dworkin 1978)。国家的形象,从有能力找到促进社会利益之有效途径的乐善好施的、值得相信的(如果在专家的指导下)权威主体,转而被另一种观念所取代,即国家是危险的压制性的制序体系,

---

[7] 参见本章脚注 4;也可参见 Rotman 1990; Walker & McCabe 1973, 101-102,关于"偶因论"。

其加诸公民之上的权力必须被严格地约束,以保障个人的自由和权利。"创造更多的善"这一宏大的目标被"产生更少的伤害"或"实现基本正义"所取代(参见 von Hirsch 1976;Cohen 1985,30-35,245-54)。

对结果主义刑罚理论的道德批判,特别集中在无辜者的权利这一关键问题上,即实行犯罪与承受强制性刑罚措施之间的前提性关联。正如我们所知的,如果为了达到有效预防犯罪这一目标,原则上是可以有意地将"刑罚"施加于那些没有犯罪的人的身上(也可以对其犯罪施加明显过重的刑罚),只要为了追求有效的威慑力,剥夺其犯罪能力,或者改造其性格。

这些批判反映出一个更为宽泛的指责,集合性的结果主义考量无法认真对待个体的道德本质(参见 Rawls 1972,22-33,187-90;Nozick 1974,33-35;主要是 Parfit 1984,329-42)或无法认同个体权利的重要性,个人权利的优先性体现在保护个人不会成为社会功利的牺牲品(参见 R. Dworkin 1978, ch. 4)。他们指责结果主义就是企图以牺牲无辜的个人,以达到犯罪预防的社会效果。他们也同样具有一种强烈的报应主义的直觉判断:刑罚必须是对已然犯罪的**报应**——它必须只能加于犯罪者,其严厉程度必须与其所犯的罪行相适应。

1.3 结果主义者的回应

那些试图以纯粹结果主义理论证成刑罚正当性的人,对于这些批判会作出多种回应。

对于结果主义无法达致其自身目标的批判,他们回应道,"刑罚无用"本身就是对某个过于宏大目标的过度反映:如果对充分的经验性研究给予适当的关注,刑罚的确可以对这些目标做出有效的贡献,包括威慑(参见 Wilson 1983, ch. 7;Walker 1991, 13-20),剥夺犯罪能力(Greenwood & Abrahamse 1982),和复归社会(Palmer 1994)。[8] 但是,对

---

[8] 这里的一个可能补充是:复归社会是国家为了那些潜在的受害人,也应为了犯罪人而追求的一个目标,参见 Cullen & Gilbert 1982;Carlen 1989;Rotman 1990.

于那些道德性的批判呢?

　　一个可能地回应是,如果那些批评者所反对的措施,确实可以有效预防犯罪,那么我们应当接受这些措施。此种回应的方式比起某些评论者要更聪明些,这些评论者会认为,如果是必要的,我们**应当情愿地接受故意惩罚一个无辜者**。[9]更合理的解释是,只要他们不被误称为"刑罚",这些措施的正当性就是明确的。如此,结果主义者就可以避免有意地惩罚无辜者和对有罪者施加不适量刑罚的指责,同时还依然可以将潜在的犯罪人置于有效的威慑,改造,或复归的措施之中,只要将这些措施界定为一种民事强制措施,而不是刑罚——并指出在其他语境下,我们是可以接受这些措施的,例如隔离和精神保护或治疗所采用的监禁(参见例如,Schoeman 1979; Walker 1980, ch. 5; Wood 1988)。这些回应所具有的优势是,它要求批评者去解释,为什么故意处罚无辜者是应当被反对的(对于批评的驳斥是,批评者只是简单地诉诸某种没有理性根基的直觉),以及为什么某些措施,例如强制隔离和精神性监禁是可以被接受的(参见Duff 1986, 172–77; 1998a, 147–51)。但是,这些回应并无法满足批评者,因为他们依然认为结果主义无法在**刑罚**与罪责之间建立应当具备的必要关系。

　　另一种回应认为,即便纯粹的结果主义视角在**原则上**也可以正当化批评者所想象的那些直觉上不道德的(因为是不正义的)刑罚,但**实际上**却不会出现这样的情况。基于我们的世界(充满偶然性)的特点,事实上几乎不存在惩罚一个已知的无辜者属于最好的选择这样的情况,而刑事制度的工作人员(实际执行者是非常容易犯错的)要做出这样的决定更是非理性的(参见前面注释1)。基于巨大的危险,我们会长期投入精力尽量培养我们自己和我们刑事制度的工作人员,秉持并贯彻"惩罚一个无辜者在本质上是一种永恒的错误"

---

[9] 参见 Smart 1973, 69–72; Dennett 1987, s. v. "智胜"——"接受其批判者得出归谬反证法的结论。'他们认为他们赢了我,但是我却智胜了他们。我认为,有时那仅仅是伤害了一个无辜者。'"

之类的理念。[10]这种论点面临的问题在于,它依赖于源自不同实践和政策所产生影响的大量经验性论证——而找到一个可靠的经验性基础是很难的。另一个问题在于,它对无辜者的保护恰恰取决于这些影响(根据这种主张的典型论点,特别取决于无辜者被有意施加刑罚被公众知晓时所产生的影响)。但是,批评者会回应,这实际上错误表述了惩罚无辜者所包含的本质性错误。本质性错误行为的不公正并不取决于它是否被公众所知晓。

纯粹结果主义者的另一个策略就是提供刑罚乃至整个刑事制度都为其服务的一个更丰富、更精致的目的论。他们认为,这样的目的不只是"预防犯罪"("预防犯罪"是一种善,只是因为它服务于其他更高的善),而且整个刑事制度所服务的最终的善,并不应当被理解成一种简单的功利主义式的"幸福"。基于此,布莱斯怀特(Braithwaite)和佩蒂特(Pettit)假定了一种核心为"自治"的"共和式"理念,即确保生活在法律之下的公民的平等自由,而这才是严格结果主义的法律制度所应当追求的善;他们认为,这样的目的可以给予权利以坚实的基础,例如无辜者不受惩罚的权利,而这正是其他形式的结果主义所存在的问题。[11]

这种策略的基本问题在于,只要我们将某种特定的目标设定为一种需要将其最大化的善(正如严格结果主义者必须做的那样),只要我们认为需要国家机构和工作人员维系的"自治"之类的价值,我们就不能排除这种可能性,即某些政策或行为,通过严重侵犯某些公民的自治以获得其他人自治的增长,最终有效地实现自治的整体最大化。而当我们认识到如下的事实,这就显得尤为正确:虽然

---

[10] 关于这种理念的版本参见 Rawls 1955; Sprigge 1968; Hare 1981, chs. 3, 9. 7 作为回应,参见 McCloskey 1972; Duff 1986, 162-64; Primoratz 1989a, 45-46, 129-37.

[11] Braithwaite & Pettit 1990 (参见 71-76, 关于无辜者不受惩罚的权利)。相关批评和回应,参见 von Hirsch & Ashworth 1992; Pettit & Braithwaite 1993; von Hirsch & Ashworth 1993; Duff 1996a, 20-25; Pettit 1997; 以及后文第三章第 7.2 节。也可参见 Lacey 1988, 关于将自主权和安宁(从社群的角度去理解)作为惩罚应该实现的利益;也可参见 Duff 1996a, 18-20.

故意惩罚无辜者损害了受害者的自治,也造成了那些害怕遭受这种迫害的人的恐惧(如果他们知道或怀疑此类事情的发生),损害了对作为自治之组成部分的自由的确保,但犯罪也会同时损害自治的两个方面基础——因为它既侵犯了直接被害者的自由,也削弱了他人不会成为被害者的确信。若此,就极有可能发生刑罚措施通过对某些无辜者自治的侵犯,达到有效地降低犯罪,最终达致整体自治的最大化。

所以,批评者依然会坚持,一个纯粹结果主义的刑罚理论无法完全保障无辜者的权利。无罪——不存在任何犯罪行为——赋予了行为人不被惩罚的权利。此项权利要求国家及其代理官员不得对她施加刑罚,如果知道她可能是一个无辜者,而且为了避免错误地惩罚无辜者,在惩罚她之前,必须作出合理的努力确认她是有罪的。在一个纯粹的结果主义理论中,这样的权利不具有根本性,其具有的属性必须来源于,并取决于此项权利对刑事法律体系的结果主义目的所具有的作用。但是,批评者们认为,这并不是充分的。对无辜者的惩罚仍然是严重错误的,即便它服务于制度的更为深远的目标(即便事实上它也可以起到这样的作用)。这是一种本质性错误。然而,一个纯粹的结果主义理论因为其结果主义属性根本无法形成这样的认知。

即使这种批判对于任何形式的结果主义理论都是致命的,也并不能据此得出我们必须放弃以结果主义证成刑罚正当性的任何尝试,而只能说明我们必须放弃以**纯粹的**结果主义进行证成的努力。我们仍然可以部分地,甚至主要地以结果主义理论进行刑罚正当性证成,坚持认为刑罚制度的正当性只能当并且因为其产生了某种结果的善时才能够得到证成,同时为一些非结果主义的价值观念保留空间。这正是当今许多学者所做的尝试,这也正是我们现在要讨论的。

2. 边际约束的结果主义

结果主义将行为和实践的正确与错误完全诉诸它们所产生的结

果,非结果主义则坚持认为某些行为和实践的正确与否应当独立于它们的结果,而应取决于其内在的性质。例如,非结果主义者会认为,故意惩罚一个无辜者是错误的,并不是因为其最终所产生的恶可能会或必然会大于其所产生的善(即使其最终产生的善实际上要大于其所产生的恶),而是因为它在本质上是错误的,是一种不公正行为。那么,我们应如何在坚持将刑罚正当性立足于其结果主义效用的同时,为某些非结果主义的价值观念保留其理论的空间呢?

2.1 边际约束和"消极的"报应主义

最简单的方法,就是将这些价值描述为我们在追求某些利益时所受到的"边际约束"(side-constraints)。[12]正如哈特(Hart)教授所主张的(1968,1-27),刑罚"整体的正当性目标"在于其有益的结果(例如预防犯罪)。但是我们在追求这个目标时,也应受到某些要求的约束,即我们只能处罚自愿违反法律的人,以及刑罚的严厉性应当与其所针对之犯罪的严重性相适应。[13]

这是最明显的两个边际约束设定。这种理论保存了结果主义的核心思想,即刑罚的正当性只能源于它作为达到某些有益结果的有效工具之性质。但是它也通过建立边际约束,回避了**纯粹**结果主义所受到的那些众所周知的批判,因为它排除了这个理论被反对的意涵——它禁止我们去处罚无辜者或者对有罪者施加超过其所应得的刑罚。[14]

如果说这些边际约束"禁止"某些行为,并不是说这些行为就会被**完全地**排除。我们可以承认某种行为在本质上是错误的,但是

---

[12] 关于"边际约束"的观点,参见 Nozick 1974, 28–29; Braithwaite & Pettit 1990, 26–36; Scheid 1997, 448–51.

[13] 关于哈特的观点,参见 Ten 1987, 81–85; Lacey 1988, 46–56; Morison 1988; Primoratz 1989a, 137–43; Gragg 1992, 59–67. Scheid 1997:对哈特论述进行精细化的发展。

[14] 比例原则似乎也要求我们不低于其应受谴责程度去施加处罚。我在本书第四章第1节中提到了比例原则这一方面。

依然相信它有时候可以被更重要的价值正当化——例如，虽然撒谎在本质上是错误的，但是为了挽救一个生命，我们撒谎则是正当的——或者承认当我们处在悲剧性的境况当中时，为了避免某些极端的邪恶，我们"必须"做些错事——例如，为了挽救其他更多的无辜者，我们被迫杀死了一个无辜者。[15]毋宁说，此类行为被正当化，不能仅仅根据它们比任何其他选择产生了更好的结果，而且即使我们"必须"要做出这样的行为，也应当承认这包含了道德成本，而这正是纯粹结果主义者所无法承认的（参见 Hart 1968, 12）。

然而仅仅宣称这种边际约束显然也不足够。其需要正当性的证成。为什么惩罚无辜者，或者判处犯罪人"不适量"的刑罚就是一种本质上的错误呢？

一个简明的回答方式是诉诸报应主义的"应得"观念：惩罚无辜者是错误的，因为他们没有犯罪，所以他们不应当受到惩罚；超过其所应得之过重的刑罚，也是错误的。这是报应主义的"消极"版本。而"积极"的报应主义（参见本章第 4 节）提供了一种积极的刑罚正当性：我们应当惩罚犯罪人，因为这是他们所应得的。相反，"消极的"报应主义，并没有告诉我们应当惩罚犯罪人以及为什么惩罚。毋宁说，它告诉我们无论积极的刑罚正当性是什么，我们都不能惩罚无辜者（或者对犯罪人施加超过其所应得的过重的刑罚）。它告诉我们惩罚犯罪人并非是不公正的，但是它没有告诉我们为什么应当惩罚他们。而这个问题可以通过确定结果主义刑罚的"整体性目标"来回答（参见 Mackie 1985, 207-8；Dolinko 1991, 539-43）。

但是，消极的报应主义与积极的报应主义面临着同样的问题：如何通过"应得观念"来解释犯罪与刑罚之间应然道德联系呢？考虑到应得惩罚观念本身的成问题性（参见本章第 4.1 节），边际约束的结果主义可能会寻求其他途径来证成其边际约束。

哈特为边际约束提供了一种非报应主义的正当性——即保障个

---

[15] 参见 Winch 1972b；B. Williams 1973a；Nagel 1979a；Gaita 1991, ch. 5.

人的自由——来禁止对无辜者的惩罚（Hart 1968, 1-53）。具体而言，"在强制性刑法的框架之内，最大化个人信息获知和决定其未来选择的效率，以及预测未来的能力最大化"（Hart 1968, 46）。如果只有那些有意违反法律的人才有责任承受刑罚，那么每一个公民就可以预测和控制他们是否应当承受刑罚，但如果刑罚可以被施加于那些非有意违反法律的人，这也就无法实现了。[16]

[我们应当注意，边际约束的此种正当化方式，决定了确定"无辜者"和"有罪者"含义的特定语境。对这些概念最简单的解读，可以是一种纯粹的法律定义："有罪者"即满足了刑法对某个犯罪概念的规定，"无辜者"即并不符合这样的规定。但是这样的理解显然过于简单了。任何包含道德合理性的边际约束，不仅禁止惩罚那些法律定义上的"无辜者"，同时也对法律应当如何定义"有罪者"和"无辜者"设定限制（参见 Duff 1986, 153-55）。而这些限制是什么，以及如何理解无辜者这个概念，则取决于边际约束的正当性是如何被证成的。如果边际约束的正当性是基于报应主义理论，即禁止惩罚那些不应受刑罚的人，"无辜者"就是那些不应受刑罚的人，无论其最终含义如何，而法律所定义的"有罪者"是那些应受刑罚惩罚的人，这才算得上是法律意义的有罪者。如果是在哈特的理论中，即保护个人的自由和选择，"无辜者"则是那些没有选择违反法律的人，而法律定义的"有罪者"则是那些选择违反法律的人，这才算得上是有罪者。]

在这里，我并没有充分地讨论哈特理论的合理性，以及我们能否找到非报应主义的理由禁止对有罪者施加不适量的刑罚（参见 Feinberg 1998, 144-55）。无论这些边际约束基于何种理由，这些有限的结果主义理论同样会面临新的批评，这些批评与无辜者的权利无关，而是取决于有罪者的权利或其道德属性——因为，惩罚这些有罪者也正是边际约束理论所允许的。

---

[16] 另外一条建议就是诉诸罗尔斯主义（Rawlsian）的正义概念，参见 Walker 1991, ch. 11.

2.2 批评：实现有罪者的正义

对边际约束结果主义刑罚制度的批评，有时候是以康德（Kantian）理论的话语表达出来的。因为这样的制度惩罚犯罪人，是以实现更大的社会利益为目的的（通过威慑，剥夺，或者改造，以实现预防犯罪），犯罪人仅仅被刑罚制度作为"手段"来实现更大的目标。但是，这样做没有将犯罪人视为本应负责任的主体，以及"目的"本身（参见 Kant [1785] 1948, 90-93, [1797] 1965, 99-100; Murphy 1979c, 94）。

但众所周知的是，康德的上述口号的含义也是模糊的（参见 Murphy 1979b; Walker 1991, ch.6; Honderich 1984a, 60-61）。它当然排除了为保障法律的威慑效率而故意惩罚一个无辜者，也排除了对一个没有犯罪的责任主体施加预防性监禁，因为这些措施视这些受害者"仅仅是一种工具"——其利益可以被牺牲的客体，只要这样做是有效的，而不是一种道德主体，即国家对其施加的措施应当取决于他们自我的责任选择。但是，这依然不明确康德的道德命令是否排除了为结果主义目的而惩罚"有罪者"。因为，正如边际约束的结果主义所坚持的，如果有罪者"在任何（施加于他们的）刑罚进行功利主义考量之前，已经证实他们确实应受惩罚"（Kant [1797] 1965, 100），他们会被"当作工具"而使用——但并不是"仅仅被当作工具"。他们作为责任主体，其选择得到了尊重，因为只有当他们选择违反法律时，他们才会被惩罚（和被利用）（参见 Benn 1958, 325; Walker 1980, 80-85）。

但是，任何刑罚制度，如果包含了结果主义性质的正当性目标，如威慑犯罪，剥夺犯罪能力，改造犯罪人，其都会面临一个有力的批判，即它否认了犯罪人可以作为责任主体所本应获得的尊重（参见 Duff 1996a, 10-14）。如果刑罚制度旨在剥夺犯罪人再犯能力，它就取代了犯罪人在未来的自我选择，而不是给予他们自由（作为一个责任主体，其应当享有这样的自由），由他们自我决定是否再犯（参见

Duff 1986,170-78)。如果刑罚制度旨在,通过改变犯罪人的性格和动机,以实现对他们的改造,使得他们在未来可以自愿放弃犯罪,这就没有将他们视为责任主体,即其可以拥有决定他们自身价值和性情的自由,而是可以被改造或被操纵以获得其服从性(参见 Lewis 1953; H. Morris 1968)。如果刑罚制度旨在威慑犯罪人,和其他潜在的犯罪人,这就是通过恐吓以寻求强制性的服从,若此,国家寻求其公民服从性所依靠的法律要求,就不是基于道德诉求:国家将那些被惩罚者,和基于刑罚恐吓的服从者,当作"一只狗,而不是本应享有自由和尊重的一个人"(Hegel [1821] 1942, 246;参见 Duff 1986, 178-86)。

如果这样就拒绝了边际约束式的结果主义,看起来是太快了;这确实也太快了。以上段落中所提及的批评必须需要进一步解释,也要考虑对这些批评可能的回应。我们必须反问,边际约束的结果主义或有限的结果主义,是否存在可以回避这些批评的论点。在第三章,我将处理上述的第一个任务,我将从沟通主义理论的角度,而不是康德理论的角度,重述这些批判(参见第三章第1.2节)。但现在,我先处理上述的第二个任务,即反思另外两种有限结果主义刑罚理论。

3. 权利弃置论与社会防卫论

我们如何证明,惩罚犯罪人——那些故意违反法律且负有责任的人——是符合对其作为道德主体所应有的尊重,即使他们受到惩罚是因为刑罚本身带来的更大的善(例如犯罪预防)?在这一节,我将简要评述两种理论,其致力于提供这种证明。[17]

---

[17] 第三种理论认为,违反法律表明犯罪人同意承担刑事责任,将其作为其行为的规范性后果,因此刑罚没有侵犯他的权利,参见 Nino 1983;也可参见 Alexander 1986; Nino 1986; Duff 1996a, 13-14.

3.1 权利或道德属性的弃置

在上节中，对边际约束的结果主义的批判，预设了一个前提，即犯罪人依然保有公民权利或公民的道德属性——对于犯罪人，国家仍然应当给予尊重，并负有履行公正对待的义务，这也正是国家应给予其所有公民的。基于这样的批判，边际约束的功利主义并没有尊重犯罪人们的权利或道德属性。但是，我们为什么要接受这样的假设呢？为什么不能说那些（有责的）违反法律的人，至少由此**丧失**了某些权利，或某些道德属性呢？犯罪人对其公民责任的嘲讽，对他者权利的侵犯：他们又何以主张国家应当给予他们尊重，而他们自己又拒绝将这种尊重给予其他公民呢？

基于此，哥尔德曼（Goldman）认为，如果某人违反了法律，实际上就是在嘲笑其作为公民所承担的义务，那么他的"整体的公民权利将暂时由社群加以托管"（1982, 67-68）。在实行托管的过程中，社群必须通过恢复他的合法公民身份，以尽快恢复其对于原有权利的全面享有，而为了预防其再犯罪，社群也应当尽可能地保留相关的权利。由此，剥夺再犯能力和矫正，就成了刑罚的正当目标；通过强调犯罪人对社群的复归，我们也避免了这样的指责，即他们被简单地当作实现某种社群效果的牺牲品。

C. W. 莫里斯（C. W. Morris）主张，犯罪人至少放弃了部分的道德权利。他们对契约主义正义要求的违背，使得这些道德权利至少被暂时的"悬置"；由此，我们可以为保持法律的效力而惩罚他们。虽然他们所受的刑罚，不再被其弃置的权利所禁止或约束，但是通常而言，这仍然受到仁慈要求的限制，因为他们并没有失去**所有**的道德属性，除非在某些极端的情况下（例如职业杀手，战争罪犯，暴君，以及某些恐怖分子）。虽然我们对犯罪人不再负有公正对待的义务，但他们仍然是仁慈价值的"直接道德客体"；而这约束了我们在刑罚中应当如何对待犯罪人。

这样的思考路径着实具有吸引力。第一，如果我们要证成刑罚的正当性，我们就必须将某些通常侵犯权利的行为正当化。例如，我们必须要论证，监禁并没有不正当地侵犯了个人拥有自由的权利，罚金并没有不正当地侵犯了个人对财产的处理权。而且，即使有时候我们会认为权利可以被正当地让渡或侵犯，但此种思考方式在这里似乎并不妥当：因为如果某人的权利被正当地让渡或侵犯，至少应当给予道歉，或甚至是赔偿，但是那些被正当地惩罚的人当然不享有这样的诉求权（参见 C. W. Morris 1991, 64）。

第二，这个论证将公正和权利的通常概念，做了一种契约式或者互利式的理解。即使我们不作这样的理解，即将公民的权利视为建立在社会契约之上的，而那些嘲笑这个契约的人也会失去这些权利，但是将这些权利理解为基于某种互利性，这仍然具有吸引力。作为一种公正，当我们可以向他人或者国家主张权利时，也就是说我们愿意尊重他人对这些权利的拥有。某人若侵犯了他人的权利，即暗示着，他人似乎并不拥有这样的权利；随之，侵犯者也不能要求他人给予其这样的权利——因为侵犯者拒绝回报他人所给予的尊重。

但是，这种"弃置论"的思考引发了两种严重的担忧（参见 Montague 1995, 2-4）。

第一，何种权利被弃置了？正如哥尔德曼所指出的，如果**任何**犯罪都会导致**所有的**公民权利收归到社群的托管，并持续到我们相信犯罪人不会再犯的时候，这是非常不合理的。我们尚不清楚应当如何决定何种权利被弃置或悬置，或者这种状态将持续多长时间（参见 C. W. Morris 1991, 67-68, 65）。也不清楚我们是否论证了某些特定的权利，例如不受监禁的权利，或者财产不受剥夺的权利；或者更基本、更抽象的——但是尚没有充分诠释的——"公民权利"。

第二，面对犯罪人在刑罚时可能遭受的境遇，这种理论却无法给予他们有力的保护。正如哥尔德曼认为，我们必须采取一切必要的措施以全面恢复犯罪人的社群成员身份，并阻止他们再犯罪。但是，十分模糊的是，我们如何对刑罚的严厉程度，设立一种类似于报应主义的限制，如果欲设立这样的限制；或者，又如何否认，此时我们将犯罪人简单地视为可以被塑造成或改造成具有法律遵从性的客体，而不是将他们视为道德责任主体。根据莫里斯的理论，我们对待大多数犯罪人的方式，仍然受到仁慈要求的限制，但是尚不清楚这种限制的力度有多大。对于那些犯有严重罪行，以至于失去了**全部**道德属性的犯罪人，仁慈要求并没有限制我们惩罚他们的方式，对于他们而言，"酷刑相较于死刑并不更令人反感"；甚至莫里斯也无法保证仁慈会禁止酷刑折磨那些仍是"（某些）仁慈考量的（直接）客体"（Morris 1991, 74-75）。

这个理论产生的主要问题是，我们是否应当将犯罪人视为自我完全放逐于政治社群身份之外——即，排除公民权利或是公民的道德属性。这样做可能确实具有一定的吸引力，尤其是从契约主义的角度；而他们在当今论辩中所描述的视角，以及对待我们刑事制度的观念，经常暗含着一种"他们"，即犯罪人，与"我们"，即守法公民，之间的对抗，而我们必须保护自己。（事实上，在英国，被监禁的犯人没有投票的权利，这就是失去公民属性的鲜明表现。）但是，我将主张我们应当寻求一种"包含性"的刑罚理论，并论证这样的刑罚，如何将那些被惩罚的人依然视为，拥有完整的政治社群的公民身份，而不是被视为排除在社群之外，失去了成员的权利和道德属性（参见第三章第1节）。

3.2 作为一种社会防卫的刑罚

我曾论述，威慑性刑罚制度，即使只惩罚那些故意违反法律的人，也没有将那些被惩罚者或被威慑者视为"自由的、应获尊重"的道德主体（Hegel [1821] 1942, 246）。但是，有学者主张，如果将刑罚的执行和其产生的恐惧理解为一种威慑，将此类比于防卫自身或其他人时所使用的武力或威胁，就可以实现一种具有边际约束的威慑性刑罚制度，而它可以给予被惩罚者或被威慑者应有的尊重。[18]

这个论点是这样展开的，**使用**暴力去抵制针对我们或他人的攻击是正当的，而且为了威慑潜在的攻击者，我们将**威胁**对其实施伤害——如果他们无视威慑，我们就着实实施这些伤害，这些亦是正当的。在这里刑罚证成正当性的是正义原则，但并不是基于**报应性**正义，即向犯罪人施加他们所应得的刑罚，而是一种**分配性**正义，一种关于伤害和风险的正当性分配。若某人恶意地袭击他人，这就会有造成伤害的可能——要么他对被害者造成伤害，要么自卫者对他造成伤害。如果作为潜在的自卫者，我拥有决定谁来承受伤害的权力（要么对攻击者适用自卫性的暴力，要么不防止这样的攻击），那么应当是攻击者来承担，而不是被害者，因为他们并没有引起伤害的发生，而这样的分配才是正义的。而这个原则进一步可以扩展到，利用暴力威胁来威慑存在攻击意图的人，以及对那些无视威慑的人适用暴力，以威慑其以及他人在未来放弃侵害行为。这最后一步显然将我们带入了一个威慑性刑罚制度。我们应当将刑罚的伤害，或者承受这种伤害的风险，加之于实际的或者潜在的犯罪者，而不是将犯罪的危害以及风险留给实际的或者潜在的被害者来承担；因为正是（实际的或者潜在的）犯罪者恶意地造成了这些伤害随之而来的危险状态。这样的分配才是正义的。

对这个理论的详细地探讨包括多个方面，刑罚如何只施加于有罪责的犯罪人，因为自卫完全可以针对"无罪的"攻击者；该理论如何结合"罪刑相适应"原则；究竟多大程度上可以证成，为威慑一个潜在的攻击者所采用的威胁或暴力是正当的，而且为了威慑他人而对**其**采用暴力是正当的。在此，我并不深入地讨论这些问题，但是我无法保证这个理论本身回应了黑格尔的批判（参见 Duff 1996a，14-16）。我们可以适当使用暴力去抵制恶意攻击者已经着手的侵害，

---

[18] 参见 Alexander 1980；Quinn 1985（关于这方面，参见 Brook 1988；Quinn 1988；Alexander 1991；Otsuka 1996）；Farrell 1985（关于这方面，参见 Holmgren 1989；Alexander 1991），1995；Montague 1995。

也可以警告一个有意图攻击的人。这些暴力是对攻击的合法回应，旨在阻止其付诸实践。但是，这种理论却意在正当化高于抵抗侵害之必要程度的威胁，以及在攻击结束之后，为了震慑未来的侵害而使用暴力（因为刑罚是发生在犯罪之后的）。那么，这当然没有将潜在的犯罪人视为道德主体——我们说服其放弃犯罪的原因应当与道德相关，而是像"狗"一样受到威胁的强制。

然而，当我们在处置那些攻击我们的人时，为什么应当遵循这些道德约束呢？如果我们预知，道德的诉求无法说服他们（以及只针对那些无法被道德诉求说服的人，才直接施加威慑性的威胁），那么我们为什么不给他们制造一个慎重的理由，来制止对我们的侵害呢——这将使他们仍可以被视为具有自我衡量能力的理性主体（参见Baker 1992b）？

我将在第三章（第3节和第8节）更详细的论述这个论题，认为一个适当的边际约束的威慑性刑罚制度可以给予实际的或者潜在的犯罪人所应得的尊重，如果联系到我对刑罚作为一种悔悟的思考，这样的论述（以及批评）可以更好地展开。然而，我们应当注意，作为一种"社会防卫"的刑罚理论，正如"权利弃置论"一样，也提出了一个根本的问题，即我们应当如何理解我们与其他公民同胞的关系（这包括那些实际的或潜在的犯罪人）。

这种理论所寻求的，正是为威慑性威胁的适用提供正当性，而威慑性威胁适用于陌生人之间（作为潜在的敌人），或者针对不法分子则更具有道德合理性：因为在这些情况下，并不存在法律或者是约束我们的社群纽带，或者又因为我们所威胁的人对于任何的法律或社群约束完全充耳不闻（考虑一下核威慑得到支持的语境）。然而，这就是我们对待公民同胞的应然方式吗？这样一种将刑罚作为威慑的正当性理论，经常运用"我们"和"他们"的语词："我们"必须使用这些威胁来实现"我们"对"他们"的防卫"我们"，即守法公民，"他们"即我们所惧怕的潜在的犯罪人（参见 Baker 1992b, 153-54；主要参见 von Hirsch 1993, 12-14, 41-44）。但是，我将主张，适当的问题并不是我们应当如何阻止"他们"违反法律,而是我们,作为具有缺陷的道德存在,如何说服**我们自己**放弃犯罪。我们应当将那些犯罪的,或者有可能犯罪的,即使那些犯有严重罪行的人,依然视为一个道德社群的成员;在法律与其公民的交流过程中,我们不应当放弃道德的言辞,反而转向一种残酷的、威胁性的、强制性的语言。

或许有人说,这是一种幼稚的理想主义。当然,**如果**我们生活在这样一个社会,即通过重申人们对其他公民同胞所负有的道德上的关心和尊重,呼吁刑法所意在保护的道德价值,人们就会普遍地被说服从而放弃犯罪,若此,我们可能根本就不需要一个强制性的刑事机制——当然也就不需要一个威慑性的刑罚制度。但是,我们并不生活在这样一个社会。有太多的人,至少相当一部分,即使不是经常,也时而对道德说教充耳不闻,然而却可以被威胁性的理由所控制、左右。我们当然拥有这样的权利,通过一套边际约束的威慑性刑罚制度,对犯罪人的掠夺进行自我防卫,以保存和平与安全这些最核心的社会条件——而这样的刑罚制度,也是现实地将犯罪人视为理性但不道德的主体。

我将在第五章继续论述理想与现实的关系,并在第三章第3节讨论一种有限威慑性刑罚正当性的可能性。至此,我并没有宣称已经论证出,威慑性刑罚的正当性是不可能的,或者更宽泛地说,无论是纯粹的还是边际约束的结果主义的刑罚制度,其合理性都是不充分的;我会在其他章节,继续讨论结果主义的议题,包括剥夺性刑罚和改造性刑罚,以及威慑性刑罚。至此,我已经尝试简单地展示了结果主义理论的结构,包括纯粹的,以及有限的或者是边际约束的模式,并勾勒出这些结构得以建立的路径,以及这些理论所面对的主要的批评。

现在,我将转向结果主义最为熟悉的对手,报应主义,特别是"积极"的报应主义。

4. 报应主义的主旨和种类

"消极"的报应主义为我们追求刑罚结果主义的正当性目标设定了边际约束（参见本章第 2.1 节）。但是，开始于 20 世纪 70 年代的"报应主义的复兴"，却是"积极"的报应主义，它将"报应"视为刑罚的积极的正当性目标。这两种报应主义的区别，我们可以表述为，消极的报应主义告诉我们**可以**惩罚有罪者，或者惩罚他们并不是不正义的，但是积极的报应主义则认为**应当**惩罚有罪者，或者正义**要求**对他们施加刑罚。

但这并不是说，惩罚有罪者是**一种绝对义务**——即无论如何，我们都必须要惩罚他们（康德在某些时候似乎相信我们负有这种绝对义务；参见 Kant［1797］1965, 102）。这样一种观点并不具有合理性，因为它要求集中并使用所有的资源，以抓获并惩罚那些犯罪人——而对于特定法律体系，这并不是一个现实的要求（参见引言第 2~3 页）。比较温和的观点，认为我们应当惩罚那些通过正当刑事程序合法地**被证明有罪的人**，也无法确定一种合理的**绝对**义务；它也无法告诉我们，正如一种刑罚理论应当告诉我们的，为什么应当尽力去抓获犯罪人并对（至少是部分的）其定罪。若对报应主义做如下的解读，似乎更具有合理性，即我们或者国家有**一种**义务去抓获犯罪人，并对其进行定罪和惩罚——这样一种义务必须与其他的义务或要求之间进行平衡，而其或有可能让位于其他的义务。

在对报应主义的这种解读之下，国家对于惩罚犯罪者（或者那些被证明有罪的人）就负有一种可让位的义务。通常而言，成立犯罪就构成了刑罚的**充分**理由，除非存在可让位的原因——然而消极的报应主义则认为成立犯罪仅仅构成刑罚的必要条件。这里，一个较弱的报应主义理论也是可行的。例如，它们会认为，成罪给予了刑罚一个积极的理由，但是其自身并不充分——若要证成刑罚的正当性，其还要产生某种结果的善，例如预防犯罪（参见 von Hirsch 1976;

Husak 1992b)。至此我们已经着重讨论了一种较为熟悉的报应主义形式,即国家负有**义务**惩罚犯罪人,但是核心的问题是,如何证明这种论点是正当的呢:为什么国家应当被认为负有这样的义务呢?

对于这个问题,一种报应主义的回答是:不能诉诸刑罚的某种有益效果,因为,根据通常的理解,报应主义不是结果主义。[19]它对刑罚正当性的证成,并不是基于某种偶然的有益效果,而是其固有的正义要求对犯罪所作出的回应;这种正当性关系是基于现时的刑罚和已然的犯罪,而不是现时的刑罚和未然的效果。但是,报应主义如何解释这种所谓的正当关系呢?

4.1 "犯罪人罪有应得"

如果将基本的直觉判断,即"犯罪人罪有应得",作为一种基础,以主张国家负有确保犯罪人受到应得惩罚的义务,这或许确实具有吸引力。但是这最好只是一个开始。这样的直觉判断迫切需要解释和证明。我们或许可以感受到它的吸引力。若犯罪者得以猖獗(特别是当被害人尚没有重归平静),或者刑罚"只不过是其所应得",这似乎并不正义或者并不公平。我们必须追问,这种直觉究竟意味着什么——它是否有别于一种不道德的嫉妒(犯罪人恰恰是做了我们所不敢做的),或者有别于一种并非明显合道德的报复性憎恨(参见 Ardal 1984; Honderich 1984a ch. 2, 1984b)。

这样的解释必须告诉我们,第一,**谁**是"有罪者",以及他们应得到**什么样**的惩罚。"有罪者"是那些犯有**道德**错误的人(但是为什么应当是国家,而不是上帝之外的其他主体,负有义务以确保其承受相应的惩罚呢),还是那些犯有**法律**错误的人(但是什么才能算

---

[19] 批判者指出,报应主义要么拒绝对刑罚的正当性进行证成(与诉诸不合理的直觉不同),要么是隐性的结果主义刑罚正当性证成(参见例如 Benn 1958, 326-35; Hart 1968, 9)。但是,这反映出我们要么没有真正理解报应主义者提出的刑罚正当性理由,要么存在"为这种实践进行正当化证成的一定是结果主义"这种未经审思(且站不住脚)的前提假设(参见 Murphy 1979a, 78-79)。

作是法律错误，而刑罚又如何成了应得呢）？是否**任何**一种降临在有罪者身上的痛苦都算是其所应得的惩罚，或是只是那些因他们的犯罪行为所**引起**的痛苦？似乎没有一种答案是合理的。这是一种荒唐的想法，即量刑人要计算犯罪人在他们的生活中已经承受了多少痛苦，以及还有多少痛苦，如果有的话，必须通过施加刑罚，以实现给予犯罪人所应得的痛苦；同样荒唐的想法是，若一个入室盗窃者，因在实施犯罪时，感染了肺炎，由此却获得了较轻的量刑。这并不是说"天罚"（natural punishment）的观念就没有了存在的空间（参见 Winch 1972c，197-200；Teichman 1973；Walker 1980，130-31），也不是说量刑者有时不能对一个"已经遭受深重苦难"的犯罪人，给予其适当的宽恕（参见 Walker & Padfield 1996，54-56；也可参见 Husak 1990 关于"已经遭受足够的惩罚"）。但是，这意味着如果我们同意"犯罪者应受痛苦"，那么"苦难"以及"有罪者"的概念，就需要解释。

第二，一个仍然需要解释的问题是，为什么给予犯罪人其所应得刑罚应当是国家的任务。对于犯罪人罪有应得的主张，并不导致任意主体取得权利或者义务对他们实施刑罚。这仅仅意味着对他们的刑罚是一种善。这种将犯罪人所遭受的刑罚描述成一种善，与通常的结果主义主张是相悖的，他们认为刑罚本身必然是一种恶，因为刑罚意味着施加某种伤害或者痛苦。（参见 Bentham［1789］1970，ch. 13，sec. 2）。但是国家有义务以保证这种善，却是更进一步的主张。若此，就必须论证这样一种善是属于国家的事务，而且这样的善的重要性足够充分地证成建立一套保证其实现的刑罚制度的正当性——即便考虑到这种制度所包含的巨大成本（参见 Murphy 1985；Husak 1992b；Shafer-Landau 1996）。[20] 如此，报应主义需要论证，要么犯罪人所应得的苦难恰恰是国家所掌握的刑罚，要么国家应当承担给予犯罪人其所应得苦难的责任。

---

［20］ 相比之下，结果主义对刑罚设定的目标，如犯罪预防等，似乎很明显是国家应该追求的目标（但是参见第二章第4.1节关于"犯罪预防"）。此时的问题是国家是否有权利通过这些手段去追求这样的目标（参见 Murphy 1979c，94-95；1985，3）。

报应主义者坚称在过去的犯罪与现行的刑罚之间，存在一种正当性的关系。这种关系通过"报应"的观念加以显现：犯罪使得刑罚成为正当或者必要，因为有罪者应得刑罚；刑罚正是给予犯罪人"其所应得"。当试图去解释刑罚报应这样一种观念时，或许报应主义者会诉诸一种直觉判断，即"有罪者应受苦难"。但是他们仍然需要解释，在这种语境下的"有罪"和"苦难"的含义；以及"应得"观念的正当性关系，即其所谓的有罪者与苦难之间的关联；还有施加这种应得苦难，应当是一种国家的义务。易言之，他们需要解释何为犯罪，何为刑罚，以及此种刑罚，作为此种犯罪的回应，又如何成了正当或者必要；还有，为什么这些事务又应当涉及国家。

报应主义的多种理论学说，都可以视为是对这些问题进行多种尝试性的回答。在此，我并不对所有的学说都进行评述（参见 Cottingham 1979），我仅对在近期讨论中所出现的三种报应主义理论，进行简要的评述。其中两种理论虽不成功，但颇具有建设性。第三种理论则引向了一种更为丰富的思考，但不再单纯地将刑罚视为犯罪的应得负担。

4.2 "免除不公平的利益"

假设我们将法律制度的存在意义，理解为通过对所有公民施加包括守法在内的自我约束义务，从而确保他们利益（安全，有保障的自由），我们就可以将违反法律的犯罪人，视为从所有守法者身上为自己获得了不公平的利益。她所获取的利益，是来自其他自我约束的守法者，但是她却拒绝接受她自己服从法律的义务；她享受法律所带来的善，却拒绝承担这些善所基于的、其亦所应当承担的公平义务。至此，作为一种公正，她就应当失去这些利益，而刑罚正是起到了这样的作用。通过给予其额外的负担，最终使得犯罪所打破的利益与负担之间的平衡，得以恢复。[21]

这种思考彰显了报应主义理论所承担的任务，是一种非结果主义的思考方式。正如犯罪人违反法律所获得的利益，不是通过犯罪取得的某种物质性结果，而是摆脱了自我束缚的义务，这才是犯罪的本质，所以剥夺这些利益并不是刑罚的偶然效果，而是刑罚自身作为施加的负担所具有的内在本质。这样一种对犯罪（从守法公民那里取得不正当的利益）和刑罚（施加相应的负担）的思考，说明了为什么刑罚是对犯罪的正当反应——即，为了免除不正当的利益。它也说明了为什么这应当属于国家的正当任务。因为，正是国家，通过刑法对其国民施加了守法的自我约束的负担，确保那些接受这些负担的公民，不会因此而承受不公平的待遇，也就应当是国家的任务。（但是这里仍然存在一个问题，即这是否是一个**足够**重要的任务，其自身就可以证成建立并维持一套刑罚制度。）

我并不在此讨论批评者们，包括此种理论早期的支持者，对这个理论所提出的诸多反对意见。[22]在我看来，这些批评是具有说服力的——特别是指出这种理论实则提供了一幅关于刑罚对犯罪所具有的应得性质的曲解图景。例如，强奸行为的犯罪性，以及因此所具有的应受惩罚性，并不在于其从其他守法公民身上获得了某种不正当的利益。但是，这种理论依然值得我们关注，因为它为任何一种报应主义理论所面临的问题提供了一条清楚的解决路径，特别在于它对刑罚针对犯罪所具有的应得性质进行了一种尝试性的解释。

它提供了一种抽象的、形式上的犯罪的普遍性质。犯罪所具有的，普遍的且明确性的特征，在于从守法公民那里获得了不公平的

---

[21] 参见 H. Morris 1968; Finnis 1972; von Hirsch 1976; Murphy 1979c; Sadurski 1985, 1989; Sher 1987, ch. 5; Adler 1992, chs. 5–8; Dagger 1993. 也可参见 M. Davis 1992, 1996, 认为能够基于这种犯罪概念，找到一种与刑罚理论相区分的量刑理论。对此观点的批判，参见 Scheid 1990, 1995; Duff 1990a; von Hirsch 1990.

[22] 参见 Christie 1981, chs. 6–7; Burgh 1982; Murphy 1985; Duff 1986, ch. 8; Falls 1987; Hudson 1987; Braithwaite & Pettit 1990, 157–59; von Hirsch 1990, 264–69; Dolinko 1991; Hampton 1992a, 4–5; Anderson 1997.

利益。它将所有犯罪行为的应受惩罚性描述成为一种**行政犯**（mala prohibita），因为犯罪人从守法者那里所取得的不公平利益，并由此所具有的刑罚应得性，都基于刑法禁止其行为的规定。如果没有这样的规定，那么他们的行为就与刑罚并不相关，因为他们并没有拒绝其他公民也接受的一种守法的自我约束的负担。毫无疑问，像强奸这样的犯罪，其行为的错误性无疑独立于刑法之规定；但是这种错误转变成一种可罚性的错误，却依赖于刑法之规定。如果强奸并没有被刑法所禁止，某人实施强奸行为也就没有从其他守法者那里取得某种不公平的利益。

对于报应主义而言，寻求犯罪的某种普遍共性，当然是具有吸引力的，而这样的性质也不可避免地具有一定程度的抽象性和形式性；此种思考或许也同样说明了为什么犯罪应得刑罚，这就弥合了"犯罪行为"和"应得刑罚"之间的距隙，也论证了刑罚是对犯罪内在的正当回应。"不公平利益"理论着实做到了这点：犯罪的性质（获得不公平的利益）印证了刑罚（一种负担，即免除这些不正当利益）作为一种正当性的回应。

费加雷特（Fingarette）（1997）提供了一种结构相似的思考。他认为，报应性刑罚是任何法律制度所必需的，因为法律会，也必须主张其对于公民意志的约束力。如果法律试图对公民施加某些约束力的要求，但是通常却没有对违反这些要求的人给予惩罚，这无异于根本上就没有法律。至此，犯罪的性质（作为对主张权力的法律的违反）再次印证了刑罚（是对那些被轻视的权力的重申）是对其的正当性回应。正如我在第二章（第6节）所论述的，即使法律不能简单地无视犯罪行为，但是尚不明确的是，为什么它的回应方式必须包含**刑罚**——为什么它对某种权力的主张使得刑罚成为必需。但是，此种理论显示的对犯罪的解释逻辑，也正是"不公平利益"理论所采用的。

我们应当注意这两种理论所存在的重大局限。它们主张**如果**我们拥有一套刑法和与之相关的制度（这样一种制度通过对所有人施加负担,以保证所有人的利益,或者主张对公民的意志具有约束性的权力),那么刑罚作为报应就是必需的,但是它们并没有明确,为什么我们应当存在这样一套法律体系(参见 Fingarette 1977, 513-15),以及它的内容又应当是什么。它们所提供的刑罚正当性理由并不完整,而是依赖于刑法以及其应有内容的先在正当性。

迪莫克(Dimock)的理论(1997)也阐述了这些问题,并包含了一种对普遍的和抽象的犯罪可罚性质的论述。她主张法律的主要功能在于创建并维持信任的"客观"条件——这些条件使得公民之间的信任成为可能,即使是遇见陌生人,他们之间不存在任何私人关系可以提供的法律之外的信任感。法律,通过创建和维持一种"元信任,对信任的信任",部分地起到了这样的功能 (51)。而惩罚犯罪实本质上则是维持这样一种信任,因为如果社会默许这些会削弱信任的犯罪,那么信任就会受到现实的损害。迪莫克认为,这样就确立了一种**积极**的报应主义(虽然她的理论并不是一种纯粹的报应主义,因为刑罚也被用于起到威慑削弱信任行为的作用)。再次重申,在这里我并不关注这个理论的充分性。要判断这个问题,需要追问维持信任和元信任的功能,是否可以产生一种合理性理论以解释刑法的全部内容(和其**应有**的内容);**刑罚**(而不是某种形式的,不具有惩罚性质的谴责和否定性评价)对于重申社会对信任的守护是否真的是必要的,或者若刑罚本身主要体现威慑的意义,是否能被正当化的(参见本章第 4.4 节);又或者我们是否应当接受迪莫克赋予刑罚的威慑功能(参见本章第 3.2 节;第三章第 3.1 节)。她的理论,通过对犯罪本质进行一种普遍性、抽象性的思考,从而论证犯罪如何导致刑罚,再一次展示了报应主义解释刑罚报应性的一条路径。[23]但是,当然还存在其他的路径,现在我将转而讨论其中的一种。

---

[23] 参见汉普顿(Hampton)的理论,他的犯罪理论把犯罪解释成一种"贬低"受害人的行为,因此呼吁把刑罚作为"击败"违法犯罪者的手段,从而抵销犯罪的贬低信息。参见 Murphy & Hampton 1988, 4; Hampton 1991, 1992a, 1992b. 批判的观点,参见 Duff 1990b; Dolinko 1991; Dare 1992; S. E. Marshall 1992; Slattery 1992; Golash 1994; Duff 1996a, 36-41.

4.3 惩罚性情感

报应性刑罚，经常被视为某种愤怒或义愤情感的表达或宣泄，是由犯罪所引起的"憎恨的情感和报复的欲望"（Stephen［1873］1967，152）。许多批评者认为，这样理解削弱了报应主义作为刑罚的正当性。他们声称，这就说明报应性刑罚的要求，不是来自于某种价值或是原则的理性基础，而是源于非理性的，不具有道德合理性的情感。[24]但是，某些报应主义者恰恰通过将刑罚与情感相连，如由犯罪适当引起的"情感状态"，以寻求对刑罚正当性的证成（Stephen［1873］1967，152）：他们主张，我们不应当将这些情感视为非理性的冲动，而是对犯罪及其后果进行道德理解的彰显——这样，我们就应当拒绝对"理性"和"情感"之间进行对立的区分，以及那些将感情统统视为非理性的、混乱的哲学观点。

例如，墨菲（Murphy）教授着重于愤慨和"报应性的憎恨"。愤慨，显示了对自我的尊重，而报应性的憎恨则包含了试图"恢复适当的道德平衡"的欲望，即通过对犯罪者施加痛苦以剥夺她"不应得的或者非法获得的"幸福，而这些原则上"是对某些犯罪，自然的、适当的且正当的反应"。[25]随之，这些情感在**原则上**促使了一套刑罚制度的建立，它的目标恰恰在于通过剥夺犯罪人所不应得的幸福，以满足人们的正当情感。

墨菲教授自己也指出，如果考虑到被这些情感激发而产生的隐含危险，这样的理论是否可以**在实践中**证成一套国家刑罚制度的正当性，是值得怀疑的（Murphy & Hampton 1988, 98-108; Murhphy 1999）。但是我们同样想知道的是，这个理论是否可以提供一种"原则上"

---

[24] 也可参见 Mackie 1985. 虽然"惩罚性情感"并不能为刑罚的正当性提供合理的解释，但是我们可以对为人类何以发展出这种情感倾向给出进化论解释；关于批判的观点，参见 Hampton in Murphy & Hampton 1988, 117-119.

[25] 参见 Murphy & Hampton 1988, chs. 1, 3. 文章引用之处见第 89 页和第 108 页。关于批判的观点，参见汉普顿的评论在 Murphy & Hampton 1988, ch. 2; Duff 1990b; 墨菲自己的评论在 Murphy 1999. 也可参见 Baldwin 1999.

的正当性。它确实说明了（至少是某种程度上）犯罪为什么使刑罚成为应得：因为犯罪会引起理性的，具有道德性的情感，这种正当的情感蕴含着使犯罪人承受痛苦的渴望，而刑罚正是施加这样的痛苦。但是，暂且不论"是否**每一种**激起这种情感的行为都应当被定为犯罪"这样的问题，尚不清楚的是，为什么通过建立和维持一套刑罚制度，以满足这样的情感，应当是**国家的**任务。而且，同样不清楚的是，证成这种情感的正当性，是否也同样使犯罪人承受痛苦的欲望取得了正当性。我们可以同意，对于某些犯罪，憎恨和愤慨是道德上的适当反映，但同时可以认为，应当尽量摆脱这种经常被普遍接受的反映，即让犯罪人承受痛苦的欲望——转而我们应当寻找其他、伤害更小的方式来表达这些情感（主要参见 Horder 1992, 194-97）。

这里的部分问题在于，尚不清楚究竟是**什么**使得犯罪人应当承受痛苦。如果她正享受犯罪带来的利益，那么无疑这些是应当被剥夺的。但是剥夺犯罪所得本身并不是刑罚（不得不返还所盗窃赃物的盗窃者因此可能没有受到惩罚），而看到杀人犯或强奸犯承受痛苦的欲望，一定不同于剥夺其"非法"所获得的快乐的欲望。[26]

摩尔（Moore）（1987）提供了一种不同的理论，他并不强调对犯罪人所产生的憎恨或气愤，而是他们对自己错误所产生的负罪感。如果我犯下了一个严重的罪行，那么我将会"感觉愧疚死了"，我也希望自己会有这样的感觉。基于这样的情感，犯罪人会认为自己应当受到惩罚。因为这种负罪感是符合道德的（这是一个有道德的人应该感受到的），而且道德情感对于它所产生的真实的道德判断是一种启发式的指引，由此可以证成这样一个论点，即如果我犯下了罪行，那么我应当受惩罚。如果我给予实际的犯罪人作为人类的尊重，就像对我自己一样，那么我必须对他们应得的惩罚给予同样的判断，

---

[26] 墨菲似乎把他的理论和"不公平利益"理论联系在一起（参见 Murphy & Hampton 1988，94-95；以及本章第 4.2 节）。但是，我们对强奸犯的愤怒当然不是因为他违反法律而得到的不公平利益。

就像我给予自己的一样——即，他们应当被惩罚。[27]最终，无论是理论的细节还是其复杂性，摩尔的论点看上去与诉诸直觉的判断"犯罪者应当承受痛苦"并无二致（表现为第一人称的负罪感）：它并没有告诉我们**为什么**他们应得承受痛苦，或者为什么有罪者应当产生我应受痛苦的判断，或者他们应当承受**什么样**的痛苦，或者为什么施加痛苦应当是**国家**的任务。

尽管这两种理论失败了，但是它们的失败是具有启发性的。这提醒我们有必要去解释什么是有罪者应受痛苦，犯罪是如何使这些痛苦成为正当或是必要，为什么施加这种痛苦应当是国家的任务。然而，更为积极的是，这些思考展现了我们应当将国家刑罚与我们对犯罪的道德反应之间的关系，视为具有相关性的或者接连性的，而这些道德反应是由理性的情感所建构起来的，例如负罪感（对自我犯罪的感觉）以及愤怒或是义愤。以上思考也显示了，这些情感，即使不是对刑罚正当性的直接证成，或许也会给予我们有关何谓有罪者应得痛苦一种更为清晰的概念。

如果某人犯下了严重的罪行，那么他就不应当享受"自由和幸福"的生活，这种观念确实具有某些意义（Murphy & Hampton 1998, 91）。他不应当继续他的生活，仿佛他没有做错任何事情。我们或许认为，他应当有所承受。但是，他应当承受什么呢？一个显而易见的回答是，他应当有罪恶感：因为罪恶感或悔罪感是对其罪行的正当反应，而且这也会产生痛苦（若这些感觉是真诚的）。罪恶感，虽然是一种痛苦，它实质上却是**自我**引发的，来源于行为人对自我错误的认知。它又怎么能作为刑罚正当性的基础呢——刑罚，是由他者所施加的痛苦？另一个显而易见的回答是，犯罪人应当承受他人愤怒的或义愤的谴责。但是这又为什么应当包含对他的**刑罚**呢？

在我对这些问题的可能答案进行讨论之前，应该注意到，对犯

---

[27] Moore 1987（上面引用的观点就是出于第 213 页），1993. 关于批判的观点（摩尔在 Moore 1993 的修订版 Moore 1997, ch. 4 中有所回应），参见 Dolinko 1991, 555-59；Knowles 1993；Duff 1996a, 28-29；Murphy 1999.

罪可罚性的理解，情感路径所提供的思考，与上一节其他理论所提供的思考，存在差异。

那些理论提供了一种宽泛的，抽象的犯罪性质——例如，从守法者身上取得不公平的利益，或者对法律宣称的权威的违背。它们将犯罪描绘成一种**行政犯**，其应受惩罚——仅仅是因为其对刑法的蔑视。相反，本节中所讨论的基于情感路径的理论，展示了一种并非那么抽象的犯罪概念，而是存在于特定的、具体的、可以激发相关情感的道德罪行；而这些罪行则构成典型的**自然犯**——这些基于情感指引其错误性的罪行，是先于也独立于刑法之规定。[28] 强奸引起我们的愤怒和义愤，并不是因为犯罪人违背了刑法，以及这样做就从我们这里获得了不公平的利益，或者蔑视了法律的权威，或者削弱了信任的条件，而是因为他对其被害人所犯下的这种特定的、具体的罪行。

基于这样的思考，应得刑罚之犯罪道德属性，同样也可以解释为什么这种行为应当是犯罪的问题。这与上节所讨论的理论有所不同。"不公平利益理论"告诉我们为什么犯罪者应得刑罚，**只要她的**行为是犯罪行为，但是它并没有说明，为什么她的行为在一开始就应当被犯罪化。相反，以情感为基础的上述理论会认为，法律应当将某些应受刑罚的行为犯罪化，是**因为**其罪行和可罚性是独立于法律之规定。前者的理论将可惩罚的、**犯罪**的罪行，与先于法律的**道德**罪行相分离。后者的理论则将两者视为是紧密相连的。

但是，根本不清楚的是，这是否是这些理论的优势。史蒂芬（Stephen）主张，刑法"本质在于对令人憎恨的邪恶进行控诉"——我们应当将这样邪恶的行为犯罪化，恰恰是为了确保它被惩罚，而这种"憎恨的情感"所"激起的正常的心灵状态"，应当被满足（[1873] 1967, 152）。而更为当代的表述，摩尔主张，刑法的功能在于，"通过惩罚且仅惩罚那些，对道德错误行为应当承担道德

---

[28] 这里之所以使用"典型地"一词，是因为行政犯（mala prohibita），如逃税，也会激起我们的愤怒。

责任的人",以实现报应性的正义(1997, 35)。但是,这样的主张会激起自由主义的反对,利用刑法以"控诉"道德的邪恶,并不是属于国家适当的任务。"刑法中所包含的禁止性命令,不应当只指向单一的目的,即为了确保违反它们会遭受报应性的惩罚"(Walker 1980, 5)。

我们再一次面临这个问题,即使有罪者在某种意义上应得痛苦,但是否应当属于国家的适当任务,即通过建立一套刑法和刑罚制度以施加这种痛苦。如果我们将应得刑罚与**犯罪**的实行相连,正如"不公平利益理论"的主张,那么我们一开始就有了对这个问题的答案——但是这就隔断了犯罪与前法律之错误性的联系,而这对于(通常所理解)的**自然犯**是至关重要的,例如强奸。或者,如果我们将应得刑罚与道德错误相连,其错误性的判断是独立于刑法之规定,正如这一节所讨论的基于情感的理论,我们就可以保存这种关联——但是这样就仍然缺乏明确的论证,为什么这属于国家的事务。

在第二章,我会回到这个问题,并将其归属于一个更大问题,即有关刑法的适当目的和功能(参见第二章第 4 节)。但是,现在我将转入另一类型的报应主义,根据这种理论,刑罚实际上意在表达或者清晰揭示犯罪人应得的谴责或非难。

4.4 刑罚,作为一种沟通机制

将刑罚作为服务于表达目的的思想,既不新颖,也并不必然属于报应主义。[29]我将在第三章论证,我们应当探讨**沟通**(即寻求他人理解和回应的理性过程),而并非简单的**表达**(参见第三章第 2.1 节)。但是在这里,我们不需要区分这两种概念。

---

[29] 一般来说可参见 Feinberg 1970; Primoratz 1989b. 关于批判的讨论,参见 Benn 1958; Hart 1963, 60–69; Walker 1978, 1981; Skillen 1980; M. Davis 1996, 169–81. Lacey (1998) 和 Braithwaite & Pettit (1990) 也提供了一种至少在部分意义上属于"表达"理念的结果主义刑罚理论。

如果想知道沟通性或者表达性的刑罚概念是如何在报应主义理论中确立的，我们可以思考报应主义与结果主义对以下三个问题的答案：表达或者沟通**什么**，**向谁**表达或沟通，**为什么**（参见 Skillen 1980）？

结果主义者对"为什么"的回答相当直白：我们使用刑罚的方式，应当是使其有效地实现刑罚制度的结果主义目标，特别是预防犯罪。对"什么"和"向谁"的回答，同样是清楚的：刑罚可以用来向那些可能被有效影响的任何人，表述以实现结果主义目标为指向的任何内容。威慑性刑罚制度就符合这样的特点。施加刑罚和由此产生的威胁，将向潜在的犯罪人传递这样的信息：如果他们违反了法律，将会承受某种痛苦，借此（我们希望）说服他们放弃犯罪。

相反，报应主义者必须依据犯罪人应得惩罚的观念，来回答这些问题。这样的方法显示，无论刑罚沟通的内容是什么，都必须首要地与犯罪人进行沟通。至于沟通"什么"，一个显而易见的答案是，刑罚将表达犯罪人所应得的谴责和非难。[30]刑罚是"一种传统的机制，以表示憎恨和义愤的态度，以及否认和谴责的评价，且以惩罚机关自身的名义或者以那些'被害者'的名义，展开实施"（Feinberg 1970, 98）。[31]

这些答案对于报应主义看起来是适当的，主要基于两个原因：其一，非难具有回溯性质：它关注已经发生的犯罪，正如报应主义刑罚所关注的；犯罪人必须因为所犯下的罪行而受非难，正如基于报应主义的犯罪人必须被惩罚。其二，犯罪人因为其罪行而应受谴责的观念其实并不让人困惑，至少就批评者主张其令人费解的思路而言是这样的。

结果主义者同样可以将非难的表达作为刑罚的有效功能。非难

---

[30] 我接受 von Hirsch（1993）的理念，接下来将用"谴责"的概念捕捉刑罚的沟通内容。

[31] 范伯格（Feinberg）对此补充道：出于不同原因，这样的内容可能会向犯罪人、受害人以及大部分社会公众进行表达（1970, 101-5）。但是报应主义者更关注与犯罪人的沟通。

可以作为改变行为的有效工具：被谴责的人，或许可以在未来避免此种行为（其意识到这样做是错误的，或者恐惧非难所产生的痛苦）；其他人或许基于这种可能的非难，而放弃此类的行为。[32]他们或许会坚称，任何对"为什么"问题的合理答案，都必须是结果主义的。如果不是为了影响未来的行为，表达谴责又具有什么合理意义呢（参见例如 Walker 1991, 21-33, 78-82）？但是，报应主义者则辩称，一个基于纯粹结果主义合理性的责难在道德上是不能接受的。将责难简单地视为一种改变行为的有效工具，这样并没有将被惩罚者视为一个负责的、自治的主体，而仅仅被作为了受各种技术操纵的客体（参见 Charvet 1966；Duff 1986, 42-53；第二章第 2 节）。

如果依靠作为沟通谴责机制的刑罚的积极效果这一语境，那么报应主义又如何回答"为什么"的问题呢？对这个问题的完整答案，需要一个全面的思考，即通过刑法，国家应当如何对待它的公民以及如何向他们表达（参见第二章第 4 节，第三章第 2 节）。这个问题的部分答案将包含在我们以下的论述中。

如果我坚定地宣称，某种行为——例如工作任命上的种族歧视——是严重错误的，那么这将对我自身的行为有所影响。为了表示我真实的意思确实是我所说的，我自己就会尽力避免这样的行为。如果我经常实施这样的行为，并没有丝毫努力去避免它，或者当存在这样的行为时没有一丝的悔意，那么我真实的意思就并非我所说的。这同样让我对他人的行为产生判断——即，那些种族歧视的行为是错误的。在某些情况下，它还会推动我表达这些判断。如果我发现自己所在的研究机构存在这样的种族歧视，我一定会**表达**我的观点，即通过批评或谴责这种行为，以证明其做错了。保持沉默，或者容忍这样的行为而不给予任何批评，人们必然会对我所表达的

---

〔32〕 参见 Brandt 1961；Nowell-Smith 1961, 301-4；Smart 1973, 49-56；Braithwaite 1989；利用"非难性羞辱"作为诱导犯罪人产生建设性耻辱感的有效手段，参见 Braithwaite & Pettit 1990, 87-91。

判断——即这种行为是一种严重的错误——真实性产生怀疑,[33]对于个人是这样,对于群体亦如此。一个群体(例如一个学术部门)集体宣称,工作任命上的种族歧视是一种严重的错误,这样也就使得其应当尽力避免这样的歧视,并对他人施加的歧视给予谴责。

对于法律也是如此。刑法宣称某种行为是错误的——即,是具有犯罪性的。但是,如果法律或者是社会,以其名义宣布,且其真实意思也如其所言,那么它就应该确保对那些存在犯罪行为的人给予谴责。在罪行面前保持沉默,将会削弱——因为这意味着一种背弃——它将某种行为定义为错误的宣示效力。

我们可以对这个观点增加更多的道德说服力,例如,对这种被宣称为错误行为的谴责,是对被害人所负有的义务,由此彰显对被害者以及他们所处境地的关怀。这也是对社会负有的义务,因为法律主张包含社会价值,由此显示了这些价值是被认真对待的。这也是对犯罪人自身所负有的义务,因为对某人错误行为的一个真诚的反应,一个尊重他作为负责的道德主体的反应,应当是对其错误行为进行批评或是谴责。如果将犯罪(正如法律有意地认真对待他们,才将其宣布为犯罪)严肃地视为负责任主体的错误行为,那么就应当对实行这些行为的人给予谴责(参见 von Hirsch 1993, ch. 2)。

假如我们基于上述理由,同意犯罪人应当被刑法谴责。谴责的表达则是通过在刑事审判中证据证明基础上的正式定罪。这样的沟通,同样可以通过一个纯粹象征性的刑罚制度,其产生的负担或是痛苦,仅仅是沟通本身所包含的(参见 Duff 1986, 148-49, 240-42)。我们现在的法律制度所施加的刑罚却不是**纯粹象征性**的:监禁,罚款,以及强制的社区服务所产生的负担,都独立于它们可能具有的谴责含义。但是,这些刑罚性"严厉对待"**能够表达**这些谴责(参见

---

[33] 以下两种方式把问题过于简单化了。其一,假设我用这种方式做出评论是站在道德的立场上——那是我的事;我在第五章(第2.3节)将在刑法语境下讨论这个话题。其二,在我不能大胆说出的情况下,或许是因为如果那样的话弊大于利。但是,这只能表明我表达的承诺失效了。

Feinberg 1970)。基于适当的传统实践,以及对这些传统实践的共同理解,一定期限的监禁或者强制的社区矫正,或者罚款,能够向那些犯罪人(以及其他人),传达对于犯罪的正式责难或谴责。这样,刑罚就不再**仅仅**是一种严厉对待措施,同样也是谴责的象征性行为。

一些问题需要被提及:沟通的内容是什么,如果这样的沟通是可能的且正当的,那么它应当满足什么样的条件。这些问题确实值得注意,提出了沟通性刑罚理论或表达性刑罚理论都要面对的重要问题。

这里涉及"能够"与"应当"之间的距离问题。即使我们**能够**通过严厉的刑罚措施,实现对犯罪人所应得谴责的表达或沟通,为什么我们**应当**这样做?既然谴责可以通过正式的定罪或是宣示,或者纯粹的象征性刑罚加以表达,那么鉴于这种严厉措施加之于犯罪人身上的负担和痛苦,什么可以证成选用严厉的惩罚措施作为表达方式的正当性呢?如果一个沟通性理论欲将包含严厉措施的刑罚正当化,它就必须论证这些严厉的惩罚措施在表达犯罪人应得谴责时,不仅仅是一种**可能的**方法,而且是一种**必要的**方法。

对于这个问题,我们可以容易地找到结果主义的回答:十分明显地,借助严厉的惩罚措施实现法律的道德引导,增加了威慑性的刺激因素。我们知道,很多犯罪人,是不会因为仅仅是形式上的谴责或者是纯粹的象征性惩罚而放弃犯罪的。这样,通过使用严厉的刑罚措施作为沟通方式,就给予了人们一个附加的、谨慎的理由,促使其放弃犯罪(参见 Feinberg 1970; von Hirsch 1985, ch. 5)。然而,这样的回答马上就会面临上述针对威慑性刑罚制度的批判(参见本章第2.2节,第3.2节)。[34]但是,报应主义能找到针对这个问题的充分答案吗?

有学者认为,只有使用严厉的措施,犯罪行为所应得的谴责才会充分地被表达,或者才能有效地实现与犯罪人的沟通(或许是因

---

[34] 参见 von Hirsch 1993, 12-14. 我将在第三章第3.2节中讨论到他的更近期观点。

为他们对于纯粹象征性的刑罚会充耳不闻)(参见 Lucas 1980, 132-36; Falls 1987; Primoratz 1989b; Kleinig 1991)。但是尚不清楚,这是否足以证成严厉刑罚措施的正当性——除非沟通的有效性仅仅意味着**威慑**的有效性。(参见 Duff 1986, 240-45; Gur-Arye 1991)。如果主张严厉措施可以"将社会的否定评价内化到那些不守法个体的价值体系中",所以即使犯罪人没有认识到其犯罪行为的错误性,我们至少可以借助严厉措施迫使其"认识到他的判断角度是错误的"(Lucas 1980, 133-34, 147),那么问题在于,这样的内化过程能否保留其所试图内化的价值内涵呢。另一个疑问是,如果不是为了有效威慑,为什么传达这样的信息是如此重要,以至于国家应该为此建立一套刑罚制度呢。[35]

对于上述问题,我将提供另一种的思考方式来回答,即将刑罚理解成为一种世俗的**忏悔**,来解决为什么应当使用严厉的刑罚措施来表达犯罪人应得之责难。这种思考是报应主义的:刑罚的正当性,是基于其作为应得责难沟通机制的属性。不同于其他种类的报应主义理论,它赋予了刑罚一种前瞻性目的,即说服犯罪人对他们的犯罪进行忏悔(一般而言,沟通性行为都具有一种前瞻性的目的)。但这并不表明我的思考部分具有结果主义色彩——而是寻求将报应主义对应得惩罚观念的关注,与结果主义对未来利益的关注,实现有机结合。如此一来,刑罚与其目标之间就不是结果主义所认为的那样,仅具有偶然性和工具性,(参见本章第 1.1 节),而是本质性的关联。劝说一个负责任的主体对其错误的行为进行忏悔,这一目的设定与刑罚之间具有相当的契合性。[36]

我将在第三章,对这个论点的含义和重要性进行解释(参见第三章第 2.2 节,第 4 节)。但是,在这里,我们还必须关注一种对任何试图证成刑罚正当性的尝试都构成严重挑战的理论。

---

〔35〕 参见本章脚注 23,汉普顿把刑罚解释成一种"挫败"违法者的手段。

〔36〕 我的观点与把刑罚描述为"道德教育或者道德再教育过程"的观点之间,具有某种共同之处。参见第三章第 4.1 节。

5. 废除论者的挑战

"废除论"是一个广泛的运动（而不是单一的理论），其成员通常共享某些特定的价值观念和政治倾向，并在反对现行的国家刑罚模式上达成共识，但成员彼此之间的理论目的和实现手段却存在巨大的差别。[37]然而，通过关注任何废除论者都必须面临的三个问题，我们可以勾画出废除论挑战国家刑罚制度的一些明显特征，即废除什么，为什么，什么应当代替它？[38]通过梳理废除论对这些问题的答案，我将会为其提供一个经过选择的综合性理论图景。我的目的，在于挑选出一般性理解中什么才是废除论最为重要的普遍论点，而不是指出那些被称为或者自称为"废除论者"所接受的每一个观点。[39]

5.1 什么将被废除？

某些废除主义者的理论所关注的，不是刑罚整体，而是作为刑罚模式之一的监禁刑（参见 Mathiesen 1974；Sim 1994）。如果考虑到监禁刑在我们现行刑罚制度中的运用程度，以及"即便那些主张大量减少监禁刑的人，也仍然认为监禁对于严重的且危险的犯罪人可能是合理的刑罚方式"这种实践状态，废除监禁刑的观点当然也是一种

---

[37] 通常可参见 Mathiesen 1974，1986，1990；Christie 1977，1981；Hulsman 1981，1982，1986，1991；Abel 1982；Cohen 1985，1991；Bianchi & van Swaaningen 1986；Scheerer 1986；Steinert 1986；Hudson 1987；de Haan 1990；Bianchi 1994；Sim 1994；Duff 1996a，67-87.

[38] 但是可参见 Mathiesen 1974，11-36；1986，对于第三个问题，原则性地拒绝给出更多回答。

[39] 也有其他学者主张废除刑罚，但是他们一般不会被归属于"废除论者"，或者不会被"废除论者"视为同盟，他们或者主张通过强制性治疗制度代替刑罚（参见例如 Wootton 1963；Menninger 1968），或者主张通过合法组织的补偿制度代替刑罚（参见 Barnett 1977；Hajdin 1987；关于批判的观点，参见 Pilon 1978；Kleinberg 1980；Dagger 1991. 主要参见 Holmgren 1983，1989，他试图在补偿的语境下证明刑罚的正当性）。

激进的目标。我认为,在一个正当的刑罚体系中,监禁刑依然应当具有一定的(有限的)作用(第四章第4.2节)。但是,我所要关注的是,作为极端形式的废除论观点,恰恰是主张废除国家刑罚本身。

最为极端的废除论者,我们称之为"绝对的"废除论者,而不是"相对的"废除主义者。"相对的"(contingent)废除论者认为,虽然存在于特定社会中的(与我们的社会有非常大的区别)国家刑罚制度(与我们的刑罚制度有非常大的区别)可以被正当化,但是,在我们这样的社会中实行刑罚,是无法被正当化的,因为在这样的社会中,无法形成刑罚被正当化所应具有的条件(参见例如 Murphy 1979c,103-10;Duff 1986,ch. 10.5)。相似地,"相对的"和平主义者会认为,虽然特定形式的战争在原则上是可以被正当化的,但是在我们现有的政治和军事的状态下,没有哪种战争形式在事实上是可以被正当化的。相反,"绝对的"和平主义者会主张,没有任何一种形式的战争在任何条件下,可以被正当化(参见 Coates 1997,77-87)。相似地,"绝对的"废除主义者主张,没有任何一种国家刑罚制度,在任何一种社会类型中,可以被正当化。

当然,废除论者不能,而且也没有简单地谈及废除"刑罚",同时似乎保留其他一切原有状态。废除刑罚,必然关涉到对与刑罚密切相关的所有国家制度和实践,都进行废除或重大改革——包括刑法,警察,整体的刑事制度;废除论者一般在寻求更为广泛的社会和政治改革,而这些远远超越了刑罚领域本身。这些广泛改革建议中的一小部分将在下文有所涉及,但是其大部分内容,因为无涉我们现在的讨论目的,将被略去。

然而,当说到国家刑罚应当被"废除"时,并不是说我们应当要求其立刻地、完全地被废除:每一个监狱大门应当立刻开放,整个的刑罚机制应该立刻瓦解。废除刑罚是一种期待而不是一个即刻的要求,是一个遥远目标(我们的政治,法律,和社会制度以及实践,都必然会经历巨大的,同时也是渐进的变革)。这当然会产生许多重要的问题。在这些重大改革发生之前,我们应当如何处理刑罚制度？在多大程度上，如果还有存在可能性的话，我们可以继续依靠我们的刑罚实践，或者默默地与其形成共谋？然而，那些极端的刑罚理论者，如果他们主张只有刑罚以及其所践行的社会经历重大改革，刑罚才可以被正当化，那么也同样面临着这个问题（参见，例如 Murphy 1979c，110；Lacey 1988，195-258；参见后面第五章）。

5.2 为什么要废除？

如果问**为什么**应当废除刑罚，废除论者或许会满怀正义感地回答，举证责任应当在他们的反对者身上，他们应当证明为什么要保留刑罚。毕竟，刑罚作为一种实践，给予了其承受者严重的强制和沉重的负担，它需要充足的正当性；而废除主义可以简单地主张，对它的正当化努力都是失败的，所以无法正当地保留刑罚。废除论者参与到报应主义对结果主义理论的批评中，这些批评不仅关系到结果主义刑罚实践对实现所追求之目标的有效性，而且关系到这些目标本身，以及我们尝试实现这些目标的应然手段。例如，我们的目标不应当仅仅是确保对法律的遵守，又或是对现行价值规范体系的遵从式的"融合"；也不应当通过威胁以寻求强制性的服从，或将"违规者"改造成"守法者"。基于与结果主义相似的原因，废除论者同样拒绝报应主义理论：仅仅因为过去的错误行为而施加痛苦是不道德的，野蛮的；即使我们寻求对犯罪人的谴责是正当的，我们也不应当采取惩罚性的"痛苦施加"的方式（参见 Christie 1977，9；1981，98-105）。

在废除论者的理论当中，经常包含着对他们所支持的替代性措施的积极论证——他们会展示许多被认为可以用来处理"犯罪"的，比刑罚更好的方式（参见第三章第4.3节）。在这里，除了上述的事实，即刑罚所施加的痛苦并非基于（正如废除论者所认为的）正当的原因，我们还可以再稍加解释为什么他们如此反对刑罚。

废除论者对国家刑罚的一个共同批评是，刑罚用一种压迫专制式的破坏性制度，取代了民主的，平等的，具有建设性的方式来解决犯罪问题。法律宣布某种行为是**错误**的，并要求所有的公民都接受它的判断。如果公民之间就国家法律所宣称的价值存在普遍共识，借助强制实现上述要求或许是正当的；但是如果缺少这样的共识，强制性地贯彻法律要求就不是正当的，因为若缺少共识，需要的首先是公开且平等的论辩，而不是强权者推行自己倾向的价值（参见例如 Bianchi 1994, 71-97）。当一个公民对他人犯下了这种法律错误，法律就"偷走"了原仅属于他们之间的"冲突"。法律，不是允许（或帮助）冲突的当事人自行解决，而是将其重新界定为"犯罪"，由专业化的刑事制度接管，并被转入刑事程序，其中无论是"被害人"还是"犯罪人"都没有任何实质性的作用（参见 Christie 1977; Hulsman 1991）。如此，刑事制度就将冲突脱离出它所产生的和它所应当被化解的语境；它将犯罪人抽离出据以理解其行为的特定语境，并将他们视为一个"抽象的个体"，而不是置身于社会中的现实主体（参见 Hudson 1987, 125-28; Hulsman 1991, 683-84; Norrie 1991）；它坚持依据法律中抽象的、无语境情感的语言，来描述和判断他们的行为，而不是依据更适合于他们的，丰富的且含语境情感的言辞（参见例如 Norrie 1993; Hudson 1994）。最后，施加于犯罪人的刑罚，并没有（无论在目的上还是事实上）修复他们所造成的损害，或者与冲突中的其他人达成和解。它只是简单地进一步将他们置于国家压迫性权力之下，并加剧他们作为"犯罪人"在守法社会中所受的"排斥"（参见例如 Hulsman 1991）。

我将在稍后论述，针对我们现行刑事制度，犯罪和刑罚的一般概念，废除论批判所具有的巨大力量，但是，我们真正所需要的，并不是将它们废除，而是要改变这些制度和概念。现在，我们应当简单概述一下废除论关于用什么来替代刑罚的思考。

5.3 什么应当替代刑罚？

废除论的批判远不止于废除刑罚。它实际上指向了整个刑事机制，包括犯罪的概念和刑事程序。但是什么应该取代刑罚呢？

第一章 | 结果主义、报应主义和废除论

我们所要思考的不应当是"犯罪"——这些行为，会被某个权威的法律所禁止，并引起（若不是必然造成）一种惩罚性的回应——而是"冲突"或者是"纠纷"（参见 Christie 1977；Hulsman 1986）。不应如现行刑法所做的那样，仅仅宣称"犯罪人"违法了法律，并侵犯了被害人利益，而是应当将"犯罪"视为牵涉"犯罪人"与"被害人"（以及他们所在的更为广泛的社群）之间的某种冲突或纠纷（或许是一种原因，同时也可能是一种征兆）。

这种冲突或者纠纷需要被解决。但是，刑罚无法解决他们。我们必须寻找另外的方法，以修复已经造成的损害，以恢复已经伤害或断裂的关系，以协调冲突各方当事人以及他们所在的当地社群。我们应当追求的，应是"恢复性"或"修复性"正义（参见 Matthews 1988；T. F. Marshall 1994），而不是报复性或惩罚性正义，而且这种正义不仅仅针对犯罪人——作为一个被抽离于社会语境的个体，而是涉及被卷入冲突或纠纷之中的所有人。

此外，这种正义必须是协商性的，是所涉及的各方展开一个开放且平等的论辩，而不是由"法律"或者是由一群专业的政府工作人员强加的。我们应当寻求一种非正式的、参与性的冲突解决模式，依赖纠纷所产生的社群，而不是一种正式的法律程序，它只会将冲突"偷出"其所属的适当范畴。在促进这种协商时，政府工作人员可以起到多种作用，但是他们的角色必须是附属性的和支持性的，而不是控制性的和决定性的。

许多人很欣赏和赞成废除论者的宏大目标——特别是对恢复性或修复性正义的论点，其已经超越了废除论运动本身而备受瞩目。然而，随后我将论述，废除论者认为我们必须通过修复性和和解性的非惩罚程序来**取代**刑事制度和刑罚，是错误的。如果我们接受了许多刑罚学者——不仅仅是废除论者——对"报应性正义"和"恢复性正义"所做出的截然区分，并在这样的理解下将"刑罚"纯粹地与"报应性"正义相连，那么我们会认为对恢复与和解的追求，是无法通过刑罚来达到的。但是，这正显示了我们缺乏对刑罚可能性的充分思考——即刑罚可以做什么,可以意味着什么。我将主张一种不同的、更精致的刑罚概念,依据这样的概念,刑罚恰恰可以达致修复和和解的目标(一旦这些目标本身可以被正确的理解),而且基于此,我们所应当寻求的不是"刑罚的替代措施"(Christie 1981,11),而是**另一种刑罚**,其包含并可以更好地实现修复性目标。

Chapter 2 第二章
自由的法律社群

　　一个刑罚的规范性理论，必然包含一种犯罪的概念，因为犯罪正是其处罚的对象。而特定的犯罪概念，其实就预设了特定的刑法概念——包括它的适当目标和内容，以及它对公民的要求。这样一种刑法的概念，进而预设了一个国家的概念——包括它适当的角色和功能，以及它对公民的要求。这样一种国家概念，也必然包含一种社会的概念，以及社会与国家之间关系的概念。

　　在这一章中，我将勾画犯罪的概念，刑法的概念，以及我的刑罚理论所依据的国家和社会的概念。这样的理论会诉诸一种政治社群的概念，并因此可能被归入"社群主义"——尤其对于那些认为此种理论并没有充分关注"自由主义"对国家权力和功能所设定的约束。但是它给予某些价值以核心地位，特别是个人自治和自由，而这也正是"自由主义"政治理论的核心。为了更清楚地表明我的理论属性，我必须对"自由主义"与"社群主义"之间的论战做些简要评述。

　　这个论战在过去的10年中变得更加复杂。[1]曾经，或许还可以清楚地判断出什么是"社群主义"，什么是"自由主义"，现在却变得不那么清晰了。许多将自己归为（或被归为）"自由主义者"的论者，坚持认为他们的理论也可以包含那些符合"社群主义"理念

---

[1] 通常可参见 Mulhall & Swift 1992；也可参见 Avineri & de-Shalit 1992；Kymlicka 1989；Rosenblum 1989。

的价值观念，而许多将自己归为（或被归为）"社群主义者"的论者，坚持认为他们的理论可以包含那些通常被视为是"自由主义"的价值观念。在这一章，我并不想过分卷入这个论战的实质或是（最终无结果）归属，我将解释我的刑罚（和刑法）理论所依据的"自由的-社群主义"概念。

1. "自由主义"与"社群主义"

通过以下要点，我们可以确定（依据我们所论述的目的）"自由主义-社群主义"论战的相关特征：其一，20世纪70年代自由主义价值所激发的、对结果主义刑罚观念的道德抵制，以及在抵制中，报应主义所取得的极大复苏；其二，近期显著的政治言辞——"社群"，在犯罪和刑罚的讨论中所产生的影响。

1.1 自由主义与刑罚

任何一种形式的自由主义，其核心都在于强调单个社会主体拥有的权利和道德属性：主体是自治的，或具有实现自治的潜质——即依据他们自我决定的目的以及善的观念，来决定他们自己的行为；作为主体，其应当自由地决定这些目的、善，和行为——他们应当被允许，发展和运用自治的能力（可能还需要某些帮助）；作为自治主体，他们应当被允许拥有广泛的私人领域，不受他人或国家未经允许的干涉，并在该领域中实现其自由和自治；而且，作为自治主体，其不应当单纯成为实现某种更大社会利益的牺牲品——即个人权利"高于"结果主义所声称的社会利益（参见 R. Dworkin 1978）。

权利主体的观念，激发了我们所熟知的对纯粹结果主义刑罚理论的批判（第一章第1.2节），特别是对允许牺牲**无罪者**的权利以保证犯罪预防社会效果的反对。无罪者（那些没有自愿违反法律的人）不受惩罚的权利，应当保护他们避免成为这样的牺牲品。通过关注**犯罪人**的权利，权利主体观念也激发了对边际约束结果主义理论的批判（第一章第 2.2 节）。除了批评边际约束结果主义会将犯罪人视为实现预防犯罪社会效果的"工具"，它还指出将犯罪人置于强制的"改造"之下，就并没有将他们视为应当允许他们自我决定其信念和态度的自治主体，而是塑造成一个顺从的客体；对他们使用纯粹预防性的剥夺措施，正是否认了他们的自由，即自我决定其未来行为与法律之间的关系；而使用威胁以寻求他们的服从（虽然较少发生），正是将他们视为"狗"而不是负责任的主体。（但是，某些自由主义者也为这些刑罚政策部分地提供了正当性。）

自由主义的另外两个主旨同样隐含了对将刑罚视为一种"改造"技术的反对。其一，涉及自由主义对隐私的关注。阻止侵犯他人权利的行为，或者阻止伤害或威胁他人合法权利的行为，确实属于国家的合法权力，它可以使用刑法手段来阻止这些行为。但是对于公民的道德品行，国家并不拥有这样的正当权力；国家不应当将刑法的强制力视为一种改善道德的工具来加以使用，以使其公民变得更加善良。[2]其二，涉及"中立性"。国家应当保护和确保**权利**的行使（部分是通过刑法以处罚侵犯权利的行为），但是它不应当寻求推行某种特定的"**善**"的观念——包括什么才是善，什么才是有价值的生命，什么才是我们应当追求的目标。相反，在部分由刑法所提供的权利和安全的框架内，个人应当拥有自由，来决定和追求他们自己不同的善的观念。因此，对于自由主义者而言，"权利对于善的优先性"和价值多元主义，是至关重要的。[3]

关注个体及其权利的自由主义者，能够为刑罚理论提供什么样

---

〔2〕 因此，"伤害原则"（刑法应当仅仅与对造成伤害或有伤害他人的风险的行为相关，参见 Feinberg 1984-88）和"刑法应关注行为（有意图的，被选择的）相关，不是隐藏于行为背后的'私人'态度或者动机"的理念（参见例如 Fletcher 1978, 139-59, 170-74; 1986, 107-10），对很多自由主义者而言具有重要性。有关这些问题，深入了解参见第三章第 8 节。

〔3〕 参见 Sher 1997, ch. 2; Mulhall & Swift 1992, 31-33, 216-19. 正如本书的其他章节一样，这里被我归入"自由主义"的观点并不会全部被那些自认为是"自由主义者"的人所支持。我简单地选择了一些与自由主义论述有共性的特定主题；参见本章后面脚注 21。

的积极助益呢？对此，我们或许要从社会契约观念开始——自由主义理论经常以此为起点，这样的契约并不是由现在的或是以前的公民所实际参与的，而是作为理性的主体应当会参与的，并从一种适当公正的角度［例如，在罗尔斯（Rawlsian）的"初始状态"所设置的"无知之幕"之后］，要求他们对政治联盟的内容作出决定。我们应当注意，这种契约主义的理论路径，存在着三个特点：

第一，契约包含着**选择**——如果不是积极的选择，至少也是某种默认所形成的承诺——而选择或者承诺，为建构义务的基础提供了一条清楚的路径。我们是否可以将**所有的**义务都基于选择或承诺，至少我们可以希望在政治联合中，那些经选择或承诺的着实成为义务，这样就为确定政治义务的问题，提供了一个清楚的解决思路。即使我们无法假定一个**真实的**选择或承诺（无论是明示的还是"默示"的），即每一个公民都接受社会契约，它进而确定政治联合的内容和义务，或许我们至少可以证明，作为一个理性的主体，每一个公民都**应当**会同意这份契约——因而这也正是每一个公民在事实上受到其约束的原因。这与刑罚问题显然有直接的联系。即使无法直接主张犯罪人选择了或同意了对他们的刑罚，[4]我们或许可以将他们服从法律的义务视为基于他们对社会契约的假定承诺，并主张契约应当包含着对不服从法律的人施加刑罚的内容——若此，他们所受刑罚的正当性就来自于他们对契约应然的承诺。[5]

第二，契约适于管理**陌生人**之间的事务。如果人们被相互之间强烈的感情或关怀所牵绊，或者承诺了对某种普遍利益的共同追求，那么通过契约来界定彼此间的权利和义务的需要和空间，或许就会变得较低。但是当他们缺少这样的纽带（以及由这种纽带所产生的

---

［4］ 但参见 Nino 1983；前面第一章脚注 17。

［5］ 即使不诉诸社会契约，自由主义者依然会坚持将"选择"（choice）作为刑罚的一个前提条件：这就是哈特理论的吸引力（参见前面第一章正文以及脚注 16；Ashworth 1984, 1987; Duff 1993, 346-61）。将自我防卫作为刑罚的正当性基础的理论也可能诉诸选择（参见前面第一章第 3.2 节）。这是因为犯罪人选择违反法律，就是侵犯他人被保护的利益，我们能够合理地将随之而来的损害归咎于他们，而不是受害人。

信任），那么通过契约来管理他们之间共同的事务，就着实是必要的，也是必需的（参见 Waldron 1988）。当今，在任何的现代国家中，政治联合都是发生在陌生人之间——人民彼此之间并没有先在的感情或承诺〔霍布斯（Hobbes）的自然状态通常是一个极端示例〕。事实上，如果尊重个人的自由和选择，就决定了我们**应当**如何理解政治联合。虽然可以**选择**与某些人建立或者维持一种亲密的关系，但是我们不应当仅仅因为他们是我们的公民同胞，而**强制地**与他人形成这种亲密关系；我们应当拥有自由，如果愿意的话，与他们仅仅保持一种陌生人之间有限的、契约关系。

第三，契约确立了其所管理的关系**界限**。契约明确了我们可以要求他人做什么，也直接依据契约关系规定了我们**不能**要求他人做什么。如果契约要求我作出或者避免特定的行为，那么契约的相对方就有权利要求我履行这些行为，如果我违反了义务，那么可以要求我承担责任，而且还可能会强制我履行这些义务。但是对于那些我生活中不属于契约内容的领域，别人也没有任何权利进行干涉。那些关注保护个人自由和隐私，使其不受国家强制力侵扰的自由主义者会这样认为：社会契约给予了国家合法的权益，以关注那些包含在契约中的公民行为，但是禁止它干扰那些不属于契约范畴的行为。

一个自由的社会契约中，可能会包含什么样的惩罚内容呢？[6] 我们可以想到的是，刑法的范围将会被严格限定——或许只依据伤害原则，并且要求只关注（外部的）行为，而不是（内在的）动机或是态度（参见本章前面脚注2）。但是对于那些违反社会契约要求的人，又将设立什么条款呢？对于这个问题，社会契约的基本路径无法给出确定的答案。能给出什么样的答案，将取决于我们归属于设想中的缔约者的那些价值观念和忧虑。

我们或许会认为，基于对个人自由和隐私的关注，自由主义会

---

〔6〕 我暂且不说不包括刑罚条款的这种可能性：例如，它可以仿照民法只给予补偿而不是按照刑法实施刑罚。参见第一章脚注39。

拒绝纯粹的改造性或剥夺性刑罚的正当性。正如前文所表明的，如果刑罚的目标是直接重造犯罪人的道德态度，那就属于强制地侵入私人的思想和良知领域，同时侵犯到了隐私和自治；如果刑罚的目标是剥夺犯罪人未来的犯罪能力，那么就明显剥夺了他们的自治和未来选择。但是这些判断并非确定无疑。因为如果我们从契约主义的角度来理解**所有**的公民权利，我们或许会认为，那些拒绝尊重他人权利的犯罪人，**也放弃**了他们部分的或者所有的权利。因为他们对契约义务的蔑视，使得他们将自己置于契约的保护之外（参见第一章第 3.1 节）在这种情况下，他们可能就失去了自由主义针对改造性或剥夺性强制所设立的保护。

我并不是说，自由主义者通常应当，或者合逻辑的应当，将违法犯罪视为犯罪人放弃了作为公民的权利，或者作为责任主体应获得的尊重。我的论点仅仅是，契约主义的思维模式留下了上述可能性，除非坚持犯罪人保留了他们作为缔约方的地位和某些基本的自治和隐私的权利。即使我们坚持这些（正如许多自由主义者一样），我们还是至少保留了两种可能的刑罚正当性理论——报应主义和威慑主义。

墨菲曾经主张，理性的缔约者将会选择报应主义的刑罚制度，它将剥夺犯罪人从犯罪中获得的"不公平的利益"（Murphy 1979c；参见第一章第 4.2 节）。如果公民以这样的方式理解犯罪，他们就着实会作出这样的选择，而且还会认为，即使是边界约束的结果主义制度也会将那些被惩罚者"仅仅当作手段"，以实现预防犯罪的目标。而这是一个理性的（康德式的）主体所无法接受的（参见第一章第 2.2 节）。但是刑罚作为一种威慑（设定适当的边界约束）而获得正当化，看起来也同样符合社会契约的理念。理性的主体知道，一个有效的刑事制度会禁止某些可能使犯罪人从中获益的伤害性行为，并且如果法律没有包含惩罚，那么将会有很多人不会遵守它——这样就造成了直接的伤害，并削弱了他人对法律有效性的信心——而一个威慑性的惩罚制度则可以避免这样的危险。所以，他们应当会同意这样一种制度。而对于"将被惩罚者仅仅'视为工具'加以利用,以达到预防犯罪的社会目的"的指控,威慑论者会回应:犯罪人并没有**仅仅**被当作工具而加以利用,因为只有那些自愿违反法律的人,才对刑罚负责;而他们,作为理性的主体,则已经同意了这样一种制度(参见第一章第2.2节)。

我将在第三章回到这个问题,即刑罚如何能够符合自由主义的核心价值,自治,自由和隐私,以及一种更精巧的理论以结合非难与威慑的可行性。现在,我将转而论述在近期的刑罚讨论中,社群主义理念所起的作用。

1.2 刑罚言辞中的"社群"

近期的刑罚理论多直接地涉及自由主义的思想或价值观念,而少有直接诉诸社群主义的观点(但是,例外参见 H. Morris 1981; Lacey 1988; Reitan 1996)。事实上,对"社群"观念的最显著借助,出现在废除论者的相关论述中(参见第一章第5节)。但是,近些年,对犯罪和刑罚的政治讨论,却为"社群"话语所充斥(参见 Nelken 1985; Lacey & Zedner 1995)。

"社群"被视为是犯罪的**被害者**:我们必须建立更安全的社区,以保护他们不受犯罪的侵害。它被视为是预防犯罪的**主体**(Nelken 1995):社区应当包含在"情景犯罪预防"之中,以实现其自我管理。它被视为是执行刑罚的**场所**:更多的刑罚应当"在社区中"执行,而不是在监狱里(英国内务部1988;参见 Dean-Mydra & Cullen 1998)。它被视为是刑罚的**受益者**:它被刑罚所保护;同时"在社区内执行的刑罚",例如社区服务令,可以使犯罪人对社区做出补偿(英国内务部1988, pars. 1.5, 2.3)。虽然并不被太多的论述,但社区还被视为对犯罪人有益的地方:即使不将矫正视为刑罚的核心目的,我们也可以假设"社区内的刑罚"的优势在于使犯罪人在社区中保留其原有的身份——而这正是监禁刑可能破坏的(英国内务部1988)。这种对保留犯罪人社群身份的关注,经常会被"法律与秩序"的主导话语所取代,即强调压制犯罪人从而满足保护(守法)社群的需要,但是它对于我的观点却是重要的。

当然,我们必须对这种诉诸"社群"的言辞给予适当的怀疑。绝大多数的情况下,"社群"不过是一种模糊的修辞,只可获得短期共鸣,或者是一种被浪漫化的图景,导向前现代黄金时期的小规模的、稳定的群落。同样在绝大多数的情况下,"社群"实际上就仅仅意味着一个地理性区域。在监狱之外,实行对犯罪人的刑罚;在精神病院之外,实行对精神病人的照顾,或放任。但是,这些人并没有在任何实质意义上在"社群"之中或属于"社群",其他的成员在遇到他们时会带着厌恶的或者回避的目光;而且,去监禁化的政策导向,往往并不是因为社群对人的幸福的重要性,而是一种无情的经济计算,即采用似乎成本更低的方式,去实现降低犯罪率和精神病人看护的目标(参见 Scull 1984; Cohen 1985)。

但是,我将认真对待在刑法和刑罚语境下的社群观念。这样做不仅仅因为去监禁化策略所展现出来的言辞的空洞性,更是因为它可以展现刑罚的一个核心问题——并向我们指明解决这个问题的路径。

社群的语词中经常出现"包容"(inclusion)和"排除"(exclusion)(社群"包容"其成员,也"排除"非成员)。在建构(或重构)我们的政治社群时,我们必须包容那些被排除的或曾经被排除的人——这是英国政府建立"社会排斥部门"(Social Exclusion Unit)的原因。[7]但是,在犯罪和刑罚语境中的包容含义,却在两种相反的取向上都说得通。一方面,它可以被指**包容**犯罪人——即便他们违反了相关的法律,也强调其始终属于社群的成员,并鼓励刑事政策将他们保留在社群之内或恢复他们的成员身份。但是,另一方面,它也经常用来将犯罪人(或是那些被公众认为是"危险"的犯罪人)**排除**于守法的社群之外。为了建构和保护更安全的社群,国家

---

[7] 苏格兰有一个职能相同的部门,"社会接纳网络"(social inclusion network),其名称似乎更加适合于其包容性的目标。

会创立制度,以保护守法的"我们",来对抗"他们"——犯罪人对我们的侵犯。[8]惩罚犯罪人,并随之普遍规避他们,从而将他们排除于(如果他们还没有被排除)守法社群所享有的许多权利和利益之外。

无论社群主义的包容语词是用来将犯罪人保留在"社群"中,还是排除于"社群"外,都会引起自由主义者的三种担忧。

第一,对于"社群"的强调,似乎使个人**从属**于他们所在的社群,而这样也就可能造成,个人的权利或利益沦为"社群"利益的牺牲品。这种情况的出现,可能通过直接宣称"社群"利益远比任何个体利益更为重要,因此个人应当为了共同利益而牺牲自我(特别当他们以犯罪的形式,侵犯了这种利益)。或者也可以巧妙地宣称,个体只有在社群之中,才可以找到他们自己的利益以及自我的身份——而这样更容易促使他们为社群利益而牺牲自我(主要参见 Lacey 1988,164,171-73)。

第二,如果犯罪人被**排除**于守法的社群之外(无论是明示的还是默示的),他们就被剥夺了自由主义所提供的权利保护。他们被定义为与我们相对的"敌人",而"我们"则必须采取一切必要的方法来保护我们自己,或者被定义为"外人",相比于其他公民同胞的权益,他们的权益无需给予同样的关注。正如我上面指出的(本书第36页),社会契约模式,可以将犯罪人排除于契约所提供的保护。但是社群主义的路径,至少也倾向于将犯罪人排除于"社群"之外。

第三,如果犯罪人仍然被**包容**于社群之中,那么刑罚或许可以旨在保留或恢复他们在社群中的位置。犯罪,是对社群法律的违反,对社群利益的攻击(即是对社群的一种破坏),其可能造成犯罪人与社群关系的破裂。刑罚,则通过将犯罪人重新带入(守法的)社群之中,旨在恢复这种关系,修复这种破坏。但是,这种目标意味着,刑罚可以被当作一种强制性的矫正或改造。对于那些拒绝或违反社

---

[8] 实际上,"安全社群"不仅倾向于排斥犯罪人,也排除了潜在的犯罪嫌疑人。"不良分子"也许会从社区和"受人尊敬"的场所被排斥。

群价值的人，社群将强制其遵从——即对善或权利的概念，他们必须顺从性的接受。但是，这并不符合自由主义的价值，即自治、自由、和隐私（参见本章第1.1节）。

更为根本的，在政治讨论中，对"社群"概念的借助经常表明一种（令自由主义不安）的图景，即一个小规模且关系紧密的社群，它期盼（甚至强制）其成员能够共享一套丰富的价值观念，以及一种确定的善的观念，而成员之间对于他人生活的每一个方面，都抱着紧密的且亲密的关注。对于作为政治社会生活模型的这样一种社群理念，自由主义者则提出了两种批判。

第一，这完全是**不现实的**。这样一种社群或许存在于某种政治社会的理论框架**之中**，但是我们不能奢望，将整个现代社会，例如英国或美国，转变成这样一种社群。

第二，任何这样的抱负均与自由主义的核心价值相悖，例如自治，自由，以及隐私，也与自由主义的多元社会理想相悖。这样一个紧密的、涵盖所有领域的社群将会是令人窒息的。它将剥夺成员们决定并追求其自定义善的自由，且使他们受制于其他成员和国家的一种压迫式的侵犯性关注。自由主义者可以承认这种紧密的社群价值，但前提是它们同时是多元性的且可选择性的。个人当然可以选择去创造或生活在这样一个社群之中，其间可以与他们所期望的人保持这种亲密的关系。但是一个自由的政体应当保护他们免于被强迫生活在这样一个社群之中，且应当给予他们这样的自由，即将其他公民成员只视为一种社会契约下的陌生人，而不是像亲密的朋友或亲属。

对于社群主义所呈现出的某种极端化的想法，我也有着与上述自由主义者一样的担忧。但是社群主义无需采用这样的模式。以下，我将提供一种社群主义的模式——"自由式的社群主义"——它将给予自由主义者所珍视的价值以核心的地位。这种对政治社群的思考将会提出一个我所关注的问题，即刑罚是否与社群相融。刑罚制度是否依然可以将被惩罚者视为一个政治社群的合格成员？

似乎我应该先定义与"自由主义"相对的"社群主义",但是与"自由主义"相比,要确定"社群主义"所坚持的一套明晰的价值体系和信念则是更为困难的——部分是因为"社群主义"并不是一个单一的理论或思潮。所以,更容易的做法是,我先概述我的思考,然后再解释在何种意义上我的思考是"社群主义"的。

2. 一个规范性的社群范型

如果没有对"社群"进行某些实质上的解释,那么我所提出的问题,即刑罚是否可以与社群相融,就必然是空洞的。我们需要解释一个政治的或法律的社群——即一个生活在法律之下的政治社群。它的核心特征可以通过一个简单的例子加以诠释。

2.1 一个典范:学术社群

许多社群主义者将家庭视为社群的范型(参见 Simmons 1996, 251-52)。其他学者则认为我们应当将友谊,而不是家庭,作为模型,并以此思考政治社群(参见 S. E. Marshall 1998)。但是,我用学术社群(academic community)作为例子,正如仍旧认同它的人,或坚持其重要性,或哀叹其在现代大学制度中的消逝。虽然学术社群看起来与政治社群相距甚远,但它所呈现的某些结构性特征,恰恰是思考政治社群的关键所在。

那些倡导学术社群重要性的人,没有将"社群"限定于仅仅是一种地理含义。正如以下我要指出的,地理的相邻并不是社群的必要条件。他们也不认为这只是简单涉及了特定的制度架构。即便大学存在这样的制度架构,也不能足以创造出一个学术社群:大学应当致力于成为一个学术社群,但是它也会失败。那么,他们究竟是想表达什么呢?对于这样一个理想的社群,存在着两个方面的因素:

第一,社群要求其成员对于某些特定且明确的价值,给予共同的承诺——这里包括,对知识的追求和传播,对多种学术规范的认同。这些价值构建了社群的活动,并明确了其目的——例如,追求和获得知识的目的,以及对此的认同。这些目的或许可以部分地从工具理性角度加以理解,比如为了服务于学术之外的目的(例如,为社会培养实用性的技能),但是它们绝不仅仅是一种工具意义的目的。它们必须是内在于学术社群活动的**实质目的**;必然构成一种"实践"(MacIntyre 1985, ch. 14)。这些目的也必须是共有目的:它们被社群成员视为是"我们的",社群目的之所以可以确立,是基于它们被共享。当然,这样一个社群也存在个体目的:通过从事我所做的工作,增强自我认同(以及我的事业和声誉);我可以对"我的"观点和"我的"著作宣示某种所有权。但是,这些个体目的在性质上之所以成为目的——作为这种实践活动内部目的——是源于其所属社群的共同追求;只有当被理解为有助于社群共享目的——增进了其成员共享的知识和认同,它们才能够被视为此种实践内部目的。

第二,基于社群所确定的价值观念,社群成员将彼此视为同道。作为社群成员,他们必然会根据确定了这个社群的价值和目的,理解自己和他人的目的;他们一定会互相关心,因为对那些价值的信守,以及在那些目的中得到的自我认同。这种关怀包括了一种意愿,即他们在学术活动中展开互助与合作;也包含了一种拒绝,即将他人视为其自身目的的实现工具而加以利用(参见 Mason 1993; Reitan 1996, 58-61);还有一种意向,即对待他人的方式,应当符合社群的明确价值。

[这会遇到一个问题,即谁才能算作是社群成员:学生,行政人员,保洁人员和短期签约的研究助理,这些算吗?在此,我们只需简单指出,如果社群目的是合理(民主性)确定的,那么社群就应当尽可能地具有更大的包容性,因为它们能够也应当能够赢得大家的赞同;当然也存在不同程度的"赞同",那些没有被这些目的所直接包容的人,也依然可以认可这些目的的价值,并将自己视为这些目的的促进因素;其实,只有将自己视为社群成员的人,才会被这些价值所约束——例如,对学术的严谨性和诚实性要求。]

描述一个学术社群的理想性概念，我的目的在于强调我使用的、与法律相关的社群理念的主要特征。为了达到这个目标，我们应当注意这个概念的某些更为丰富的意涵。

第一，相对于既定事实层面而言，这种社群同样具有"强烈渴望"的性质。当我们自视为某个社群的成员，就受到其明确价值要求的约束，虽然经常无法达到这样的要求。我们希望避免严重的学术违规行为，但是也必须承认，瑕疵是经常存在于学术道德和学术责任领域的——而正是这些学术的道德和责任，建立了我们与学术价值和其他学术同仁的关系。这样的一种社群观念是理想性的，我们应当致力于它的实现，并依此审视我们自身和我们的行为。[9]

第二，即使我们对社群的架构性特征达成共识（互相尊重和信守共享的固有价值），我们也可以对以下内容保留强烈的异议，这些价值究竟是什么，这种尊重要求什么，谁才能算作是社群的成员。这种异议，某些会致使社群的存在失去可能：因为欠缺对同样的目标和价值的信守，我们不再尊重他人。但是，并不是所有这样的异议都会摧毁社群，即便它们很严重。

第三，学术社群，例如大学，是有其制度和规则的正式架构，以此彰显社群所明确的那些价值，并服务于特有目标的追求。社群成员必须认同这些正当化了的规则，而且必须将其视为"自己的"规则，而这些规则也适于规范他们的学术活动。如果社群成员不能将这些规则视为至少合理体现了社群概念及其所追求的目标，而是将它们视为异己性的强加，那他们或许可能被迫遵守规则，但不会认同它们。

第四，通常，学术社群不可能是其成员生活的唯一社群。社群的目标也不是其成员们追求的唯一目的，社群关系也不是他们唯一

---

[9] 社群的概念是"规范性的"，既体现在社群由共同恪守的特定价值观所确定，又体现在那些价值观是值得社群中每一个成员恪守的，并受到外来者的尊重。这两个方面是可以分离的：社群既可由值得称赞或尊重的目标和价值观所型构，也可能由令人生厌的观念所主导；社群成员无需相信规范性的社群首先都是有价值的，或者仅仅基于其存在而值得尊重。但是我认为，学术社群和政治性社群都值得尊重。

重要的社会关系。成员也同时生活在其他的社群中（有时候是相互重合的），而这些社群又具有他们自己独特的价值体系，目标观念以及关系架构。

第五，学术社群的影响是有界限的，不具有全面性：成员之间相互关注他人生活的兴趣被适当约束。这些界限取决于建构社群的那些价值，主要包括两个方面。一方面，成员之间向他人寻求帮助的有限性。我可以期待同仁们对我的学术活动给予契投性的兴趣，但是我不能要求他们对我的生活的其他方面也给予同样的关注——例如，对我所面临的经济和婚姻的问题。这样的关怀虽然不会被**禁止**（至少在受到请求的时候），而且也时常可能会发生，但是它不能简单地基于学术社群的成员关系而成为当然的**期待**。另一方面，成员之间对他人的关注范围也是有限的。社群的性质将决定"公共领域"和"私人领域"的区别——即我们生活当中，那些可以被我们的同仁给予适当兴趣和关注的领域，以及不属于这些领域的空间。关于我的哲学思考以及对学术义务的履行情况，我对我的同仁应负责任。他们可以持续地批判我的思考，并对我的教学给予指正；这些都是我学术生活中的"公共"领域。但是，如果我的同仁试图询问我的私人生活，以及我个人的道德或政治观点（而这些并没有直接影响到我的学术活动），那么，我可以回答他们，这不关你的事情。作为这个学术社群的成员，我不需要对如此侵犯性的关注——就如它现在所呈现的一样——进行坦白。（需要注意的是，"公共领域"与"私人领域"的区分与社群本身是相关的。什么算作"公共领域"或"私人领域"将取决于社群的性质；在这个语境下的"公共领域"或"私人领域"可能在我所属的另一个社群当中，就并非如此了。）

第六，虽然大部分学者感觉与他们最近的社群是他们所工作的大学，此时他们与同事之间保持一种客观的毗邻关系，但是这种地理上的相邻并不是社群的必要条件。英国开放大学在地理意义上的分散并没有否认其构成一个学术社群；作为一个哲学家，我不仅将自己视为我所属院系的哲学家，而是属于更广义的学术社群，如苏格兰哲学家，或英国哲学家，或人类的哲学家。将自己进行这样的定位，即将自己视为与其他同仁共同参与一种实践（虽然我们可能对具体的问题和含义存在分歧），将我自己的学术活动视为对这种共同追求的某种贡献，并对作为这个社群成员的其他哲学家产生认同——这种认同体现在我如何对待他们，以及他们的工作，和他们的观点。

第七，学术社群成员的身份取得具有典型的自愿性：成员可以选择加入（虽然也可能出于某种压力），也可以选择离开（虽然会付出很大的代价）。这个事实，以及在学术之外存在其他生活关系的事实，使真诚地说出如下观点变得更容易：那些不愿认同该社群价值的人应该离开，或者那些始终对这些价值要求报以轻蔑态度的人，应该被驱逐。这似乎彰显了一个学术社群与政治社群的重要区别，因为成为某个政治社群的成员，同时受其规范性要求的约束，并不具有典型的自愿性。法律甚至对那些从来没有选择加入该政体，以及那些在现实中无法选择离开的人，都宣称有约束力，即使他们对其所规定的价值并不认同。我将在下面详述这个问题（本章第 5 节），因为这个问题对于证成刑罚正当性是至关重要的：那些没有意愿将自己视为某个政治社群成员的人，又为何使其受到法律的约束，而当他们违反法律时，又为何要求其对此承担相应的刑罚？然而，在此我们只需要注意到，自愿加入的社群并不是对其成员产生约束的必要前提。对于某些社群，我们从来没有选择加入，也无法选择退出，但是作为其成员，我们依然负有责任。家庭就是一个这样的社群：家庭成员对我的要求，我可以表示争议，而且在一定的条件下（如果有的话），我可以拒绝他们对我的要求，但是认为只有当我选择继续留在家庭之中，这些要求才具有约束力（参见 Melden 1959, 1977, ch. 3; Horton 1992, 145-51），这种观点显然不具有合理性。我们的道德义务根植于我们所出生的，没有经过选择而被纳入其中的道德社群。虽然我们可以反对这些价值，但是这样的反对必须依赖于那些我们没有经过选择但共享的价值信念（参见 Beardsmore 1969；R. Dworkin 1986, 195-202）。

认为如此勾勒一个学术社群，就可以显示刑法和刑罚的范围，这看起来是一种典型的学术性设想（正如有人会认为这样过分浪漫化）。但是，通过描绘出这种规范性社群理念的核心结构特征，我们可以给予政治性和法律性社群一种合理性的思考——这种生活在法律之下的政治社群，其法律包含了社群所明确的价值；而这样的思考至少应当会缓和自由主义者在此种语境下讨论"社群"时所产生的不安。

2.2 政治性社群

学术社群的例子证明了规范性社群是可以存在的，其成员对某些特定的价值负有共同的义务，并依据这些价值产生互相的尊重和关怀，正是基于此，成员之间才紧密相连，同时这又避免了自由主义所担心的那种密切的、全方位的，以及具有潜在压迫性的特征。事实上，学术社群的建构可以部分地基于自由主义的某些核心价值：对自由和自治的关注——例如，成员被鼓励必须独自地追求、探索知识，以及发展、运用其独立思考的能力；对隐私的尊重——赞同某些问题社群的其他成员可以给予适当的关注，但是某些却不可以，以及对多元化的尊重和鼓励——尊重多种学科的研究路径和不同的教学方法。学术社群实则不需要包含情感上的亲密或者是物理上的临近。它可以存在于在共同的学术活动之外没有任何关联的同仁之间，以及那些没有直接联系的人们之间。真正让我与一个没有联系过的哲学家成为哲学社群同仁的，并不是我们之间存在的直接联系（因为我们没有），而是基于一个事实，即我们都从事于同一个实践领域，如果我们联系彼此，那么我们就*会*将彼此视为同仁，也以此相待。

正如学术社群，政治社群也可如此。那些想用"社群"概念作为政治理论核心的人，同样可以赞同并主张一个*自由的*政治社群，其政体的确定和建构，是基于对核心的自由价值的共同信守，例如自由、自治、隐私和多元，也是基于反映这些价值互相尊重。[10]一个自由主义政治社群将个人的自由和自治视为是至关重要的价值：它们是需要被培养和鼓励的人类之善，也是必须被其他公民和国家所尊重的权利。这样的社群将给予个体以及他们所组成的其他的社群以自由，其间社群成员可以寻找其特定具体目的，即在一个广泛的自由领域中，人们可以追求一系列的多样性目标。它同样给予他们广泛的隐私领域：即其他公民和国家所不能侵犯的思想和行为领域。虽然它也坚持将自治、自由和隐私作为核心的善，但是它并不坚持或者试图推行任何单一的全面性或综合性"人类善行"的观念。相反，它将试着鼓励各种具有实质性和特定性的多样化善行概念，而这样做部分地正是基于培养和尊重个体的自治、自由和隐私。

[虽然自治、自由、隐私及多元，对于一个（自我）定义为自由社群的群体而言，[11]是最为相关的，但是成员们也可以共享其他一些价值，以促使他们社群化。这些价值可以包括，自由民主制度的政治和程序价值；有关身体、心理，以及基本物质的福利价值，对于人之所以为人或者作为追求任何一种实质目的的前提，它们都是至关重要的（参见 Lacey 1988, chs. 5, 8；Brudner 1993）；还有"涉他"的价值，涉及社群与非社群成员的关系，这里包括人类以及非人类。那些倾向于价值一元论者，或许会将这些价值描述成衍生自某个更为基本的价值（例如，自治），但是这样一种缩减既不合理也不必要（参见 Brudner 1993；J. Gardner 1998a）。无论在什么语境下，我们都应当承认价值具有不可缩减的多样性。]

---

[10] 当代许多基于"自由主义"的"社群主义"评论家，在这个意义上，应该被分类为"自由社群主义者"。参见例如 Taylor 1989；Walzer 1983；R. Dworkin 1986, 195-216, 1989；Lacey 1988, 8；Selznick 1992.

[11] 因此，自我定义为一个社群，并不取决于社群成员自我理解的阐述。他们之所以可以把自己看作是特定社群成员，是因为他们所做的行为——通过对彼此如何作出回应和行动。他们把自己描述成是这种（或其他种类）社群的一部分，实际上是在把他们的行为和实践描述成一种致力于这些价值观的体现（参见 R. Dworkin 1986, 201）。

这样一来，（相对意义上的）陌生人就可以与其他大部分公民互相联系形成社群；亲密的关系并非是社群所必需。在这样一个政治社群中的成员身份以及作为公民的相互关系，不会侵扰到他们的生活。政治社群也只是他们所属的其中一个群体，在这里，成员们或许并不能找到最为重要的目标，或者也没有为其贡献过多的时间和精力。事实上，他们与其他成员并没有直接的或者私人的联系。他们作为同胞的成员身份，与作为个人如何相互联系无关，而是因为他们置于由社群生活所规定的多种实践活动和制度，以及如果成员们要直接联系时，**会**如何的回应对方。[12]

他们所组成的社群，共享型构社群的价值，即自治，自由，和隐私（多数具体性、实质性目标定义都会因为这些价值而得到强化，但并非所有的目标都将获得认同），而且依据这些价值，该社群保持着对他者的适当关怀，这样一种社群，既在他们的期望之中，也是他们明确向往的。那种互相的关怀包含着一种意愿，即帮助他人追求和保护社群的独特目标——虽然这样的帮助，常常是由国家组织并直接提供的——而且，对当下的目标更为重要的是，它包含着一种对他人作为社群同胞的尊重，排除了为实现自我目的而纯粹利用他人，或者以不符合社群所规定的价值的方式对待他人的情况。易言之，在上述交往活动中，社群成员必须将其他公民的社群成员身份与他们自身的身份，一视同仁（并不更低，也并不更加可疑）。对待他人时，不能侵犯其自治和合法的自由。他们必须尊重他人的隐私，不能基于同仁身份试图侵入那些不宜关注的事务。他们不仅要容忍，而且必须要尊重政治社群所支持的多种生活方式，以及人类至善的多样定义。

当然，这样的关怀和尊重，必然贯穿于国家的制度与活动。因为国家必须以这样的方式建构和组织起来，即它促进并尊重社群所

---

〔12〕 主要参见在慈善的撒马利亚人的格言中关于"邻居"的规范性概念（Luke 10.29-37）：他们把其他人看作自己的"邻居"，意味着在与他们的直接联系中，愿意对他们的需要作出回应。

规定的价值，必须以彰显这些价值的方式，与公民相待、相处。在下面第4节，我将论述其与刑法内容的联系。

以上这种对政治社群的描述，或许至少与自由主义的某种理念并无不同。那么，为什么我将其称为"社群主义"（或者"自由的-社群主义"），而不是简单的"自由主义"呢？"社群"概念究竟在这里起到了什么实质性的作用呢？

3. "社群主义"和"自由主义"（再论）

有关"自由主义-社群主义"的争论，近期所呈现出的特点是，本应相对立的两派之间的界限越显模糊——形成了我们既可以是"社群的自由主义者"或者是"自由的社群主义者"的路径现实（参见例如 Kymlicka 1989；Taylor 1989；Mulhall & Swift 1992, pts. 2-3）。但是，上一部分所描述的自由的社群主义者所定义的政治社群，与某些相似的自由主义模式，还是存在重要差别的。

3.1 形而上的问题与规范性的问题

社群主义者对自由主义的批判多集中于形而上学层面，即有关社会和人类现实的本质。因此，他们批判罗尔斯（Rawls）将其理论奠基于理性人在"初始状态"中作出何种决定的基础之上，依赖于一种人的形而上学的定义，即独立于其目的和社会境况，人依然可以被确认。批评者主张，这个概念是站不住脚的，因为个体至少部分地是由他们的目的和他们在其社群中的属性所构成。[13]同理，自由主义者若试图将政治义务建立在社会契约的理念之上，或主张义务必须建立在同意或选择之上（如果不是事实上的同意或选择，那么也应当是理性人一个应该做出的同意或选择），那么他们就会面临

---

[13] 参见 Sandel 1982，批判 Rawls 1972；Mulhall & Swift 1992, 10-18, 45-54；Carse 1994。

如下的指责，他们忽略了契约已经假设了这样一个规范性的社群，在这里契约可以被制定甚至是可以被理解，同理，选择也假设了价值和规范的某种社会性构成框架（无需选择的）。我们不能将政治义务最终建立在由前社会个体经过制定，或选择，或同意所形成的社会契约之上，因为这样的个体根本没有谨慎思考和做出抉择的条件。

以上形而上学的讨论无疑是重要的。我们的政治理论应当具有有关人类和社会现实的某种可靠的形而上学基础。虽然我认为，社群主义者对自由主义所作出的形而上学批判，大部分是正确的，但是这些讨论在这里却并不重要。因为对于这些社群主义形而上学的批判，自由主义者至少可以作出合理的回应。自由主义应当被理解为一种规范性的理论，而不是一种形而上学的理论。它关心的是我们应当以何种路径，建构或证成政治制度的正当性，既不表明也不依赖于社群主义所攻击的那种形而上学观念。[14]

这里存在一些困难，何种规范性政治理论应当与何种人类与社会的形而上学概念相一致，以及我们究竟可以在何种程度上将形而上学概念与规范性概念相分离（参见 Taylor 1989；Gaita 1991；Marshall & Duff 1982）。但是，至少看起来合理的是，一个人能够——虽然不是全部地——大部分地接受形而上学社群主义者的主张，即个人必然镶嵌于社会之间，以及思考无法根基于"凭空"的无社会性之上（因为，理性思考依赖某些条件，选择也受限于社会语境下那些已被给出、无需选择的价值观念），同时也能够构建出一套规范性的政治理论，可以是明晰的自由主义形式、契约主义形式、个人主义形式，而且与自由的社群主义者所阐述的理论存在重要区别。

这样一种规范性的个人主义之所以可以与社群主义形而上学相连，部分是因为前文所强调的一个相关的事实，即政治社群是部分的，而不是全局性的，政治社群的成员同样也属于其他各种各样的社群。这同样是基于一个事实，形而上学社群主义者亦也不会否认

---

[14] 参见 Rawls 1985, 1993；Mulhall & Swift 1992, chs. 5-6；Taylor 1989，区分"本体论"与"倡导性"问题。

的事实,即"由社会构成的"自我同样也是个人主义的自我,他们对于自身的利益有着明确的概念,并将它们置于其生活的首要位置;即使不能脱离**所有**我们所属的社群,我们也可以脱离现在所属的任意一个**特定**的社群,包括我们所属的或者我们被视为所属的任何政治社群。

当我开始对自己所持有的信念和价值观念进行反思时,发现作为一个个体,自己早已被嵌入一个特定的社会情境——包括各种特定的联合团体、实践活动和价值观念。我属于这个家族,这个教堂,这个国家……每一个团体都给了我身份中的某种属性。我是这个家族的一员(是儿子,是兄弟,或是亲属),是这个宗教中与他人同行的信仰者,是这个国家中与其他同胞相互关联的公民。同时,他们也给予了我一个实质性的规范体系,包括价值观念、道德判断和义务范围。作为人子,与特定情境相适应的适当规范性意义,就在于信守家族特定的价值观念,看重自己的德行并昌盛家族,认同对家族其他成员所承担的义务。

假设接受社群主义的这种观点,[15]我们也必须承认以下进一步的事实。其一,我已经意识到"我的"利益的存在,它不同于他人的利益,而且在概念上和(通常是)心理上,我很可能将"我的"利益置于首要位置。[16]其二,我属于一系列的团体和社群,其他社群也同样对我开放。我可以在一系列规范性的框架中进行思考,也可以使用一系列的规范性话语;而且在概念上和(通常是)心理上,我很可能将自己与某个我现属于的特定团体或社群相分离(如果不

---

[15] 各种观点参见 Sandel 1982; MacIntyre 1985; Taylor 1990. 参见 Mulhall & Swift 1992, chs. 1–3; Carse 1994; Sher 1997, ch. 7.

[16] 这不是说,尽管仍是一个被认可的理性人,我可以成为纯粹的利己主义者,不重视他人的利益,可以忽视任何与自己行为无关的价值。虽然纯粹的自我主义形象在道德哲学领域中若隐若现,但这种危险的形象在道德层面一定要被证明是合理的,它充其量在理解上值得怀疑,甚至引起更多的怀疑。但是每个人也都会最担心自己的利益(一些利益是他向性的,比如他们担心自己在乎的人的幸福),即使他们不是纯粹的自我主义者(参见 B. Williams 1973b, 1981b)。

是事实上,也可以在思想上),并且问我自己是否,为什么,以及在何种条件下我应当属于该社群。

当然存在这样的界限(这也在争议之中),即在多大程度上我可以将自己脱离出来,同时在脱离之后,仍然可以保持理性地思考和理解。比如,一个在道德哲学上充满争议的问题是,我是否可以不仅仅脱离某种道德信念,而是脱离整体的"道德",然后理性地自问(同时仍然可以理解自问的内容),究竟是否存在足够的理由,可以让我归属于任意一种道德价值。[17]虽然不是在所有的时代和地域都存在,但是在现代的西方社会,一个人确实可能从概念上和心理上,在意识层面,使自己从现属的政治社会或团体中脱离出来;并且追问是否,为什么,以及在何种条件下,一个人应当归属于此政治社群或其他社群。而这正是契约式的个人主义者所主张的观点,我们每一个人都**应该**这样做。(参见 Matravers 2000, ch. 7)。

对于政治社群所提出的要求,我们必须能够证成其正当性——例如该社群所规定的义务。对于那些(尚)不接受这些要求的人,我们必须能够向他们证成其正当性——例如脱离该政治社群的人。同样,如果要使我们自己的承诺具有合理性,也必须就其正当性做自我证成。这样做,至少在思想层面上,就涉及将自己分离于政治社群之外,然后我们是否有足够的理由让自己归属于它。更准确地说,这并不是"我们"必须进行的集体性行为(如果我们都将自己脱离,那么"我们"就不存在了),而是我们为了自己而必须这样做的个体性行为:我必须将自己分离出来,然后选择是否(重新)归属于它。但是,如果现在我追问自己这样的问题,而且我也必须作这样追问,"假设存在的话,何种政治社群使得我应当归属于它,而这又基于什么条件?"那么,一个个人主义的契约式回答似乎更有

---

[17] 这种激进的脱离可能性是试图从非道德的前提下证成道德正当性的所有理论的特征,这类旨在说明那些脱离所有道德价值观或承诺的人依然能够有理由去接受(某种)道德价值观(参见例如 Gauthier 1986)。主张道德性既不需要证成又不提供任何非道德基础的人,认为这种激进脱离是不可能的(例如 Beardsmore 1969; Gaita 1991)。

道理。我之所以应当归属于（某种特定形式的）政治社群，是假定我意识到，这样做是符合我的利益最优化。因为此种与他人的联合，其每一个人都能够且应当理性地自问这个问题，而上述答案就是每一个人都会接受的立场；并且，将这种联合明确地描述成所有个体之间的契约时，那么，每一个人的同意正是基于个体本身的受益。

这种对契约式个人主义的最粗略的描述，旨在避免一个可疑的形而上学图景，即一个无社会性的理性个体，可以依据完全无社会性的思想和价值，选择接受何种政治架构。在此，我并不对这个论点添加更多的细节，也不讨论它如何可以成功地回应形而上学的社群主义者的批判。通过这种描述，我只是想简单地指出，相比之下，上节对政治社群所阐述的诸多方面，可以使其被有效地称为"社群主义"。

3.2 "我"和"我们"

对于自由论个人主义者，我们所作思考如果不是基于形而上学的事实，就必须从一种规范性的思考开始。前者预设个人是孤立的，然后再寻找与他人形成联合或同盟的理由。即使我们不预设一种形而上学式的许多孤立的、无社会性的"我"，我们每一个人，在对政治联合进行实践性反思时，都将这个具体的"我"视为与现存的政治社群相分离；我们每一个人都必须追问，是否以及在何种条件下，这个具体的"我"应当将自己与他人联合起来。相反，对于社群主义，我们的规范性思考并不是始于孤立的、相分离的个人，而是始于"我们"——即由于历史的偶然，个人已经与其他族群建立了联合或同盟，只有给出足够的理由，他们才应当（以及能够）将自己脱离这个社群。问题并不是*我*应当如何的生活或者*我*应当形成何种社群，而是*我们*应当如何生活——我们应当如何一起地生活。为了我自己，我必须追问这个问题，并提供一个我可以接受的答案。但是，这个问题的内容是置于复数的第一人称，而不是单数的第一人称。

谁构成了这个"我们"呢？最初，是我们自己所处的社群或联合体：这些形式是我们最初被给予的。这并不是说，我们必须简单地接受一种不可被改变的设定，无论我们出生或成长在何种的社群之中。我们可以，有时甚至是必须，质疑我们所属或仍属于的社群的特定价值或实践，甚至是我们的社群成员身份本身。我应当继续成为这个教堂，或者政治体，或者联合体的成员吗？但是，这并不是一个我必须**始终**追问的问题，如果我持续的成员身份可以得到正当性的证成。如果追问这个问题，对它的回答也并非一定要根据**我的利益**。假设我生活在一个家庭或一群朋友之中，与他们的相遇并不是基于任何谨慎的选择，而是基于我们生命中多种不可选择的偶然。为什么可以要求我在思想上将自己与家庭或朋友脱离出来，然后从外部追问，我是否应当继续留在这个社群之中？（而这与从内部追问，即我们应当如何生活在一起，是不同的）或者，如果我问（或被问到）这样的问题，为什么我的反思性回答不能简化为"这些人是我的家人或朋友啊"？这样的回答彰显了我对于我们特殊团体关系的认同：我或许没有选择他们，但是我们现在却紧密相连。这样的团体关系并不是无条件的。[18] 或许会发生的是，出于多种可能的原因，我将意识到我应当与我的家庭或朋友相隔绝。但是如果这些原因没有出现，那么我依然将自己视为与他们团体相连。

对于一个政治体公民而言也是如此。我生在一个特定的政治体中，在成长中将自己视为其一名成员——即作为该政治体中与其他人相联的公民。对作一个英格兰人或英国人或美国人，我并没有选择。如果我曾有选择的机会，我或许不会选择这些伙伴。但是我们现在却着实在一起。当然，我们应当批判性地看待我们政治体的制度和实践，它们并不是我们政治和社会生活中不可改变的架构。当然，或许我会追问，有时候也应当追问我在这个政治体中的成员身

---

[18] 虽然有人确信他们的家人或朋友会无条件支持他们，但是由于某种原因也可能会得不到支持［举一个虚构的例子，参见查尔斯·狄更斯（Charles Dickens）的作品《艰难时世》（*Hard Times*）中史蒂芬·布拉克普儿（Stephen Blackpool）的例子］。我可能会欣赏这样的人而且有能力证明或相信他们是被误导的，但是我不会说他们是非理性的。

份；也许它是如此的腐败，而我应当选择离开——要么是在地理意义上，要么在道德意义上（或许我应当留下并为了改变它而斗争）。当然，政治体的界限并非由石头所砌成。我可以不将自己视为英国人，而是苏格兰人，并参与到为取得最终成功独立的运动中。或者我可以将自己视为具有压迫性的国家中被压迫的少数族裔的一分子，并坚信我们应当尽可能地，为保持自己独特的生活方式而奋斗（在此，我意指"我们"应当做些什么）。但是，我会仍然认同自己作为这个政治社群的成员身份，除非在此情况下，我会非常的不幸。

这并不是说，对于社群主义，我们的（形而上学式的或者道德式的）思考必须始于社群**而不是**个人，似乎个人对于他们所属的社群处于次要的位置——这可能影射着个体权益易于为了社群权益而被牺牲。实则，这意味着我们的思考必须开始于**在社群中的个人**，这样的个体已经意识到他们与其他人生活在同一个社群之中。

社群主义视角与个人主义视角的冲突还存在着另外两个重要方面，这应当阐述地更为清楚。

3.3 选择与认同

我所讨论的是对团体的"认同"——在家庭之中，在朋友中，在一个政治社群中。相反，自由论个人主义则通常会谈及选择或决定：我必须**选择**，是否以及在何种条件下加入一个社群，并为此提供理由。

这样的区别实则涉及更深的道德哲学领域。道德理论的一个流派坚持认为，我们必须去选择相信什么，接受何种原则，对于其他的存在物（人类或者非人类）给予何种尊重和态度。这样一种论述方式，呈现了主观主义的多种最为明显的特点。相反，其他理论家则坚持认为，关注、感受和认同才是道德生活和道德思考的根本，而不是选择或决定(参见例如 Murdoch 1970; Diamond 1978; Gaita 1991; Blum 1994)。我们必须参与到世界和其他人的交往之中，这才是施加于我们的道德要求的根源；我们必须尽力去判断什么是正确的或是善的，以及我们应当如何行为,(对于现在的论述最为重要的是)我们必须认同其他人为我们的伙伴——比如同是人类族群中的成员(参见 Gaita 1991, ch. 3)[19],或作为在多种更为具体的群体中与我们共同交往的成员。

在自由论个人主义思考中,当然也包含着某种认同:我必须认同其他人也是理性的人,像我一样,享有利益、义务,以及善的观念(而且作为存在者,他们的利益、义务,以及善的观念与我的并不相同)。但是,个人主义者所不能认同的是当她在意识层面与其相脱离时还存在的那种所谓团队——存在于历史偶然形成的社群的成员之间,包含着他人作为我的伙伴所应享受的关怀(和对他们的要求);而正是这种关系使她将自己从中脱离,如果她曾经拥有的话。正是在这个意义上,对于规范性的社群主义者而言,社群所存在的规范性联系是*被给予*的,而不是被选择的。

当我们说这种联系是被给予的,并不是说它们不能被理性地质疑。自由论个人主义所要求的那种脱离,在概念上和(通常是)心理上是可能的,或许有时候我们也不得不质疑或者拒绝现存的联系。毋宁说,它们在道德经验上是被给予的。当我们思考与周边人的关系时,它们正是属于我们所认同的内容。在缺乏质疑这些联系的特定原因时,它们并不会产生严重的问题,而且当它们要求我约束或牺牲自己的权益时,即使可能感到因此带来的负担,我依然不能确切否认它的存在。[20] 如果我有选择,我或许不会选择与这些人相联系或者成为这个社群的成员;我或许无需一定要接受这些联系以及由此产生的要求,无论是心理上还是逻辑上。但是,在道德上,我却与它们难以割离——这些人就是我的伙伴,无论我喜欢或是不喜欢。

---

[19] 或更简单地视为同类生物,如此非人类动物就被排除在伙伴之外。参见 Diamond 1978。

[20] 我们必须区分诱惑和理性质疑。当团体对我提出的要求与我本人的利益有冲突时,我可能会被诱使(尝试)去拒绝或忽视这些要求。但这并不意味着使这种情况接受理性质询;有意识地抵制诱惑所要求的,对我来说,这并不是我应该接受那些要求,而仅仅是我早已知道的提醒——那些联系是真实的。

3.4 个体利益和共有利益

社群主义对"自由主义"的一个通常的批判是，他们无法公平地对待利益（good）。他们坚持"权利"优先于"利益"，坚持国家应对不同的利益观念保持"中立"，但是他们忽视了，任何实质性的"权利"的概念都取决于一个先在的利益概念，而且他们错误地假设，国家可以对**所有的**可能的利益观念都保持中立。他们坚持认为，个人应当拥有选择自己利益的权利，但是他们忽视了，所有的利益都是"社会形成的"，而且他们也无法公平地对待"共有"或"公共"利益的本质与其重要性（参见 Mullhall & Swift 1992, pt. 1, passim; Kymlicka 1989, chs. 3, 5）。对此，某些自由主义者会回应，即使他们将所坚守的自治和自由作为根本利益，而且国家也**不**应当对此保持中立。但是，因为这些利益具有形式性或是元道德性，它们的价值部分在于：在广泛的、实质的利益范围之内，提供一种可以进行选择的空间和机会，而在此过程中，国家依然应当恪守中立（参见 Kymlicka 1989, ch. 5; Sher 1997, ch. 4）。这些自由主义者也回应道，即使我们认可"社会形成利益"的理论路径，但是这样形成的利益也同样是个体利益，之所以成为利益是因为它们被个体所选择和重视（参见 Sher 1997, ch. 7），而且自由主义者也可以承认，特定的社会利益或共同利益是存在的，但根本原因在于它们对**个体**的至关重要性（参见例如 Kymlicka 1989）。[21]

在此，我并不想继续展开这些一般性的争论，我将关注自由的社群主义将如何理解自由政体所确定的利益——自治，自由，和隐私——它们不仅仅是社会形成的，而且是共有的，因为只有它们被共享，才能成为利益。

当我们说这些利益是"社会形成的"，是说它们只有在社会的语

---

[21] 也有"至善论"自由主义者，拒绝谈论"中立性"的话题，他们认为国家不应当在相互冲突的实质利益概念上保持完全中立。参见 Raz 1986（参见 Mulhall & Swift 1992, ch. 8; George 1993, ch. 6）; Sher 1997。

境下才能被理解成利益，这使它们的存在成为可能，进而也为它们自身赋予了含义和重要性。所以，**自治**（autonomy）——**通常被理解成理性思考和行动的能力**（包括对目的和利益思考，以及对达成这些目的和利益之途径的工具性思考），[22] 并不是那些孤立的、无社会性的"理性主体"就可以确定或估量的东西；因为它是在被特定社会生活方式所决定的理性系和规范结构中，参与社会生活和思考的能力；它只有在这样的社会情境之下，才能够被确定、发展和估量。[23] 同理，我们不能仅仅在消极的语境中理解**自由**，即个人主体之行为免受某些外部约束的限制，而要在更丰富的积极话语下赋予其意义，即社会主体在其社会空间中行为之权利——而这样的权利，是由其社会语境所决定的，它的内容和重要性也取决于他们所在的社会情境。[24] 我们不能将**隐私**理解成一种被事先置于任何社会语境之前的"私人"范围，而是由特定社群的社会情境所定义的相关领域（参见本书第 72~73 页，上部；也参见 Sypnowich，即将出版）。

但是，承上所述，自由论个人主义无需否认，利益是在这个意义上由社会所形成的，因为这样形成的利益也依然是**个体的利益**。社群主义者的主张，重点在于强调这些利益应当被理解成共享的或共有的，但并不是说它们必须被视为集体的利益，**而不是**个体利益。毋宁说，这些利益是每一个个体所获得（或拒绝）的，而他们生活得好与坏则依赖于能否实现这些利益。同理，在一个学术社群中，获得或失去知识和理解利益的也是每一个学者个体。这并不是说，这些利益就不能被用于纯粹个人主义的语词。作为一个学术人，我可以将自己智识的进步和成就纯粹视为自己所获得的利益，它有助于我的学术事业；作为一个公民，我可以关心自己的自治、自由和

---

[22] 通常参见 G. Dworkin 1988, pt. 1；Raz 1986, 369-429；Sher 1997, chs. 2-3.

[23] 如果我们要成为我们自己的记叙文真正的"共同作者"，这些能力就是必需的（MaIntyre 1985, 213；更广泛地说，参见 ch. 15）。可是创作是一个社会活动，它的内容和重要性可能仅取决于特定社会语境。

[24] 主要参见 Berlin 1969，"积极自由"和"消极自由"；消极自由观把"共和国"看作是"特权"和"统治权"，参见 Pettit 1989；Braithwate & Pettit 1990, 61-69.

隐私，且它们对于我的意义与其他人是否取得这些利益并无关系。然而，如果在如此纯粹的个人主义语境下看待这些利益，就没有理解这些利益实为社群所确定，也没有将自己视为这个社群的成员，失去了与其他人的伙伴关系。作为一个学术人，我应当关心**我们**所取得的知识和理解利益，并将我的进步，不仅仅视为是**自己的**，而是对共同追求的贡献。这才是作为学术社群成员的意涵。作为一个公民，我应当关心**所有**公民所获得的自治、自由和隐私之善，若我的自治、自由和隐私可以得到尊重，只有当其他人也同样能够获得这些利益。这才是作为自由政治社群成员的适当意涵。

这并不是说，相对于某些神秘的集体道德，我应当将自己的自治、自由和隐私**置于次要的位置**，或者为了他人的自治、自由或隐私，可以正当地要求我**牺牲**自己的自治、自由或隐私。毋宁说，在一个自由政体中，自治对于我的价值与其他任何一个自治公民是一样的；对于自由和隐私也是如此。如果我拥有追求自身事业的自由，而我的许多伙伴却没有这样的自由，那么我享有的自由的性质就不同于与其他任何一个自由公民所享有之自由的性质；这样的自由所具有的意义，也不同于所有人可以共享自由时所具有的意义——即在一个自由的政体中，将自由视为所有公民的利益所具有的意义。[25]

此节通过对比我们所熟知的自由论个人主义，我尝试解释在何种语境下，我对自由政体的思考是一种"社群主义"，尽管是一种"自由-社群主义"。我还没有尝试**证明**，相比多种形式的自由论个人主义，我们应当支持这种自由-社群主义的分析视角，因为我并不认为，在规范性政治理论形成过程中，某种东西可以被适当地称为一种"证明"。不过我已阐明，**要求我们接受个人主义的立场并不合理**——即，将自己视为脱离现存社群或义务的个体，并追问我们是否有理由选择或重新加入他们；对于自由-社群主义的新视角，其所

---

[25] 主要参见 R. Dworkin 1978, 262-63, "作为许可的自由"和"作为独立的自由"；Braithwaite & Pettit 1990, 62-65, "统治权"。

具有的合理性和吸引力，我已经做了充分的阐述。最后，对于那些我们一直在尝试说服的人，作为政治上和道德上的论点，我们只能说，"你们就不能如此看待这个问题吗？"通过这样的描述，我们希望其他人会认识到其具有的说服力。

我还必须要处理一个更深层的问题——即，在政治社群中，非自愿成员的身份问题。但是，这最好是在我们讨论刑法在自由政体中的性质之后，再来论述。

4. 自由政体中的刑法

对本章第 2.2 节和第 3 节所描绘的自由政治社群，刑法在其中又扮演了什么角色呢？它将某些行为定义为"犯罪"，但这又意味着什么呢？将某种行为定义为犯罪，就可以使行为主体承担刑罚的责任，这种说法或许具有吸引力，但是这跳跃得太快了。诚然刑罚确实预设了犯罪，但是我们还没有论述，是否以及为什么犯罪应当必然引起刑罚——或者，假设犯罪会引起刑罚，我们又为什么应当拥有一部刑法。在我们追问犯罪人是否以及为什么应当接受刑罚之前，我们必须先展开对犯罪的思考（这样的思考将会面临废除主义者对犯罪概念的批判；参见第一章第 5.2、5.3 节）。

根据《模范刑法典》[第 1.02（a）节]，实体刑法的"根本目的"在于"禁止和预防那些无正当性的和不可宽恕的，对个人或公共利益造成实质性伤害或危险的行为"。对刑罚目的的这种思考，隐含了一个规范性的犯罪概念——即，某种行为应当被犯罪化。但是它也提出了很多问题。尤其是，刑法"禁止"和旨在"预防"特定行为，才将其定义为犯罪？为什么我们应当有一部刑法而不是民法，来处理那些对"个人权益"造成伤害或危险的行为？回答这些问题时，我主张一个自由政体的刑法应当是"普通法"。

4.1 禁止和宣告

刑法"禁止"它所定义为犯罪的行为，这看起来十分自然。一般认为，我们负有遵守法律的义务，一旦我们违反它，就会受到处罚；遵守法律就是不去做那些被禁止的行为，因为它们被合法地禁止。[26]

如此描绘刑法，即将刑法视为可以为公民的行为提供一种**无关内容**（content-independent）的理由。如果公民不做那些被定义为犯罪行为的理由，仅仅跟该行为的性质或者效果有关，而与它被定义为犯罪无关（例如与前法律的道德过错有关），那么它们的理由就是**关乎内容**（content-dependent）的：取决于法律的具体内容，而不是法律的规定。在这样的情况下，公民并不是在**遵守**法律：遵守 X，即根据 X 的要求行为，**因为** X 是这样要求的（参见例如 Hart 1994, 19-20, 51-61），然而公民如此行为，往往是出于法律的"**规定**"而不是因为法律的要求。将刑法视为**禁止**某些行为，并且要求我们遵守这些禁令，也就是将刑法视为为我们提供了至少可以部分地与它的具体内容无关的行为原因。[27]若没有这些原因，我们的行为就不会如此，而且这些原因关乎法律自身的权威性或强制力。

这就是传统法律实证主义看待法律的方式——将法律视为向其公民宣告的一套主权者命令。如果法律应当被理解为主权者加之于臣民之上的一套法令，那么这也是法律**应当**被描绘的模样。[28]但是，在一个自由政体中，我们不应当如此理解刑法。

考虑到**自然犯**的典型犯罪类型——例如谋杀、强奸、故意伤害致人重伤、盗窃，涉及那些与是否被规定为犯罪无关的罪错行为。

---

[26] 我暂且不讨论不作为的刑事责任问题（当法律要求作为而不是禁止行为时），也不讨论状态犯的刑事责任问题，在这种情况下似乎根本不涉及"行为"。参见 Glazebrook 1978; Husak 1998.

[27] 但这也许只是部分意义上无关。比如说，个体遵守法律的原因，可能部分在于法律规定，同时也在于法律要求行为不违反道德。

[28] 参见 Cotterrell 1995, ch. 11, 法律的"主权统治"模式; Duff 1998b.

刑法"禁止"这样的行为，是说它给予了公民不做这些行为的理由，而这些理由无关于前法律规定的行为不正当性：这些理由或许与法律的权威性有关（公民应当遵守，因为他们承认有义务这样做），或者与法律的强制力有关（他们遵守，是因为违反存在招致惩罚的威胁，迫使他们这么做）。许多公民当然不做这些行为与法律的禁止无关，而是因为他们视其具有（前法律性的）错误性。若此，法律宣吁的对象，就不是那些无论如何都会避免这些行为的人，而是那些有可能从事这些行为的人；而且给予了他们一个新的或者另外的理由，从而避免这样的行为。

此种论述中值得注意的一点是，它涉及**遵守**法律的动机问题。少部分人，如果真的有的话，遵守法律是出于对法律**权威性**的**尊重**：什么样的人没有做出杀人或强奸的行为是出于对法律的尊重，而不是出于这些行为的前法律不正当性呢？[29] 可以想象，在某些情况下，这或许是合理的——特别是当问题充满道德争议性或不确定性的情况下，而法律成为一种决定性的裁决。例如，某人认为自愿的安乐死在道德上是允许的，或者认为一个财产权人在阻止盗窃的时候使用致命的武力在道德上是正当的，如果法律规定上述行为是犯罪，那么他就**有可能**出于对法律的尊重而避免这样的行为（进一步论述，参见本章以下第4.4节）。但是，这样的情况是罕见的。大多数遵守法律的人，是出于对所施加刑罚的恐惧——即是出于对其强制力的恐惧，而不是对其权威性的尊重。

然而，无论以上何种情况，法律对遵守它的人都施加了强制力，抑或是具有权威性。另一个更为重要的问题在于，法律指向其公民的表达方式。在这一点上，对于那些虽然遵守法律，但是没有顺从其要求的人，法律并没有进行直接的对话——这些人避免犯罪行为，是因为他们将犯罪行为的错误性视为无关于其法律规定的犯罪性。法律可能至多只是向他们进行间接的叙述——以确保那些无法律规

---

[29] 主要参见 Raz 1994, 343-44，但是拉兹（Raz）是在法律"禁止"这样的行为时讨论这一问题的。

定就不会遵守的人，可以实现法律所试图寻求的遵从。对于这些法律试图要求遵从的人，其叙述的语调充满着权威性或强制力的专横。法律对他们说，"这样做，因为你有义务遵守法律"，或者，"这样做，要不然就接受惩罚"。但是，在自由的政体中，这不应当是法律向其公民进行表达的语调。

第一，在这样的图景中，法律要求公民按照其规定进行行为，但是它给公民提供的理由，却与可以证成该要求具体内容正当性的理由存在极大的间隙。法律"禁止"杀人、强奸以及相似的行为，是因为这些行为在法律适当相关的意义上具有**不正当性**（进一步论述，参见本章以下第4.3节）——这种不正当性根基于政治社群共享的价值判断。但是，法律要求公民遵守这些禁止性规定所提供的理由，却不涉及这些被禁止行为的不正当性，而是诉诸法律自身的权威性或强制力——即假定公民拥有遵守法律的义务，或者对违反行为施加刑罚的威胁。这样在法律向公民的叙述中，就缺少了"透明性"（参见 Bickenbach 1988, 770-71）。法律给予公民的理由，与证成法律要求正当性的理由并不一致。

第二，如果采取这样的方式向公民进行表达，也就**没有**将他们视为该规范性政治社群及其法律的成员。作为社群成员，他们共同信守该社群核心的确定性价值判断，而这些价值判断决定了刑法的内容。如果将他们视为社群成员，那么法律对公民的叙述就必须依据这些价值判断——正是这些价值判断决定了法律的内容，并应当引导公民的行为。

对**自然犯**的典型类型而言，法律的作用不是"禁止"，而是"宣告"它们的不正当性。法律根据社群自身的价值判断，通过将这些行为定义犯罪，正式宣告它们的不正当性，而且，这种不正当具有"公共性"，涉及整个社群，所以必须由社群给予正式的确认和谴责。

也就是说，我们不应当将刑法视为旨在（仅仅是或主要是）"预防"这些行为［《模范刑法典》第1.02（a）节］。将行为定义为犯罪，法律的确在宣告不应当实行此行为；这种宣告的内在含义，则是希望叙述的对象能够避免其所谴责的行为。但是，如果说到"预防"，则隐含了一种工具主义的思维。我们先确定一个目标，即人们不应实行此行为，然后寻找具有效益的方法以实现这个目标——这样的方法，只要涉及利益的衡量，就可能诉诸无关法律内容的权威性或强制力。但是，对于核心的自然犯，如果法律的首要任务不是禁止他们，而是宣告其不正当性，那么法律的目标就不是过分地"预防"，而是**提醒**公民们（如果他们需要这样的提醒），这些行为是不正当的，并提供相关的原因。[30]

在我论述"公共的"不正当性的概念（参见本章以下第4.3节），以及在哪些方面刑法依然可以被解读为对其规定为犯罪的行为的"禁止"之前（参见本章以下第4.4节），我们应当注意，这种刑法理念如何与"普通"法的理念联系起来呢？

4.2 作为普通法的刑法

"普通法"的概念被用来区分制定法和非制定法，前者是由立法机构通过，后者如果不是被法院所创造的，也是被法院所宣布的。但是，在以理论家如柯克（Coke）、黑尔（Hale），以及布莱克斯通（Blackstone）等为代表的经典理论架构当中，"普通法"的理念则超越了制定法和非制定法的区别。[31]

根据经典捍卫者的观点，普通法的本质体现在它与法律被运用其中的社群之间的关系。法律不是主权者**施加于**人民，而人民作为臣民必须接受和服从的至上之物。毋宁说，普通法就是社群自身的法，它包含着社群的共享价值以及对社群的规范性理解。它并不源于孤立主权者的意志，而是源于社群的传统与实践。那些实施和发

---

[30] "犯罪预防"可以被认为并非法律对于法律具体规定犯罪行为的目的，而是与犯罪实施相关联的制裁之目的——然而《模范刑法典》将犯罪预防作为"犯罪定义条款"[第1.02（a）节］的首要目的。详见第三章第2~4节。

[31] 通常参见 Postema 1986, chs. 1-2; Farmer 1997; 也可参见 Cotterrell 1995, ch. 11, 关于作为法律"主权统治模式"对立面的"社群"; Waldron 1999, 56-60.

展普通法的法官的任务,并不是依据他们自己的价值判断,或者依据某种与特定历史社群生活无关的"自然法",来**创造**法律。普通法是清晰地表达出内嵌在社群生活中的价值观念——虽然这种表达,经常包含了对这些价值进行更为精细**确定**的需要。[32]在这样的观念下,制定法同样也应当是一种普通法(参见 Postema 1986,14-27)。立法者的任务,并不是将它的意志施加于民众,而是给予某些价值更为充分和实用的表述,因为正是这些价值构建了社群的生活和理解。

这样一种"普通法"理念,提供了一幅自由政体的法律(理想)图景——这是对公民,而不是对臣民,适用的法律。这样的法律并不是孤立的主权者的法律,而是社群自身的法律。这是作为社群成员的"**我们的**"法律。法律对其公民的叙述,并不是以孤立主权者的声音,向公民施加强制或权威。这种法律的表述就是公民自己的声音,就是公民自己的价值判断话语。[33]

这种观点明显得到了康德的响应。康德的著名论述认为,法律是作为**本体自我**(homo noumenon) 对作为**现象自我**(homo phainoumenon) 能够且必须给予的约束——这样的法律,是我以第一人称,向自己作出的表述(参见 Kant [1797] 1948, 105)。但是我们所说的法律与康德的理念,至少存在一个重要的区别。康德式的声音,是**单数的**第一人称的声音,它表达了我对道德律令的个体性认同。相反,我所关注的声音,是**复数的**第一人称的声音。法律的声音是(或者应当是)社群自我表述的声音,是所有公民向他人和自身表述的声音。它说出了"我们"整个社群的要求或需求。

但是这个"我们"又有怎么样的要求或需求:即,一个自由政体的刑法应当包含哪些内容呢?

在我们能够回答这个问题之前,我们面临着一个前置性的问题:

---

[32] 关于这种确定,参见 Finnis 1987, 146-47;MacCormick 1990, 548-49.

[33] 我不是说柯克、黑尔、布莱克斯通等人所支持的"普通法"有这种特征。或许将其可能的共性视为危险的虚构更为合理,正如边沁猛烈攻击的那样。但本章所讨论的法律和社群的应然理念。关于理想与现实的关系,参见第五章。

究竟为什么一个自由政体应当拥有一部刑法？当我们说自由政体的法律必须是"普通法"时，并没有论述它必须包含一部刑法；废除主义者对国家实施刑罚的挑战，部分上也是对此种做法所依赖的犯罪概念的挑战（参见本书第一章第5.2节）。如果要应对这样的挑战，我们就必须论述，为什么一个自由政体的法律体系中应当包含一部刑法，由它来谴责某些被视为具有"公共性"不正当行为，同时也包含一部民法，来处理公民之间的"争议"或"麻烦"。我们必须解释并证成犯罪的概念。

4.3 犯罪的概念

通过刑罚来定义犯罪似乎是具有吸引力的。犯罪是一种法律错误，它使行为主体有责任承担刑罚（参见例如 G. Williams 1983, 27-29; Smith & Hogan 1996, 16-23）；如此，证成一个刑法体系，也就是证成一个刑罚体系。但是，我们尚未着手解决刑罚问题；并且无论怎样，我们都可以确定犯罪概念的某些核心特征，这样就使得犯罪是否应当被处罚的问题得以展开（这个问题也应当被展开）。

犯罪的不正当，具有"公共性"特征，这经常被视为它与侵权的区别，而后者只是"私人性"的不正当。但是，什么是"公共"的不正当呢？如果我们说这种不正当行为伤害了"公众"，或者整个社群，这区别于那些单纯对个体的伤害，那么，我们就会被引导着去寻找这种"公众"损失，作为特征以辨认犯罪。如今，当然存在着某些熟悉的犯罪是伤害到整个社群，而不是具体个人的情形，例如危害公共安全罪和欺骗公共资金罪。但是，如果我们将这种视角延伸到那些直接伤害个人的犯罪，例如那些针对个人的典型犯罪，那么寻找这些犯罪对公众或社群造成的伤害特征，就会导致我们转移对犯罪直接受害人的关注——若此，就扭曲了我们对犯罪不正当性的理解。

或许我们会说，这些对个人的侵犯之所以应当得到刑法的关注，是因为它们危害了社会秩序，或者引起了"社会的动荡"（参见 Becker 1974），或者由于它们削弱了互信的社会环境（参见 Dimock 1997），又或者由于犯罪人从那些守法者身上获得了不公平的利益（参见本书第一章第4.2节）。但是，这样似乎转移了我们对这些犯罪直接受害人所遭受之伤害的关注，而这本应成为我们理解犯罪性质的关键所在。杀人犯和强奸犯应当被起诉，并不是因为他们的行为降低了信任，或者造成了社会的动荡，或者他们从守法者身上获得了不公平的利益，而只是因为他们对受害人的侵犯——这也是此种行为应当被犯罪化的核心原因。

我们可以基于以下的理念，对犯罪是一种"公共性"不正当给予更好的解释，即犯罪不是对"公众"的侵犯，而是此种侵犯引起了"公众"和作为整体的社群的充分关注。对于这种关注，还存在两个方面的内容：

第一，它包含着对犯罪性侵犯给予一种权威的、共同的谴责。它们并不是简单的私人道德问题，也不是只有那些直接相关的人才有权利得以申诉，而是社群作为一个整体，能够而且也应当通过法律权威的声音，表明其立场。

第二，这些罪错应当得到公共的、共同的回应。那些犯罪的人，应当由社群向其施加所应承担的责任和谴责。这是处理犯罪的刑事程序的一个核心特征，它区别于处理私人侵权的民事程序——这也是刑事审判与民事审判的区别。民事程序是由被告——即那些相信自己受到了侵犯的人——启动和控制的。社群通过民法，告知其所适用的规范。社群建立相关的制度，以使她的案件可以得到起诉、判决、执行。但是这个案件是**她的**〔"原告起诉被告"（P v. D）〕，她决定是否进行起诉、追责，以及是否执行对其有利的判决。相反，刑事诉讼的程序是由社群所控制的，通常标示为"**人民**（或者**联邦**）**诉被告人**"（People or〔commonwealth〕v. D）；[34] 虽然事实上有可能经常发生的是，只有当被害人愿意时，这些案件才会被起诉或追责，

---

[34] 美国这两种命名案例的方式与自由政体的普通法理念最相吻合（如"国家诉被告人"——只要我们将国家视为政治性社群的官方面向）。与英国的描述标准相比——"女王起诉被告"——与区别于臣民的社群公民不相契合。

但是，这些案件是被追究还是被撤诉，可以违背被害人的意愿。如此，刑事诉讼免除了被害人起诉的负担，但是对于案件是否应当被诉讼以及应当如何诉讼，也剥夺了被害人的决定权。[35]

刑法的这两个方面内容激起了废除主义者的批评，在定义和起诉"犯罪"时，法律"偷走"了本应属于更为适格主体——即那些直接涉及这些纷争的人——的"冲突"或"纠纷"（参见 Christie 1997; Hulsman 1986, 1991）。对于是非判断，法律**强加**了一种含有目的性的权威标准，但这种标准却充满争议。法律没有如其本应的那样，让这些纷争，由直接涉案的当事人加以讨论或解决，而是从更高的、外部的视角宣布某方当事人作为犯罪人应受谴责。[36]它既不允许侵犯者，也不允许受害人在他们的冲突中扮演任何主动性的角色。

在我们现行的刑法制度中，这的确是事实，所以引起了上述批评。我们可以批评现行的刑法并不是真正的普通法，因为它常常没有反映出整个社群所共享的价值判断——因为许多价值本应纳入刑法的范围，却在刑法的立法或解释中被排除在外。我们可以批评刑法处理的某些问题本不应当属于其范畴，它超过了自由政体的刑法所应尊重的边界（参见本书以下第 4.5 节）。我们可以反对刑事程序不当地将侵犯者和被害人排除在其本应积极参与的事件之外（参见第三章第 3.2、4.2、4.3 节）。我们也同意，有许多争议或纠纷涉及了犯罪（现行法律将其视为犯罪），但是如果由沟通和调解的程序解决或许会更好，这些程序的目的并不在于将某方当事人视为犯罪人施加谴责——因为，对于我们与熟悉的人之间的冲突，将法律（无论是刑法或是民法）视为解决冲突的第一选择，往往是错误的。但是，这些并不是说，要像某些废除主义者所主张的那样，取消犯罪的概念——因为"公共性"罪错，需要社群作为一个整体给予相应的谴责

---

[35] 我暂且不讨论刑事自诉的可能性（在英格兰，它仍然受国家控制，因为检查总长有权接管和放弃他们）。相关规定或许最好被解读为：在认为国家没能有效追究的情况下，给公民一条追究犯罪的途径。

[36] 参见 Christie 1977, 8, 关于讨论"盗窃犯有多少错误，受害人有多么正确"这一问题的需要；Hulsman 1986, 72-73; Bianchi 1994, 71-97.

和处理。

家庭暴力可以证明这一点（参见 Dobash & Dobash 1992, ch. 5）。以往会通常认为家庭暴力，即一方（通常为男性）经常侵犯另一方（通常为女性），是一种"家庭的不和"或"纷争"，刑事制度不应当进行干预。在家庭的情境中，判断对与错经常是困难的；夫妻应当自己来解决他们之间的问题。这样，家庭暴力被视为"他们之间的冲突"，而必须由他们自己协调出解决方案；就像我们一定要问，"在多大程度上侵犯者是错的，在多大程度上被害人又是对的?"（Christie 1997, 8；参见本章前面脚注 36），其实对于这个问题可能没有清楚的答案。但是，无论家庭纠纷中对与错是如何难以判断，无论需要何种沟通才能使关系得以存续，对于涉事当事人的合法主张，无论其他何种东西应当被视为一种妥协，这样的暴力决**不**应当被视为一种调解或妥协。它应当被整个社群视为绝对的错而加以谴责；这样做，正是通过将其定义为犯罪并进行起诉来实现的。

对其他的典型**自然犯**，也是如此。对于强奸、无理由的伤害行为、抢劫的被害人，如果说她与她侵犯者之间存在一个"冲突"，而我们必须允许并且帮助他们加以解决，但拒绝承认并宣告她所受的侵犯，那将会对其所遭受的侵犯增加新的侮辱。有时候，在这类案件中，对与错的判断确实存在怀疑和讨论的空间——例如，"被害人"所描述的犯罪，是否真的构成绝对的犯罪。但是，通常而言，这样的讨论是没有道德空间的；至少有一件事情的讨论是被害人所不愿看到的，就是将故意伤害、抢劫或者强奸是否不正当纳入讨论范围。

也就是说，典型的犯罪应当是那些绝对错误的行为——这些行为是所有公民在其正常的生活中为追求安全而绝对排除的行为。有些危害的风险，或者存在于正常的生活之中，或者我们自愿将自己暴露在这些风险之中，是可以被接受的。如果这些风险是由于他人应负责的行为而发生，那么我们就拥有获得赔偿的权利，但这样的诉求是通过民事程序——而且赔偿的数额会由于我们自身的共同过失而减少。但是，另外的某些危害却不是我们愿意以这种方式来接受的。我们或许不得不承认，如果以特定方式行为或者没有采取特定的预防措施，我们非常可能遭受到这些危害：例如，没有保护好房子的户主可能会遭受入室盗窃，进入"危险"的区域的陌生人可能会遭受侵袭，穿着或行为"暴露"的女性可能会遭到强奸。或许，我们会批评这些轻率的人，他们将自己暴露在危险之中。但是我们也必须承认，他们的确受到了侵犯；侵犯者的罪责并不会因为被害人的轻率而降低（因此，某些法官会认为，一个强奸者的罪责会因为被害人的"共同过失"而降低，这样的观点应当受到批评），而且如果赔偿有可能的话，那么这种赔偿的目的也不仅仅是因为被害人所遭受的物理损失，而是因为对被害人的侵害。[37]

可以说，这些侵害是整个社群所共同承担的。作为社群的成员，我们不仅将其视为对被害人的侵害，而应当视为对"我们"的侵害。正如社群的核心利益是共享利益（参见本章以上第 3.4 节），所以对这些利益所作出的侵犯，也是我们作为伙伴应当与被害人共同承担的（参见 Marshall & Duff 1998）。但这并不是说，犯罪行为是对"社群"造成侵害，而不是对直接的受害人。毋宁说，犯罪行为对作为社群成员的被害人造成了侵害，同时也是侵害了社群整体。

这些论述显然没有提供明确的判断标准，以决定何种侵犯应当属于刑法的范畴。可以肯定的是，这些论述意在阐明犯罪是一种"公共"的不正当的概念——即，社群所共同承担的绝对的不正当。其实，我并不认为可以寻找到一个普遍的标准，以决定何种侵害应当被视为"公共的"。例如，可以设想在一个社区中，损害声誉的诽谤被视为一种公共的不正当，损害私有财产的盗窃却仅仅被视为私领域的不正当。但是，任何一个政治社群都会有一系列的共享利益，在此意义上，就会有某些不正当的行为被视为公共的不正当；而且，我们可以假设，在这种属于公共不正当的范畴中，至少包含着某些

---

[37] 关于赔偿方面详见第三章第 4.2 节；也可参见 Goodin 1991，侵害是否能够得到补偿。

对个人的严重侵害,这就构成了我们所说的典型的**自然犯**。[38]

在此,我无法更详细地论述一个自由政体的刑法内容——无论是如何定义自然犯的典型类型,或是在多大程度上,以及在何种方向上,刑法可以溢出这个核心范围。但是,我必须简要论述一下另外两个相关的问题,它们将会对这个复杂的问题给予说明。一个是关于刑法的权威,这跟**自然犯**或**行政犯**都存在关联。另一个是关于自由政体对其刑法范围所设定的界限。

4.4 刑法的权威

正如我在本章第 4.1 节所论述的,我们不应当将刑法视为对其所定义的自然犯行为的一种**禁止**——它给公民提供了一个无关内容的理由以避免以上的行为。相反,我们应当将其视为一种宣吁,即宣告这类行为构成一种公共的不正当,并在行为主体通过刑事程序对社群答责的情况下,由社群给予谴责。

这是法律权威性的一个方面。虽然法律并没有**创设**这些错误行为的不正当性(因为依据社群的前法律价值观念,它们已经是不正当的),但是法律将犯罪确认为公共的不正当,并对公民施加了一个义务,通过刑事程序使他们对自己所涉嫌的不正当行为负责。如果不存在刑事制度,他们就无需承担这样的义务。于是,对于典型自然犯的法律定义,就可以被视为既是"对法院规则"(rules for courts)的设定,也可以是"对公民规则"(rules for citizens)的设定(参见 Alldridge 1990; Robinson 1990)。指向法院的规则,明晰了法院应当对实行某些行为的人加以定罪;指向公民的规则,诚然并不能完全**禁止**公民实行定义为犯罪的行为(取决于将被讨论的条件),但是这些规则提醒公民某些行为践踏了社群的公共价值,并警告公民由于这样的行为,他们会被要求通过刑事程序而承担公共责任。同时根据刑事程序规则,法律也间接地要求公民通过刑事程序,为其所实施的

---

[38] 主要参见 Hart 1994, ch.9,"自然法的最小意涵";也可参见 Winch 1972a。

不正当行为作出答辩。

不过，刑法也具有禁止某些行为的权威，将某些若独立于法律标准不是或者可能不是不正当的行为**创设**为不正当。这对于自然犯或行政犯的某些内容都会产生影响。这样的语境虽然不能适用于典型的自然犯，但可以适当地论及对法律的**服从**义务和出于**尊重法律权威的遵从**行为。[39]

对于自然犯，法律有时候将不得不作准确的价值性确定，如果这些价值判断的前法律定义或内涵不清楚或充满争议。法律定义何种才是杀人，或是盗窃，或是强奸，也定义何种才是排除这些行为犯罪性的正当性抗辩事由。这样做，它将那些前法律定义通常比较模糊的规范性概念，细化为更为确定的法律定义，同时，对于那些在政治社群中具有争议的问题，它也可以表明其权威性态度，例如安乐死的合法化问题。尊重公民自治的自由政体的法律，会尽力尊重公民对社群价值的不同解释，甚至是冲突的解释。如果对这些价值的确定存在理性分歧（例如尊重生命的价值判断），就像安乐死，那么法律就应当竭力避免迫使某些公民的行为违背其良知。但是这经常是不可能的。有时候法律要么将某些公民所确信的判断确认为公共的不正当，要么将公民们确信为可得许可的行为（或者法律不应干涉的私领域问题）宣告为公共的不正当——当争议双方发现，他们对于特定价值的对立解释并非是不合理时，以上情形就会发生。在这样的例子中，对于那些不同意法律观点的人，法律并不是简单且纯粹地告诉他们，这些争论中的行为本身是不正当的，而是说法律所宣告的现在成了社群的权威观点。即使他们不同意法律的内容，作为社群的成员，依然也负有接受法律权威的义务——即使他们没有被法律的规定所说服，也应当服从法律，除非以及直至他们可以

---

[39] 在这里对法律权威不作一般性讨论（也不讨论一般性的刑法案例）。Raz (1979; 1986, pt. 1; 1994, pt. 2) 对一般话题进行了精彩的讨论。感谢保罗·马克威克（Paul Markwick）在刑法语境下对法权威进行的有益讨论。

通过正常的政治程序改变它。[40]

对于行政犯,我们不能简单说这些不正当行为是被法律所禁止的,[41]如果是那样,法律就给公民行为提供了一个纯粹无关内容的理由,并要求他们**服从**法律禁止和规定。这些情况下非常明显的是,如果没有法律禁止或要求某种行为,公民们**没有**理由去避免或实行这样的行为。例如,如果法律没有要求我出示缴税证明或者车辆检验合格证,那么我没有理由要这样做。即使在这样的例子中,法律也必须根据对共同利益实现的助益作用,向其适用对象证明其要求的正当性。公民应当遵守法律,不仅仅因为它们是法律,而是因为它标志着立法者致力于共同利益所作出的合理尝试。而在其他情况下,那些可以被视为真正行政犯的情形,应当或多或少地也应当被视为纯粹自然犯的人为**确定**。

在限速每小时30英里的公路上,驾驶达到每小时40英里,就是犯罪,或者驾驶时,血液中的酒精含量超过了法定标准,这也是犯罪。这些就是行政犯,因为这些行为如果没有法律上的禁止,它们或许既不是犯罪也非不正当。根据具体的状况和司机的驾驶技术,或许在当时的情况下,驾驶速度达到每小时40英里也并不危险;而达到法定的酒精含量,也可能不会损害特定驾驶员安全行驶的能力或行为。如果这些法律的正当性要得到证成,那就必须证明,**绝大多数**的情况下,即使独立于法律的禁止,上述导致犯罪的行为也是不正当的:即行驶超出特定的限速标准,通常是危险的,或大多

---

[40] 当然,这里假定公民可以通过政治途径让别人倾听自己的声音,或者尝试说服别人(详见本书第114~115页,第五章第2.2节以下)。一些理论学家认为,价值观的争议,甚至反映刑法主旨的主要方面的争议,比预想的更加广泛和深入——不一致和冲突是正常现象而不是异常的 [参见,如(指向不同结论的主张),Norrire 1993; Bianchi 1994; Waldron 1999]。这里我想说的是,在刑法的视阈内,应该主张一种"普通"法观念,它必须体现法律所属社群的广泛价值观(如果不是共同的话)。我下面要讨论那些由不赞同这些价值观的人引发的问题(本章第5节;第三章第7.4节),以及缺乏核心价值观共识的影响(第五章第2节)。

[41] 参见 LaFave & Scott 1986, 32-35; G. Williams 1961, 189, 234; 1983, 936-37; Gordon 1978, 17-20。

数司机在那种酒精含量程度下,安全驾驶的能力或意识会降低,因此大多数实施这种被禁止行为的人,给其他人带来了不合理的损害风险,他们的行为是不正当的。[42]

这样看来,法律的型构明显存在实际的理由,而不是简单地宣告以危险的高速或驾驶能力受到酒精削弱时驾车构成犯罪(行为自身具有独立于法律的规定的不正当性)。这样的立法方法,使得法律的贯彻实施更为简单,因为它让法律说服更容易实现,而且从实际上禁绝了驾驶者在高速或酒精含量超标的情况下尝试自己判断是否依然可以安全驾驶——这样的判断通常是极其不可靠的。[43]但是,相比于典型的自然犯,法律向公民传递的信息内容更为复杂。法律并不是简单地宣示某种行为构成了公共性的不正当,况且公民应当已经认识到它的不正当性,它更是要求公民接受对他们行为的特定法律限制——遵从安全和可允许驾驶的法律界定,而不是由他们自己来判断怎样才是安全的。

在此我并不打算论述刑法中行政犯的适当的范围——无论是纯粹的行政犯,或是那些自然犯的人为**确定**。我的目标仅在于指出,刑法确实可以某些方式,通过将本身并非不正当的行为进行犯罪化,适当地向其公民的行为施加权威性影响,并且表明,刑法所包含的"不正当行为"是具有多种类型的。以最简单的例子,如果某个行为毫无争议地构成了典型的自然犯,那么犯罪的不正当性就独立于刑法之规定,对犯罪人的指控就不是他"违反了法律",而是——根据上述的论证——他的犯罪行为构成了一种公共的不正当。但是,对于其他的情形,这样的指控至少部分上是因为,作为一个公民,对于其违反的法律,他是有义务服从的;或是,他无视法律对自然犯

---

[42] 参见 Duff 1996b, 129, 134-35. 违法停车行为也是其中一个典型案例。指向停车规定的轻微违法可能给别人带来不便利,而不会有危险,但是不合理给别人带来不便是不合乎道德的(尽管它是一个相对轻微的小错误),所以可以将其作为(相对轻微的)自然犯。

[43] 在这种语境下,刑法因此最接近于被拉兹称为合法(legitimate)的那种权威性。

的精确定义；或是，他违反了法律对行政犯的规定，而这种法律的目的在于致力实现某种共同利益；或是，他的行为是基于他自己对其行为安全性的判断，而不是接受法律的权威指引。

4.5 一个有限的刑法

虽然关于自由政体中刑法的范围，无论是自然犯还是行政犯，我还没有任何确定性论述，但是应当明确，这样的政体会严格限制其刑法的边界。

当社群主义在政治领域谈及"社群"时，自由主义所担心的问题在于，它或许会鼓励一种压迫性的企图，强制其成员服从某些普遍性价值——若此，就是允许借助刑法以全面贯彻社群的道德观念。诚然，在我以上的论述中，当刑法把某些不正当的行为定义为犯罪时，刑法在某种意义上确实意在"贯彻道德"，至少对自然犯是这样的——因为这样的行为与政治社群的核心道德价值并不相符。但是，**任何刑法合理的道德思考**，在此意义上都会将其描述成是"道德贯彻"（参见 MacCormick 1982）。问题并不在于刑法是否应当这么做，而是它应当贯彻何种道德观的何种内容；一个自由的社群主义者会同意其他自由主义者的观点，即刑法仅应当贯彻自由政体的核心道德内容。

正如之前所述（参见本章以上第2.2节），自由政治社群是有限的社群，它不企图统领其成员生活的所有领域。这样一个社群是建构在个人自治、自由、隐私，和多元化的核心价值之上。社群的建立源于它所共享的价值，同理，公共道德也就被限定在一定范围中，并被这些价值所引导。而且，这些特定的价值，要求社群不能利用刑法对公共道德的所有内容都发挥强制性影响；而是要将刑法仅仅视为最后使用的武器。刑法，作为权威性宣吁和要求的体系，在原则上无需侵犯自治的价值；因为它为公民接受其要求提供了理由，并且将是否接受这些理由的决定权，交给作为自治主体的公民（虽然我们还没有探究刑罚是否侵犯自治价值）。但是，如果一个政体承诺给予其公民最大限度的自由和隐私,以此他们可以决定并开展自己的生活,那么它也必须致力于最大限度地限制刑法侵入公民生活的程度。这种承诺会得到强化,因为一个共识在于,任何人类构建的刑事制度,都具有压迫性和滥用性的本质可能。

自由政体对刑法的边界设定了两种限制。一种是对刑法**范围**（scope）的限制——作为犯罪界定或禁止的行为。这样的范围,将从对个人权利或利益具有严重伤害的典型的自然犯类型,扩展到对社会利益和重要社会秩序的侵犯行为,例如受贿,偷税和伪证。它包括轻微的犯罪,也包括严重的犯罪。例如,许多交通犯罪是轻微的,但是也应当被犯罪化,其所构成的不正当性行为（相对轻微）,最好还是由刑法来处理,因为通常而言,它们伤害的对象并不针对特定的个体。它也包括一系列行政犯,涉及上述两种行政犯类型,虽然这些行为很多也只是轻微犯罪。[44]它也包含一定范围的"未遂"犯罪,即某些行为虽然事实上没有导致相关损害结果的发生,但是行为人仍应当对其负刑事责任。[45]不过,刑法只能将攻击、伤害、威胁个人重要权利或利益,或社会福祉或利益,若不对其进行犯罪化就无法对提供充分保障的行为加以犯罪化。[46]

另一种是对刑法**深度**（depth）的限制：即法律对犯罪的定义、法庭对罪责的追究应当与行为主体的深层动机、态度和道德人格之间相互关联的程度限制。自由政体尊重其成员的隐私的一个重要方面,就是对思想和感情隐私的尊重：所以一个熟知的刑法口号就是不应当处罚"纯粹思想"或是态度,也不应当涉及公民一般的道德人格。这样的口号既不清晰也不无争议（参见 Husak 1998；Duff 1996b,

---

[44] 我暂时搁置了是否应从适当的"犯罪行为"当中区分出一类轻微"违法行为"这个问题［参见《模范刑法典》第 1.04（5）节；Ashworth 1995b, 50-51］。不过我认为,它们都应该在刑法范围内讨论。它们依然构成了恰好涉及社群的各种（轻微）违法行为,因实施这些违法行为而被指控的人,应受到刑事程序的保护。

[45] 参见 Husak 1995；Duff 1996b, ch. 5；Ashworth 1995b, ch. 11。

[46] 关于这些问题的有价值的自由主义讨论,参见 Ashworth 1995b, 22-57［尤其31-35 关于"极简主义"（minimalism）的论述］；Feinberg 1984-88。

chs. 7, 9.1, 11.4），但是它却表明了自由主义刑法的另一个重要界限。我们可以说，刑法应当仅关注攻击、伤害或威胁法律所保护的某些利益的行为；当然，在这种语境下的"行为"所包含的内容，超过了"外部"的身体动作，犯罪情境，以及造成的结果（因为它包含着主体的行为中反映出的犯罪目的和态度），但要少于行为人的整体道德人格（参见 Duff 1996b, chs. 7, 9-11）。

对于这些限制，以下我会更详细地论述——特别是第二种限制，它在刑罚的语境下尤为重要。但是现在，另一个问题必须先给予思考。

无论自由政体对其刑法的范围和深度给予多么严格的限制，法律仍然会对那些不接受它的人施加约束力——这些人，并不认同或者积极拒绝法律所包含的价值。法律会依然要求将他们视为社群的成员而加以约束，无论他们是否愿意成为这个社群的成员，或者将自己视为这个社群的成员；因为一个政治社群的成员身份通常并不是自愿的（参见本章以下第 2.1 节）。但是，这种要求的正当性能够被证成吗？

5. 非自愿的成员身份

呈上所述（本章以上第 2.2 节），自由政体的成员会形成一个社群。在这样一个社群中，他们向往，并且是明确地向往对社群所确定之价值观念的共享，并且依据这些价值给予其他成员适当的互助。前文我也讨论了（本章以上第 3.3 节）将自己归属为社群成员，以及与其他人建立伙伴关系所应当包含的意味。只有当一个社群的**大部分**成员认同自己的成员身份，而且共享社群的价值和目标，社群才能得以存在。法律对这些成员的宣示，在其中社群成员可以倾听到自己的声音——这正是他们已经信守的价值承诺，也正是他们对认可的伙伴所应承担的义务。有时候，通过对自然犯的确认，法律提醒公民注意那些他们已经接受其约束的规范性要求——鉴于我们对各种道

105

德弱点的倾向性，这种正式的公共警示起到了有效的导向作用。有时候，通过对行政犯的创设，法律赋予公民新的义务。社群公民能够意识到，这些义务设定的目的服务于普遍性利益，而且他们将其视为自己的利益。对于这些成员而言，法律的确就是他们的"普通法"（参见本章以上第4.2节）。

理想意义上，自由政治社群的**所有**成员都将以这样的方式实现对身份的认同。所有这些"**自愿的成员**"——不是因为他们**选择**成为成员（参见本章以上第3.3节），而是因为他们认可或认同自己的成员身份。虽然在本章中，我勾勒出一个**理想性**的政治社群概念，以及一个自由政体**应当**是什么样子，但是如果在论证政治义务和法律义务时，简单地说理想意义上所有的公民都会认可并接受这些政治义务或法律义务，因为他们会将自己视为政治社群的成员，那么这样的论述是不真诚的。任何一种实际存在的人类政体，都会包含这样的人，他们不认可或不接受社群的规范性关系——即拒绝那些他们作为政体成员理应遵从的要求。即使对于一个理想的政治社群，也必须论述这些人是否以及如何遵从这些要求。也就是说，对于政治义务，即作为一种可以对那些拒绝它的人依然产生约束作用的义务，我们必须要给予充分论述。[47]

当然，现实中存在的是多种形式的拒绝或者不接受。值得注意的是，我们应当区分那些因为认同某些相反的政治理念而拒绝特定政治社群价值的人，和那些对此价值根本就缺乏认同而拒绝（或者不接受）的人——除了对其自身的利益或他们承认所属的小团体的利益以外（例如家庭，或教派，或自定义的团体，或者其他），对于其他超越这些的价值或关怀，他们都缺乏认同。对于一个建立在自治、自由和多元这样的价值之上的真正的自由政体，以上任何一种

---

[47] 我在这里所能说的，几乎不涉及这种大而复杂的问题。参见 Horton 1992，关于这种讨论的最近趋势的一个有价值梳理，以及把自己看作是一个政体成员语境下的社群主义政治义务论述（ch.6）。然而，我认为他低估了不认同自己是政体成员者所提出的那些问题（159-62；参见 Simmons 1996, 261-65）。

反对者或许都不会存在——因为我们可以看到，政治社群的要求将会相对温和，也符合具体利益的多元化现实；而政治社群的成员身份，也兼容其他种类的社群成员身份；只要对于如何处理分歧形成共识，即使对于社群所确定的核心利益有着巨大的异议，也存在共存的空间。但是，毋庸置疑的是，上述的两种反对者依然现实存在。所以必须追问，我们可以给他们提供什么理由——如果这种理由存在的话，以证成他们依然要遵守政治社群的规范性要求，无论他们是否同意。

如果我们可以证明以下四个相似论点中的一个，问题将会变得相对简单：他们要么接受社群的约束，要么离开；他们已经（要么明示，要么默示）同意了这些约束；作为理性的存在，他们可以清楚考虑到非理性的代价，必然会接受这些约束；或者，否认这些约束也就是在否认他们作为人类种群成员的身份，因为他们的身份与其政治社群成员的属性无法分离。但是，这些论点都无法成功。在此，我并不详细讨论它们无法成立的原因，因为如果这些论点之失败可以被接受，我关心的主要是如何回应异议者。但是首先应当简要说明为什么我认为它们是失败的。

只有当离开社群真的可以成为一种选择时，第一个论点能够成立。但是在现代社会，这通常是不存在的。对于某些群体或者个人，移居或许是可能的，如果他们可以在与他们的信仰更契合的社会中立足；某些群体或许能够（也应当能够）将自身构建成一个分离的，或多或少独立的政治社群。但是对于大多数而言，无论移居或是独立，并不具有现实的可能性；一个自由政体，也不应对他们说，要么他们必须接受社群的规范性约束，要么变成法外之人，从而对于该政体既不负有义务也不享有权利。

出于相似的原因，第二个论点也无法成立。异议者对于他们所反对的约束，不可能给予明示的同意；而不存在反对或离开的行为，有时候会构成或者推断出"默示"，但是只有当离开确实具有可能性时，这才能成立。对于一个异议者，她没有进行选择而进入了社群

（因为她出生在此），而离开社群则要承受巨大的成本（如果她确实可以离开），那么，我们不能对她说，没有离开就意味着默示地同意了社群的规范性要求，这样是不适当的。[48]

只有当我们可以证明某些道德要求本身就是理性要求，拒绝本身是明显非理性的，并且这些要求包含着或者可以推导出某种适当的政治社群的规范性要求，第三个论点才可以成立。哲学家经常尝试作这样的论证，但是这样的努力注定是失败的。如果某人确实不为任何道德因素所影响，或许是因为他确实缺乏理性的能力（例如精神病患者就被认为如此）。但是这样的人根本就无需服从道德的要求，因为他根本无法理解它们；而另外一些人，他们要么拒绝要么无视特定的道德要求，会被批判为误入歧途或缺乏道德，但是他们通常并不会被认为是缺乏理性。

第四个论点对于某些社群主义者很具有吸引力。[49]如果我们的身份确实无法与我们特定的政治社群成员属性相分离，那么这将是成立的。但是，我们的身份却无需如此。这是因为政治社群是部分性的，而不是全面性的，同时我们也都属于其他不同类型的社群，并在其中找到自己的身份认同和自我定义的利益，所以脱离政治社群而不失去自身的身份是可能的（参见本章以上第 3.1 节）。

那么我们应当如何对异议者证明他们所受到的自由政治社群——我们与他们同属于的群体——的规范性约束的正当性呢？我们可以对他们说的，与可以对那些无法认同或拒绝认同某种共同道德要求的人说的一样。如果人们对陌生人的需求无动于衷，那么我们会呼吁他们认同他者亦是人类种群的一员。如果人们对其他动物所受的虐待无动于衷，那么我们会呼吁他们认同动物亦是被创造物的一种（参见 Diamond 1978）。在这两个例子中，我们尝试让他们认同某种成员属性，并接受由此产生的道德要求。对于政治社群也是如此。我们所能做的只能是，说服他们认同他们与政体的其他成员的共享公

---

[48] 关于前两个论点，参见 Horton 1992, ch. 2.
[49] 关于文献和批判，参见 Simmons 1996, 261–65.

民属性。

这将包含呼吁他们认同社群中他人的伙伴身份，并且将社群的价值视为他们自己的价值——这些价值值得他们认同，虽然他们没有选择加入这样的社群，但是却发现他们身在其中。[50]这样的呼吁，就像任何一种道德呼吁，可能会失败。对于我们的呼吁，他们可能会两耳不闻或者是不为所动，而且我们无法证明他们这样做就是非理性的。对于这样的失败，我们会遗憾不已，但是这不会导致以下主张的不合法性或不正当性，即我们坚持认为他们应当被说服——他们应当认同此成员身份，并接受这些价值判断。这也不会禁止我们，依据成员身份和相关的价值判断来对他们的行为进行评判，虽然他们并不认同。

那么是不是我们在将自己的价值观非法地"强加"给他们呢？并不尽然。我们当然是在尝试让他们认同这些价值，因为我们认为这是对大家共同的约束；而我们的努力可以是有力的、持久的。但是只要我们是在力求他们的道德理解，道德想象，或是道德情感；只要我们不使用不正当的手段来说服他们，例如欺骗，操纵，或是强迫；只要最终我们将认同和接受或是拒绝的决定权留给他们，我们就并没有不当地"强加于"他们。相反，我们将他们视为——我们也应当这样做——一个负责的道德主体，并寻求适当的方式以说服他们我们所相信的道理。

原则上，如果说服他们的主体不是其他的个人，而是法律本身，那么道理也是一样的。法律的说服伴随着权威性——它体现并实践着权威的社群价值；虽然令我们沮丧的是，这种权威式的对话经常会通过多种方式转变成或多或少纯粹的权力运用，但是这种对话在本质上并不必然是不恰当的或是压迫性的强制。它能够而且应当，将其说服的对象视为理性的且负责的主体，寻求而不是强迫他们同意。自由政体的法律应当以这样的方式与公民对话（参见本章以上第

---

[50] 我在这里想说的是那些生于特定政治社群的人。对于那些刚加入社群的人或者暂时的访客，需要给出相当大不同的要求。

4.1、4.2节)。它不是仅仅依靠权力强制他们服从,而是寻求他们对规范的认同,其正当性就是基于他们作为政治社群成员对其价值的拥护。

这些论述,虽然是正确的,但是看起来多少有些不真诚。刑法并不是简单地呼吁公民们认同它的规范。对于违反这些规范的人,刑法将给予强制性的关注,并将他们置于审判和刑罚的程序之中。这样做,法律(以及法律所代表的社群)不仅对违法公民进行理性的和道德的规劝,实则更是试图**强迫**他们遵从。所以,最后我们必须将注意力转移到这样一个问题,即自由政体可以以何种适当的方式来回应违反其刑法的行为。

6. 对犯罪的回应

我曾主张(本章以上第4.3节)将犯罪理解成为"公共性"的不法行为,也就是说此种行为应当由社群给予回应。我也认为(参见本章第47~51页),这种回应应当包含责难。社群对犯罪的回应不应仅仅基于实用主义的论点,否则法律规劝人民避免其所谴责或禁止行为的努力将归于无效。它依赖于一个概念性基点,即我们对某些不法行为的否定评价意在对其实施者加以责难(假设我们有这样做的权利),以及一个道德基点,即这样的回应是对不法行为的受害者和其侵犯者所负有的义务。

至此,还不能说这样的回应必须是通过制度化的刑事审判和定罪得以执行的**正式**回应。对于犯罪的回应,法律可以原则上不给予任何正式规定,而是将其留给社群的成员,由他们自己给予非正式的回应。或者,法律也可以提供"非正式司法"制度,当地的社群可以通过具有参与性的、非正式的、非职业的程序,以处理他们内部的不法行为。[51]我将在随后的章节中论述,在刑罚制度中更具参

---

[51] 关于"非正式司法",通常参见 Christie 1977, 1981; Abel 1982; Cain 1985; Cohen 1985; Matthews 1988; de Hann 1990; Hulsman 1991; T. F. Marshall 1994.

与性和非正式程序的可能作用（本章第三章第4.2、4.3节，第四章第3.2节），但这里我们只需要注意，对自由政体而言，提供一种正式的回应，包括类似的刑事审判制度，是有充分理由的。

刑事审判要求公民就其被指控的不法行为做出答辩。向公民发出就被指控违反保障社群利益的法律做出答辩的要求，其适格主体和答辩指向都是社群组织，因为对发生在其内部的"公共"不正当行为，社群是应当关注的。如果指控被证实，行为人将因此通过正式的定罪而受到责难（参见 Duff 1986, ch. 4）。这样的程序说明，被指控的不法行为关系到整个政治社群，同时对被害者和被告者清楚地表明，他们都被视为这个社群的成员，并被以此相待——即社群共同承担着被害者所遭受的侵害（参见本章以上第4.3节），而被告者也受到社群价值的约束，并受到多种刑事程序规则的保护。

如果这样的程序可以被适当运用（英国和美国近期的经验充分表明这个"如果"是多么的重大和重要），被害者和犯罪人就能够同时得到保护，抵制那些可能影响纯粹非正式程序的各种不利因素。当有需要的时候，妥当的程序可以保证法律回应的适当性，而不依赖于社群成员的某些积极情感。它可以保证犯罪嫌疑人得到公平的审判，以抵制那些冲动的结论或有罪的推定。

当代的刑事审判和定罪程序均具有强制性，因为被告人可能被传唤出庭，如果他们试图拒绝出庭，则会被强制要求参加庭审。[52]但被告人不会被**强迫**对指控进行答辩，或者在审判中起到某种积极的作用，尽管他们会被强制参加庭审并聆听——即便他们不愿意听到——案件的裁决。这种强制符合对被告人作为政治社群成员的合理保护，无论其无罪或是有罪。这的确限制了他们的自由，但是却符合他们作为公民应当承担的，对其不利的控诉给予回应的义务。这并没有侵犯被告人的自治，因为对于控诉是否以及如何答辩，并

---

[52] 在这里我不讨论审判前调查程序涉及的各种强制措施（参见 Sanders & Young 1994, chs. 3-4），或者羁押候审（参见 Sanders & Young 1994, 282-94; Ashworth 1994, ch. 7; Duff 1986, 139-40）。

且如果被定罪，如何进行回应，这些决定权都留给他们自己。如此也尊重被告人的隐私，既是因为他们并没有被强迫答辩或认罪，也是因为审判仅涉及他们公共不法行为的指控——这并不是私人领域的问题。

但是，审判和定罪当然不意味着刑法对犯罪人处理的终结。被定罪后，他们会承担刑罚；最终我们也必须面对这个问题，即刑罚制度是否符合自由政治社群的价值判断——它能否以及如何，将那些被刑罚处罚的人依然视为政治社群的成员。

Chapter 3 第三章

刑罚、沟通与社群

在第二章,我论述了由明确的自治、自由、隐私和多元作为价值观所建构的自由政治社群的本质;在这种政体中,刑法的作用在于界定或创设一系列关涉整个社群的"公共"不法行为;作为一种程序,刑事审判的作用在于要求社群成员对其所指控的不法行为进行答辩,如果这些指控成立,还将接受公共性责难。这样的刑事程序将那些参与者也视为政治社群的成员。依据法律要求,也是依据社群成员自己的法律要求,他们要对被所指控的不法行为进行答辩——这是法律给予其社群成员的义务;法律程序也会尊重他们的自治、自由和隐私。

但是,对于定罪之后通常随之而来的刑罚呢?它们在自由的政体中会有什么适当的作用呢,如果有的话?更准确地说,区别于纯粹象征性的刑罚,"严厉的刑罚措施"究竟会有什么用呢(参见本书第50~51页)?

1. 刑罚能与自由社群相契合吗?

我们必须追问刑罚是否能够与自由社群相契合。刑罚制度还能否依然将那些被惩罚者(或者受刑罚威慑者)视为完全合格的政治社群的成员?刑罚能否是包容性的,而不是排斥性的(参见第二章第1.2节)?

为了对这个问题加以深入分析，我们应当区分包容性社群或排斥性社群的四种范式。

1.1 包容和排斥的模式

第一，**政治性**包容与排斥：人们通过政治程序参与社群管理、公共政策制定和法律制定的程度。对于这样的参与，仅仅应当是公民的权利，是否也是公民的义务，存在争议。但是，一个自由政体必须是民主的；虽然对"民主"的要求亦具有争议性，但是，它至少要为所有的公民在政治决策的过程中提供一个发挥作用的机会，并让他们的声音能够在政治讨论过程中得到倾听——这包括对约束他们的法律所进行的讨论和决定。而对于那些被排除在政治社群之外的人们，无论有意为之或是既定事实，则被排除在这些政治参与之外。

第二，**物质性**包容与排斥：人们对社群可利用的物质资源和利益的分享程度——即他们可以获得必要资源的程度，例如医疗、住房、教育、职业、资金，以维持体面的生活，以及在多元社会中，对多样的、具体利益的追求。对于什么资源应当被视为是必要的，以及对于这些资源的获取，人们是应当仅仅拥有平等的机会，还是拥有平等的保障，我们会存在争议。但是，无论在这些问题上我们观点如何，如果人们被完全排除于社群的成员身份之外，无论有意为之或是既定事实，那么他们就无法平等地享用这些资源和利益。

第三，**规范性**包容与排斥：人们共享社群价值的程度。如果一个人被视为共同分享着一个自由政体的价值，自治、自由和隐私，那么对待他的方式也会符合这些价值：其自治、自由和隐私将会得到发展，并得到国家和其他伙伴的尊重。他也会被期望服从这些价值的要求：在与他人交往中，期待他会尊重这些价值，当违反这些价值时，则会受到责难。如果人们被排除于规范性社群之外，无论有意为之或是既定事实，那这些价值就不再对他们适用——好像他们的自治、自由，或者隐私并不重要，或者他们并不承担这些价值所内含的义务。

第四，**语言性包容与排斥**：人们共享的——可以理解并交流的——语言，并以此展开社群公共生活和政治生活的程度。一个规范性的政治社群必然也是一个语言社群。它的成员在他们私人的、非政治的生活中，或许会讲许多种语言，但是他们必然共享着一种规范性的语言，这其中包含着他们共享的价值，以此他们可以辩论并展开政治社群的活动——并且他们自己可以确定并发展这些价值。这个条件同时支撑着政治性包容和规范性包容的可能性。我能够参与某个政治程序，只有当我可以理解并使用它所运用的语言；我能够被社群的价值所约束，只有当我可以理解并使用体现这些价值的语言。如果人们被包容于某种政治社群，只有当他们可以理解并使用该社群的规范性语言，并以这种语言展开叙述。他们被排除在外，或是因为这个语言对他们是陌生的，像一种外语那样既无法理解也无法使用，或者因为他们的伙伴或者国家，在对他们的叙述中就没有使用这种语言。

如今，我们现行的刑法制度体系中的刑罚实践，在以上所有方面，都经常表现出排斥性——要么它正在排斥那些被惩罚者，或者正在形成这种排斥，要么那些正在承受刑罚的人反映着这种排斥。在英国，那些被执行监禁刑的人，承受着正式的政治性排斥，因为他们的投票权被否认。更为普遍的是，许多被惩罚者感觉到，对于政治程序或者刑罚政策的讨论，他们根本没有参与的机会——这种参与是"我们"、守法者应当如何处理"他们"、犯罪人的通常行为。[1] 许多犯罪人承受着许多物质性排斥，并且除了他们所面对的直接物质性剥夺，刑罚（特别是监禁刑）还经常会造成进一步的排斥——例如，排除工作机会。犯罪人确实是规范性地被包容，因为他们被处罚是基于他们本应遵守的法律。但是，侵犯他们的自治、

---

[1] 参见 Bianchi 1986, 113-14; Hulsman 1991, 681-84. 这些观点不适用于所有的犯罪人。驾驶犯罪和白领犯罪明显属于"我们"所犯下的罪，而这些犯罪在本质上就没有排斥性。

自由和隐私（特别是，再一次提到监禁刑）却成了惩罚他们的本质特征，除此之外，更为重要的是，针对他们的刑罚执行，经常表现出对这些价值的漠不关心。最后，犯罪人还经常受到语言性排斥。例如，对他们的审判，实际上是他们无法理解、也无法在其中发挥实质作用的陌生程序（参见例如 Baldwin & McConville 1977, ch. 5），而考虑到对他们的刑罚方式以及执行的语境和态度，向他们叙述的语言，在犯罪人的理解当中，刑罚就不是合法的权威而只是野蛮的权力（参见例如 Mathiesen 1990, ch. 3）。[2]

但是，问题在于是否**必然**如此。刑罚在本质上是否必然具有排斥性？对于许多人来说，答案明显是"肯定的"：基于此，某些人会认为刑罚肯定无疑是正当的，因为犯罪人"放弃"了其公民权利或道德属性（参见第一章第 3.1 节）；而其他人会认为刑罚肯定是不正当的，因为它与真正的社群并不相融（参见 Bianchi 1994；Christie 1981；Hulsman 1991）。但是，我相信刑罚能够也应当是包容性的，它不是我们对"他们"的处置，其中并不暗含着犯罪人被排斥于（守法）公民社群之外的意味，毋宁说是对因犯罪而变得不完美但完全合格的社群成员的**我们自己**的回应措施。

1.2 排斥性刑罚

某些刑罚方式在本质上的确是排外性的，也因此备受批评。两个简单的例子可以说明这一点，同时也可以表明"刑罚能否具有包含性"这个问题的重要性。

第一，假设某种刑罚的唯一目的就是暂时或终生地消除犯罪人的再犯罪能力。基于此，如果只有当行为人出于可谴责的心态实施

---

〔2〕关于现代刑罚（和刑罚理论）排斥性特征的有见地的批判性讨论，参见 Dubber 1994, 1995, 1996, 1998。达博（Dubber）强调把犯罪人看作我们伙伴的重要性，正如我所强调的一样。但是，他诉诸普遍合理性这个康德学派的概念（在我看来，这似乎不合适于这一任务；参见 Gaita 1991, ch. 3），而我的论述根据在于在依附性社群中的伙伴关系。

犯罪行为时才负刑罚，那么在此之前，他们一直被视为公民。法律对他们将要做的表达，正如它向自由政体成员的表达那样，是依据约束社群成员的价值判断。但是，法律必须将是否实施犯罪的决定权留给他们自己，作为一个尊重自治的自由政体，也必须这样做。然而，一旦他们实施了犯罪，他们就将不被视为社群的成员，而是针对"我们"的危险性敌人，"我们"守法公民必须通过消除他们的犯罪能力以实现自我保护。至此，法律（以及其所代表的人的态度和行为）不再努力通过呼吁犯罪人对规范性要求的认同，从而对他们未来的行为给予指引——这些要求源于他们所属社群的价值判断。事实上，法律完全放弃了指引他们未来行为的尝试，转而仅仅寻求暴力压制。但是，这样就没有将他们视为一个自由政体中自治的、负责的公民。尊重他人为自治主体，并没有排斥我们可以努力尝试说服其按照我们认为应然的行为方式进行活动。我们可以给予她，我们所认为的（并且希望她也可以认识到的）放弃犯罪的充足的理由。我们可以坚持认为她应当放弃犯罪，并且如果她没有做到，就给予强烈的谴责。这也不排除阻止她已经开始着手的犯罪行为，如果此时暴力是必要的。对于他人企图的犯罪行为，防卫性暴力可以是一种正当的回应（参见 Duff 1986, 227）。但是，这就排除了这样一种尝试，即**消除其未来**实施犯罪的能力。消除其再犯的能力通常也会剥夺其实施合法行为的能力，除了这个事实以外，这实际上剥夺了她根据对行为原因的自我理解，从而决定其自身行为的能力——这个能力对于自治主体是至关重要的。对犯罪人实施剥夺再犯能力的刑罚，实则是将他们排斥于规范性社群之外——不再将他们视为其自治必须得到尊重的公民（参见 Dubber 1995）。[3]

第二，假设刑罚的唯一目的在于理性威慑：即为潜在的犯罪人提供遵守法律的谨慎理由。这样的刑罚体系，可能适用于理性自

---

[3] 这并不是说纯粹旨在剥夺犯罪能力或者犯罪预防的刑罚不能被正当化。但是，这些措施的正当性只有通过主张受到惩罚的人已经从规范性社群中被排除，才能够得到证成。详见第四章第4.2节。

主义者们所组成的社会（如果我们可以想象出这样一个社会），所有人都认为他们将从社会契约中受益，而其中的刑罚条款，旨在给予自利的社会主体遵守契约规定的谨慎理由。但是这并不适用于自由政治社群。自由政治社群的法律，作为其普通法，向其成员所做的表达必须依据其所包含的价值——这些价值是作为社群的成员应当并且已经遵守的。它将犯罪行为视为对这些价值的违反；而公民应当避免这些行为的理由，正是证成这些行为不法性的道德理由，这也是法律所指涉的并以此为基础的。但是，一个纯粹的威慑性法律，对其试图威慑的对象的表达，却并不是基于其意在保护的共享的价值，而是简单地诉诸自利的粗俗言辞。向他们采用这样的表达方式，就没有将其视为规范性社群的成员，而是社群必须为了自我保护而针对的具有危险性的外部人。这暗含着，通过不再诉诸社群价值的表达方式，而排除他们的社群公民身份。[4]

当然这并不是说，在自由政体中，威慑就没有了适当的作用。在某些社群中，威慑确实是不适当的——它与社群的规范性本质并不相互契合。例如，某人以威胁的方式试图改变其朋友或配偶的行为方式，或者恐吓其学术同仁接受他所支持的政策。但是，这还没有证明，一个自由政治社群不能建立**部分**具有威慑性刑罚制度（参见本章第3节）。它只证明，自由政治社群无法运行一套**纯粹**威慑性刑罚制度。

这两种刑罚正当性理论都无法与自由政治社群相契合。[5] 那么，是否还有其他的刑罚正当性理论和刑罚目的可以与这样的社群相契合呢？

---

〔4〕参见第二章第4.2节。这是纯粹威慑性刑罚体制的康德式反对的社群主义版本（参见 Duff 1986, 178-86）。

〔5〕同样参见 Dubber 1998，关于将"社会复归"（至少一些具体的表现形式）作为刑罚的目的的排斥性特征。

2. 刑罚与沟通

最有希望与自由政治社群相契合的刑罚理论，就是刑罚的沟通性概念，即向犯罪人表达其犯罪所应得的责难（参见第一章第4.4节）。

2.1 沟通与表达

虽然有理论家谈到了刑法的"表达性"目的（参见第一章脚注30），但我们更愿意讨论它的沟通性目的：因为沟通包含具有**相互性**与**理性**的参与，而表达却不需要。

表达只需要表达主体的存在。如果存在一个表达的对象（这不是必需的），这个人也只是一个被动的客体或者接收者；如果它意在对接受者产生某些效果（这也不是必需的），这种预期的效果可能完全是非理性的——因为它不需要与接受者的思考或理解达成妥协。相反，沟通则使我们试图交流的对象成为必需。它意在使沟通的对象成为主动的参与者，在沟通过程中可以对交流的内容进行吸收和反馈，而且它将寻求对方的思考和理解——若此，它所寻求的回应，将与沟通对象对交流内容的理性理解达成妥协。这样，沟通就将他人视为理性的主体，而表达就并不必然如此。

2.2 沟通与刑法

自由政体的刑法、犯罪人所面临的刑事审判和定罪程序，都是一种沟通性的事业，它将视公民为理性的、道德的主体，并在对他们的表达中，使用社群价值体系中的规范性语言。

作为政治社群的普通法，刑法向公民所作的表达，以公民认同或者应当认同的价值作为根据。它宣告和定义自然犯，创设法定犯，将这些视为公民应当避免的公共不法行为。刑法对公民而言所具有的权威性，在于它基于社群的价值，提供给公民充足的理由以避免这些不法行为（参见第二章第4节）。它对公民的表达，是将公民视为

刑罚·沟通与社群
Punishment, Communication, and Community

规范性社群的成员。刑法寻求的不仅是公民对法律要求的顺从(类似于一个主权者),更是理解并认同他们作为公民的内在要求。

刑事审判也是一个沟通性事业,其中公民被要求对其被指控的罪名进行回应,并参加对指控的质证过程(参见 Duff 1986, ch. 4)。如果犯罪人罪名成立,定罪过程表现为就其罪行所应受的责难,与他(和其他人)所进行的沟通过程。犯罪人被期待(但并不强迫他们)理解并认同这些责难是正当的:即理解并认同他的罪行是应受社群谴责的。如此,对犯罪人的审判和定罪,无论是表达方式或是期待其所作出的回应,都将其视为政治社群的成员,他既受到社群法律的约束,也受到它的保护。

在这样语境下的沟通,存在着一个重要的内容,就是它的目的不仅仅是确保现在的理解和认同,更是要影响未来的行为。将某些行为定义为公共的不法行为,法律试图说服公民(那些需要被说服的人)避免这些行为。这个目标是法律所固有的,它包含于法律对不法行为的宣告或定义当中,因为把某些行为宣告为不法行为,也就是要求宣吁对象能够避免这样的行为。同理,定罪也是试图说服犯罪人对其罪行进行忏悔,并改造他们未来的行为。定罪是对罪行所应受的责难进行的沟通;而责难中包含着一种固有的目的或希望,即受到责难的人能够认同谴责的正当性;认同责难的正当性也就是认同其行为的不法性,这会激发对违法行为的忏悔以及在未来避免这样行为的意愿。[6]

但是,这并没有给刑法或刑事审判施加**功利主义**目的——即为了达到犯罪预防这个独立的且明确的目标,而将它们视为偶然的、有效的工具(参见第一章第 1.1 节)。刑法的目标不是简单地让公民避免犯罪或者让犯罪人避免再犯(这些目标设定为我们可以选择的实现目的的手段留下了过于广泛的空间)。毋宁说,它的目的是让公民认识和认同法律要求的正当性,并基于此避免犯罪行为,或者让犯

---

[6] 详见本章第 6.1 节。如果被告以真诚的态度认罪,承认自己的错误(不仅仅是策略性辩诉交易的结果),那么宣判就成了对其忏悔的正式和公开的确认。

罪人认识到其过去罪行的不法性，进而避免未来的犯罪行为。这样的目标也明确了它可以采取的适当方法，因为它只能通过一个理性的、"透明的"说服程序以达到这样的目的（参见第二章第4.1节）。

如果我试图说服他人，促使其行为符合（我认为的）道德的要求，那么我的目的当然是希望她应当作出符合道德的行为。但是，如果我将她视为道德的主体，一个我们共同属于的道德社群的成员，那么我们的目标就不能简单地定位在寻找某些有效的方法以实现其行为符合欠债还钱，或不能撒谎等道德要求。原则上，可以通过欺骗，或威胁，或操纵其情感或信仰的方式，实现这个目标——但这些方法并没有尊重其作为一个道德的主体。我们也不应当说，虽然改造其未来的行为确实是一种功利主义目的，但是为了实现这个目的，我采取的手段应当存在着道德的边界约束，以排除欺骗、恐吓，或操纵。尊重其作为一个道德主体的要求，就决定了我们可以追求的目的，也决定了可以实现这个目的的适当的方法。我的目的必然是，她的行为是合道德的，**是因为她将其视为合道德的**；而这个目的的内在要求就决定了它可以采取的方法——它的实现只能通过理性的道德说服过程。如果我通过欺骗或恐吓或操纵让她还债，那么这并不是我通过不正当的手段达到了我的目的（就像"边界约束"理论所认为的一样）。毋宁说，我根本就没有实现我的正当目的。

对于自由政体的刑法和刑事程序也是如此。如果法律将其公民视为政治社群（明确包括自治在内的价值观的社群）的负责任成员，并以此进行表达，那么它的目的就不是简单的让公民遵守法律的规定。它的目的也不是在边界约束的限制下，产生这种效果。它的目的必须是说服公民避免犯罪的行为，是因为他们认识到这些行为是错的。**这个目的的本质能够实现**，只有当沟通性的程序尝试让公民不仅仅认识并认同特定行为是被法律所"禁止"的（参见第二章第4.1节），更是要认识并认同这些行为是错误的，以及其错误的原因。

而且，如果公民确实实施了犯罪，那么法律应致力于使其对罪行有所认知并忏悔：不仅仅是因为这是说服其避免再犯的一个方法，而且是因为，这是法律对犯罪人和被害人所承担的义务（参见本书第49~51页）。认真对待罪行，使随之而来的回应具有批评性和责难性；而责难的内在目的则是说服犯罪人认识罪行，忏悔罪行。但这并不是说，只有当我们相信确实有说服犯罪人的可能性时，我们才应当对其进行责难。我们可以认为，对犯罪人的责难，其实是对被害人的义务，对犯罪人所违反之价值应承担的义务，甚至是对犯罪人本人的义务，即使我们明确知道他对责难会无动于衷或不为所动。但是我们的谴责仍然应当以试图说服他（即使我们相信，这会是一次失败的尝试）的方式进行表达。

2.3 刑罚、沟通和严厉的措施

那么刑罚呢？它能够表达责难（参见第一章第4.4节），并在将犯罪人视为规范性社群成员的前提下向犯罪人言说。就像刑事定罪一样，它也要求犯罪人认识到其行为的不法性。它将犯罪人视为既受社群价值约束，也受社群价值保护的公民。但是，责难的表达可以只通过形式上的定罪，或者是纯粹象征性的惩罚，这样它施加给犯罪人的负担只是其需要认真对待责难的内容。那么，为什么我们应当通过现代刑事法律制度中的严厉刑罚措施来表达这种责难呢——刑罚是独立于其沟通内容的负担和痛苦？

回答这个问题，我们可以尝试两种方式。一种是以沟通性语词的方式来证成严厉刑罚措施的正当性。我们应当采用某些刑罚严厉措施，是因为它们比定罪或象征性的惩罚更能充分地实现刑罚的沟通目标；如此，刑罚的沟通性概念就提供了其**完整的**正当性。另一种方式则认为严厉的刑罚措施无法通过沟通性的言说得以证成。对于所应得责难的充分沟通，严厉的措施并不是**必要的**，它必须依据其他的语词得以证成——特别是威慑理论。在本章的后续部分，我将论证第一种方式，但是我们首先要关注后一种方式的两种理论。

3. 沟通，威慑和谨慎性补足

一个**纯粹的**威慑性刑罚制度，与自由社群的价值并不相符（参见本章第1.2节）。它没有将那些被惩罚者，或者那些被刑罚威慑的人，视为规范性的政治社群的成员。但是，这却留下了一种可能性，即严厉的刑罚措施可以**部分地**通过威慑性理论得以证成。

3.1 沟通加威慑

正如我所论述的，假设我们坚持认为，对刑法、刑事程序以及刑罚本身的理解，必须一开始就借助沟通性的语境。法律将某些行为宣告为不法，因此应当被回避。定罪则是针对犯罪人的不法行为，进行正式的谴责。刑罚也是就相应的责难与犯罪人进行沟通的事业。但是，当我们问为什么责难的沟通方式应当运用严厉的刑罚措施，那么回答会是，这些严厉的措施，为法律最初的道德诉求增加了一个谨慎的、威慑性的动机因素，以促进对法律的遵守（参见例如Feinberg 1970; von Hirsch 1985, ch. 5）。

理想上，在一个比我们更具有道德性的社群，或许道德诉求本身就可以自足。公民会普遍地避免犯罪，因为他们认为这是错误的，如果有公民偶然地屈从于犯罪的欲望，除了借助正式的责难以提醒他们的错误行为，其他措施是没有必要的。但是在一个像我们这样的社会，成员们并不是全心全意地践行其核心的价值，那么这种纯粹道德说服将会不可容忍地失效；并不是因为它们不能防止**所有的**犯罪——一个自由的社会，必须作为自由的代价，接受一定程度的犯罪——而是因为它们不能**充分**遏制犯罪，以确保社会的有效架构，在此架构中，自治和自由可以得到保护，并且个体可以追求其自身利益。

当然，对于这样的社群，运用严厉的刑罚措施以威慑那些不主动遵守法律的人，是符合其社群价值的——实质上也是必要的。只要刑罚仍然是对犯罪人应得责难的表达,它就仍将那些被惩罚的人或是被威慑的人(那些一旦没有惩罚的威慑,就不会遵守法律的人),视为政治社群的成员——这些成员无法主动践行社群的价值。但他们也共享着刑法所提供的有效保护。如果他们不愿意依据法律所保护的价值而指引他们自身的行为,那么就给予他们一个可以激发其行为符合应然要求的谨慎原因,这样的尝试则是正当的。

但是,这个理论并不符合自由政治社群的理想模型。对法律表达的对象给予刑罚威胁,实际上没有使用基于社群价值的正当语言,而是诉诸强制性的威慑性语言。这样就没有将他们视为规范性社群的成员(请注意,这里是如此轻率地讨论着"我们"必须阻止"他们"的违法行为)。一开始,它确实以包含和保护社群价值的语词向他们表达。但是当道德理由失效时,它转而采用不适当的、强制性的威胁性语词。这好像是说,当我试图说服你应该如何行为时,如果相关的道德理由失效,我就可以转而试图通过威胁而强迫你遵守。这样就抛弃了我试图说服你的正当性目的,也并没有将你视为一个道德主体(参见本章第2.2节)。

对于这样的反对,有人会回应道:一种有限的威慑性刑罚制度仍然尊重那些被惩罚者或被威慑者(参见 Lipkin 1998;Baker 1992b)。此种威慑并不针对那些认同并尊重法律制度所包含之价值的公民(他们不需要威慑),而是针对那些并不认同,或者对价值的关注不足以让其放弃犯罪的人。对这些人的表达,则需要依据他们自身的价值判断,给予他们一个自视为可以放弃犯罪的充足理由。这样,通过提供遵从法律的理由,他们依然被视为理性的主体;通过诉诸他们自身的价值判断,就依然将他们视为自治的主体。当然,这仍然没有将他们视为共享着法律所包含之价值的规范性社群成员。如果成员身份包含着对价值的认同,那么他们就不是这个社群的成员。相反,根据规范性社群的本质,我们应当认识到,他们是外部人,我们对他们必须使用威慑性刑罚制度所使用的语词,才是他们所能听到的。这样一种威慑性刑罚制度,承认规范性社群的局限,并尊重这些人——即那些没有将自己视为属于这样社群的人——的自治。

首先会有三个观点反对此论点。第一，它（又）创造了"我们"与"他们"的概念。"我们"认同法律所包含的价值，并接受其指引，对于"他们"，那些不认同其价值或者不足以受其指引的人，必须找到一个说服的方法。但是，除了**在道德上**以这样的方式看待潜在的犯罪人是否适当这样的问题，更为重要的是，我们必须追问**在经验上**如此描述他们是否合理。无疑，某些现实的和潜在的犯罪人对于法律所包含的价值是疏远的。对于这些价值，他们根本不关心，或是因为他们相信其他的相反的价值判断，或是因为比起任何的价值指引，他们更关心他们自己的利益。但是，我们必须认识到（特别是如果我们关注所有的犯罪和犯罪动机），许多现实的和潜在的犯罪人在更大程度上是认同这些价值的。导致或者引诱他们犯罪的，并不是他们没有认真对待这些价值，而是他们的关注并不是全心全意的、持久的，或者总是可以充分地克服其自利的倾向。他们——毋宁说是**我们**，因为这些论述当然也适用于我们——尽管我们对它的关注不是充分的持久和专注，但并不是完全无视法律的道德说服。所以，法律真的应当放弃道德的说服，转而运用威慑性的野蛮语言吗？

第二，法律所威慑的对象必须仍然受法律的规范性约束，刑罚的威慑在于说服他们对法律的遵从。在此，我们并不是卷入了一场陌生人之间的冷战，其和平的实现只能通过威慑得以保证。我们也不是在维持一个群体对另一个群体的简单压迫，通过威慑以贯彻对其意志的顺从。我们实际上是在处理一个政治社群应当如何回应犯罪，而这些犯罪人应受到社群法律的规范性约束。但是，只有当我成为一个社区的成员，我才会受到其法律的约束（参见本书第71~72页和本章第1.1节）。如果对我的表达不再诉诸社群的价值，也就不再视我为规范性社群的成员，如此也就削弱了我应当受到这些价值的约束或者承担法律的义务（这区别于强迫性的服从）。进而，就削弱了对我施加刑罚或者利用刑罚进行威慑的正当性。

第三，这个论点混淆了一对重要的区分：一个是**指出**一个已经存在的理由，我可能据此说服表达的对象；另一个是**创造**新的理由，使我实现对表达对象的强制。如果我们可以证明对法律的遵从是基于自利的考虑，它独立于刑罚的威慑，甚至独立于不充足的道德说服，那么或许给犯罪人遵守法律提供了一个特定的理由。同理，如果我尝试说服你，使你的行为符合应然的要求，而你没有被我所提供的道德理由所充分地说服，那么我**可能**会指出这样做也符合你自身的利益（如果这是事实）。这样的说服在道德上是否适当，我们并不清楚。但是在此我们无需解决这个问题，因为对于威慑性刑罚制度，它并不包含这种说服。这样的制度并没有提醒那些受到刑罚威慑的人，向其提供必须遵守法律的**先在性谨慎理由**。相反，它创造了一个**新的**理由——刑罚的威慑——以使遵守法律符合他们的利益，否则他们就没有理由遵守法律。但是，如此表达就不再借助于将他们视为自治主体所能够倾听的语词。而是通过威胁**强迫**他们遵从，即将他们视为"狗，而不是具有自由和尊严"的道德主体（Hegel [1821] 1942, 246）。

当然有人会主张，这样一种有限的威慑性刑罚理论，标志着对社群局限性的现实认知——考虑到我们自己的社会与纯正的规范性社群建构之间的差距，在那样的理想社群中，人人都认同他们所确定的价值信念。如果社群的规范性约束不足以保证这样一种和平，以支撑可接受的社会生活和社群存在的可能性——在这样的社会中，部分人根本不将其自身视为这个规范性社群的成员，而其他人对社群价值的认同则是脆弱的或是易变的，那么，此时有限的威慑性刑罚理论就是我们所能做的最好的（并且至少是我们必须这样做的）选择。

对于这个论点，我将在本章的第 8 节给予更多的论述，因为它从对我所捍卫的理论的批评中获得了部分的说服力。但是，将严厉的刑罚措施理解为提供给公民遵守法律的谨慎性理由，还存在着另一种解释方法，可以避免把严厉措施视为一种威胁而招致的批评。

3.2 责难与谨慎性补足因素

上述第 3.1 节中所讨论的有限威慑理论的问题在于，它将法律原本为公民提供的道德理由**替代**为威胁的野蛮话语。一旦道德说服，即诉诸法律所基于的价值归于无效时，我们就转而采用威慑性的威胁。但是，或许我们仍然可以在沟通性刑罚的体系**内**，为适度的威慑找到契合空间，即刑罚的首要目标依然是传达犯罪人所应得的责难。

在一定程度上，大多数人对道德因素是敏感的，但在道德上也是脆弱的、易犯错的。如果做出正确行为的动机只是出于道德理由的话，那么我们往往不会实施那些应当实施的行为。如果我意识到自我道德的脆弱性，我或许会给自己提供实行正确行为的进一步动机。我或许会对自己许诺，若履行义务则有适当的奖励，或威胁自己，若失职则会有相应的惩罚，或许我会设想，当我的行为符合道德时，将获得的他人的称赞，或者当我的行为不符合道德时，将获得他人的谴责。当我需要这些谨慎的动机以实行正确的行为时，就标志着自我道德的不充足性。但是，作为一个不完美的道德主体，它们自然是自我引导的适当方法，虽然这没有达到理想的状态。如果，它们简单地**替代**了那些在理想上指引我行为的道德理由，那么这就是不适当的，因为此时我的行为就脱离了道德的指引。但是在这里，这些进一步的动机的作用是**补足**道德理由，而不是替代它。其一，它们自身并没有意在给予我充分的指引：它们所提供的本就是行为符合道德理由的进一步理由，其中我依然受道德理由的指引，虽然这种道德理由的指引并不充足。其二，它们能够实现有效的激励，不仅仅因为其性质是纯粹自利角度上的利益或损失，更是因为其性质是作为所应得的奖励或惩罚，以及所应得的赞扬或批评：这样就保留了其与道德理由的本质联系，而这才是我所受到的理想上的激励。

冯·赫希（Von Hirsch）和纳拉扬（Narayan）为严厉的刑罚措施提供了一个相似的论证：它对于像我们这些具有道德、但并不完美的存在物，在法律所基于的首要道德理由之外，提供了适当的谨慎性补充。[7]我们通过严厉的措施向犯罪人表达其所应得的责难，而不是仅仅通过正式的定罪或象征性的惩罚，是因为它提供了一个附加的、谨慎性的动机，以促使公民放弃犯罪。但是，这只是对责难的道德力量的补足，而不是替代。严厉的刑罚措施所表达的威慑性语言，意在加强责难的道德语言的指引力量，而不是代替或消除这种道德语言，而这也是刑罚所必须使用的语言。[8]

这种观点的一个优势在于，它避免了排斥性的概念，即将犯罪人视为"我们"必须自我保护而针对的"他们"。刑罚制度，作为对责难的谨慎性补足，是某种我们作为可以认知自身道德弱点的道德主体，对**我们自己**适当地给予威胁或负担，以帮助我们实施我们明知所应当的行为。它并没有将潜在的犯罪人视为外部人，即质疑他们的规范性社群的成员身份，而是仍将他们视为可以实现社群价值的成员——他们能够被期待倾听这些价值，即使他们（像我们一样）经常不予关注。对于黑格尔式的批评，即这样的刑罚制度，是通过增加新的且不适当的强制性因素以实现对法律的遵从，如此它就将那些被威胁的对象当"狗一样"对待，我们可以承认，这确实不符合理想性的道德说服，它本应只诉诸法律所基于的价值判断。但是，我们可以反驳，这个批判假定了一个过于简单的二元论——好像我们要么必然将人**仅仅**视为"狗"，**只能**通过使用威胁以保证他们的服从，要么将人视为**纯粹的**道德主体，**只能**给予他们相关的道德理由以避免犯罪；相反，我们应当将人（包括我们自己）视为其本来的状态——一个道德的但不完美的存在物，他们需要谨慎性的动机以加强他们时常脆弱的道德意志。

这种观点的另一个优势在于，对于那些意在约束国家强制性权

---

[7] 参见 von Hirsch 1993, ch. 2; 1999; Narayan 1993. 关于冯·赫希, 参见 Bottoms 1998.

[8] 对此我们可以做这样的补充（参见 von Hirsch, Bottoms, Burney & Wikström 1999, 39-40）：严厉的刑罚的震慑效果也依赖于合理谴责的根基性规范因素。参见 Bottöms 1998, 90-95.

力的自由主义者来说，它为刑罚制度设定了一个相对温和的目标。它没有预防犯罪的宏大目标，承认任何道德上可接受的，预防效果有限的刑罚制度（参见 von Hirsch 1993, 40-46）。它也没有改造犯罪人道德观的宏大目标，例如悔罪和矫正。刑罚作为一种责难，给予了犯罪人**机会**以倾听法律的道德声音，以忏悔他们的罪行，并寻求自我的道德矫正。但是，它并不将试图诱致（或强制）这种道德回应视为自己的正当性目标（参见 von Hirsch 1993, ch. 8; Narayan 1993, 174-75）。更宏大的理论者或许会寻求"将正义的旗帜插入反叛者灵魂的堡垒"（Lewis 1940, 83; 参见 Hampton 1992a, 1），但是对于自由主义者，这并不是国家的适当责任。刑罚给予犯罪人一个机会以检视他们的灵魂，但是不应当侵入他们的灵魂（参见本书第 8 节）。

对于相对轻微的犯罪，这种观点似乎具有很大的合理性。因为超速而施于我的罚款，作为一种纯粹的谨慎性抑制动机因素，其自身或许不足以劝止我。但是，作为一种传递责难的刑罚，它可以为法律的道德说服提供一种有效的且温和的补充——对于道德说服本身，我经常不会给予足够的关注。但是，对于更为严重的犯罪，这个理论就有较大的问题，因为这会存在一个紧张的关系，一方面是将沟通责难作为刑罚的首要目标，另一方面则是作为谨慎性补足的严厉刑罚措施所具有的一定的预防性效果。

如果刑罚的严厉性措施意在补足而不是替代责难，那么其严厉程度就必然不能实际上淹没法律的道德声音。因此，冯·赫希（1993, ch. 5）提出一个"渐轻策略"，即将现有的刑罚标准逐渐降低到一个监禁刑不超过 3 年的刑罚制度（谋杀或者可以判刑 5 年）。这样一种制度或许不会很好地抑制那些"死不悔改的罪犯"，但是它应当给予"一般人可以守法的有效理由"，并引导"绝大多数人"放弃犯罪——这才是一个刑罚制度最应当追求的目标（1993, 44）。但是，我们必须追问，最高刑期为 3 年（或 5 年）的监禁刑是否真的可以被视为对法律道德说服的**补足**；以及，若刑罚的轻缓程度仅仅成为一种补足，那么它是否会彻底失效，以致无法劝止包括那些"死不悔改的罪犯"在内的许多人，甚至也根本上无法实现冯·赫希所提出的温和的预防目标。[9]

虽然3年（或5年）的监禁刑，比起我们现行制度的最高刑期，其强制性已经是极大弱化，但是对于仅仅作为"主体自我认知正当行为的辅助"（von Hirsch 1993, 13），它看起来仍然过于严苛。那么，作为一种谨慎性的"动机因素"，它自然是替代了责难的道德声音而不是补足。但是，如果我们真的将刑罚的标准降低到其严厉措施仅仅是对责难的谨慎性补充，那么自然会存在着这样一种担心，即它们对于阻止严重的犯罪而言**根本**是无效的：事实上，它们并不会比一个纯粹象征性刑罚制度具有更大的显著效用（但是可以参见 von Hirsch 1999, 71）。

虽然有理由担心这种情况的发生，但这当然并不是说，更不是说已经证明这样的刑罚**肯定**会不可容忍地失效。我并没有说，已经证明了冯·赫希与纳拉扬的理论是无法成立的。相反，这可以说明了我们无法避免这种紧张的关系：即一方面将真正的和潜在的犯罪人视为道德上的主体，另一方面确保某种最低限度的、可接受的犯罪预防程度。这种思考或许是处理这种紧张关系的最合理的方法。但是，也存在着另一种可能性：即对刑罚给予一种更宏大的沟通性理解，以证成严厉的刑罚措施是道德沟通性程序自身的一个组成部分（参见本章第122~123页）。如果这可以成立，那么就最好将此种程序理解为，它旨在让犯罪人忏悔其罪行，并改造其未来的行为。

4. 刑罚，作为一种目的性的沟通

我在本章第2.2节中曾主张，刑法和刑事程序应当是一种法律与公民共同参与的沟通性事业——其中法律是一种纯粹的普通法，而全体公民之间的互动就构成了这个政治社群（参见第二章第4.2节）。

---

[9] 主要参见 Goldman 1979，关于刑罚的合理震慑目标与追求这种目标的报应主义的边际约束之间的紧张关系。

作为一种沟通性事业，刑法和刑事程序与它们所要达到的目的具有本质性的关联，而不只是工具性的相关。通过将某些行为宣布构成公共的不法行为，法律意在劝止公民避免犯罪。这样的宣告，不只是某种工具性的手段所要实现的独立、明确的"预防"犯罪的目标，需要根据它们对于结果的成本效用展开评价。毋宁说，这样的宣告在本质上是与法律的正当目的相连的，法律意在劝阻公民放弃犯罪，是因为公民意识到他们应当如此。同理，刑事定罪旨在通过对犯罪人罪行进行责难，而让他们对其罪行产生认知和忏悔。对于一个负责的道德主体，这种对罪行的正当回应则是责难所包含的本质目的。

我们可以以同样的方式证成刑罚的正当性：作为一种沟通性的事业，刑罚关注过去已发生的罪行，因为这关乎刑罚沟通所体现之应得责难；同时，这也指向一个相关的未来目标，刑罚不仅仅是一种偶然的工具性技术，而是本质上所固有的正当方式。这样我们就可以提供一种统一的刑罚正当性论证（而不是像在本章第 3 节中所讨论的，同时诉诸报应主义的责难概念和结果主义对犯罪预防的关注），这样也削弱了报应主义或回溯性理论与结果主义或前瞻性理论之间的在传统上的截然对立。现在，刑罚就会既关注过去已然发生的罪行（正如报应主义者所坚持的一样），因为这需要它给予应得的回应，同时又关注它意在达成的某种未来的利益（正如结果主义者所坚持的一样）。但是，此时这两种视角并不是分离的，也不是潜在对立的，因为对已然犯罪所施加的应得的刑罚，其自身正是追求刑罚所服务的未来目标的一种实质正当方式，但是这种分离或对立存在于其他类似的"混合"理论之中（参见第一章第 2 节）。

通过概览将刑罚作为一种道德教育模式来证成其正当性的观点，我们可以理清上述理论可能性（或许这在某种程度上依然会是模糊的）。

4.1 刑罚，作为一种道德教育？

罪行实际上反映了一种无知，这种理念最早可以追溯到柏拉图（Plato）[参见例如《高尔吉亚》（*Gorgias*）篇]。那些做错的人，那些犯罪的人，且对这些犯罪的界定是适当的情况下，那么他们这样做只有因为他们对善的无知或误解。任何人，如果真正地认知和理解善，也就有了避免犯罪的充足性动机。所以，或许我们可以将刑罚（至少在理想意义上）理解成为道德（再）教育的一种模式，其意在弥补犯罪人的道德无知。[10]

参照本书的论述目的，这个理论具有两个尤为重要的特征。第一个重要特征，它将犯罪（在秩序良好的政体之中，犯罪确实为实质上的不法行为）理解成彰显了犯罪人自身所具有的某些缺陷：犯罪并不是某种病理性缺陷的症状（那些认为犯罪人需要治疗而不是刑罚的人，或许会持有这样的观点），而是部分由其罪行所**构成**的**道德性**缺陷（参见 Duff 1993, 371-80）。这样的缺陷，或许也可以理解为犯罪人道德属性和她自身利益之间的关系性缺陷：从某种社群主义的角度，这种缺陷存在于犯罪人作为道德主体的身份以及她所享有的利益观念所基于的关系，即她与其他伙伴的关系，与社群及其价值体系的关系。[11]若此，刑罚就可以被视为对犯罪人有利的。通过修补其罪行所破坏的关系，刑罚恢复了犯罪人自身的利益。[12]

这种道德式的家长主义对于那些传统的自由主义者是十分厌烦的，他们赞同密尔（Mill）的著名原则："权力能够正当地强加于文明社会成员的意志之上，只能基于为了避免伤害这个唯一的目的。它自身所具有的益处，无论是物质上或是道德上，都不是一个充分的权力来源。"（Mill 1859, ch. 1, par. 9）。如今，我也认为（主要参见 Duff 1986, 254-66），对于那些将刑罚**目的**的正当性（或其中一种目的）

---

[10] 参见 Plato, *Gorgias*; H. Moris 1981; Hampton 1984。关于批判，参见 Deigh 1984; Murphy 1985; Shafer-Landau 1991. Garvey 1998, 也倡导刑罚的"教育模式"。但是较之将刑罚有作为道德教育事业的观点，他的论述实际上更接近于我所提出的论点。

[11] 参见 H. Morris 1981, 265; Duff 1986, 254-57; Lacey 1988, 171-73; Oldenquist 1988; Reitan 1996. 也可参见柏拉图《高尔吉亚篇》中的观点：不法行为使人与其个人利益所依赖的至善相分离；诺齐克（Nozick）认为犯罪使犯罪人与"正确的价值观"相分离（1981, 374-79）。

[12] 参见 H. Morris 1981; Hampton 1984; Duff 1986, 254-66, 主要参见 Oldenquist 1988, 471。

立基于犯罪人自身受益的理论,上述原则具有强有力的批判性。在第二章中,我所捍卫的自由社群主义的类型,不允许我们主张**只有**在忠诚于社群和它的价值体系时,政治社群成员才能寻求自身利益,虽然社群主义的理论必然会这样认为(参见第二章第5节)。我们可以主张他们应当这样做——他们应当认识到,他们与其他伙伴之间的道德共同体,以及在这种团体的道德体系中寻找他们自身利益,并且他们对其伙伴负有不能追求与政治社群联合相悖的目标这样的义务。但是这些只是关于他们道德义务的主张,与他们自身利益内容无关;作为道德主义者,无论我们怎样思考,柏拉图式地将对自我利益的认知等同于对至善的忠诚,它都不属于自由政体规范性架构的一个组成部分。但是,我们可以保留这个理论的部分内容,特别是这样一种理念,即犯罪违反或破坏了犯罪人所处的关系——与直接被害人(如果存在的话)的关系,与整个规范性社群的关系——并且,我们实则对犯罪人,也对其他人负有修复这种违反或破坏的义务,而不是将犯罪人排除在社群之外。

作为道德教育的刑罚理论的第二个重要特征,与道德改造有关。道德教育显然是一种道德改造:即对犯罪人道德态度或性格的改造。但是我们必须理清在这种语境下"改造"的含义。一个鲜明的结果主义论点,会将刑罚的性质视为是改造性的,例如,将"改造"理解为一种可以独立于刑罚而被确认的目标(即改良犯罪人的态度和性格以使其能够自愿遵守法律),进而再证成刑罚是可以达到此目标的一个偶然的划算手段。对于这个观点,批评者会反对,它将犯罪人视为一个客体,对其进行重造以满足守法的要求,而不是将其视为一个自治的、负责任的主体(参见第一章第1.2、2.2节)。同理,如果我们开始向他们灌输,我们的目标就是让他们拥有我们所劝说的理念或态度,并为达到这个目的而找到某个偶然的划算手段。对于这个观点,批评者会指出,它实际上是操控了犯罪人,没有给予他们作为自治主体所应有的尊重。但是,在道德教育理论的语境下,这是一个完全不同的问题。当然它意在对犯罪人的态度和性格产生变化——让他们能够认同并关注那些他们至今并没有给予足够重视的价值理念。但是，更准确地说，它意在让他们**作为负责的道德主体**认同和关注这些价值，同时**这个目标的达成，只能采用那些尊重他们作为负责的道德主体的方式**（H. Morris 1981, 265; Hampton 1984, 222）。作为道德教育的刑罚，与其说是改造犯罪人，不如说是说服犯罪人他们应当自我改造，以及他们为什么应该这么做。

至此，关于这种理论的一个重要问题在于，刑罚，特别是严厉的刑罚措施如何可以成为道德教育的方式。在此，我并不详论这个问题，虽然在本章余下的部分，我会对一个相似的问题给出我思考的答案。但是，我认为，作为"道德教育"的刑罚概念仍有两个问题会促使我们拒绝这个理论。

第一，即使犯罪人的罪行是纯粹的非道德行为，尚不清楚的是他们最需要的是否是道德**教育**。某些犯罪人或许确实认为他们的罪行在道德上是正当的，或者至少是允许的，因此我们或许可以说他们需要"纠正"（所以在某些北美的法律体系中，刑罚被称为"纠正"）。但是，即使此时说他们需要"教育"，也暗示了一种家长式的观点，即将他们视为还没有接受所需教育的孩子。这样的观点可能会因为犯罪人缺乏教育的情况而质疑他们承受责任的能力，但是我们依然应当将他们视为（与我们平等的）负责的道德主体，即便他们选择了错误的道德路径。但是，很多例子证明以下这个观点是错误的，即犯罪人犯罪是出于道德的无知或误判（参见 Narayan 1993, 173）。问题并不在于他们没有意识到他们的行为是错误的，而是他们并没有给予足够的关切，或者对于他们的行为性质没有给予关注，或者屈从于欲望的诱惑。他们并不需要教育重复告诉他们已经知道的东西。[13]

---

[13] 一些批评者会提出反对，认为我对"道德教育"采取了一种太狭隘的眼光：道德教育不仅教育他们明辨是非，也培养他们在乎和注意自己应该做的事情的意识，关注他们行为的道德方面——培养他们的情感和树立良好的态度（正如亚里士多德强调的那样）。可能反对还有：那些不足够关注或者不足够在乎他们自己行为的人需要道德（再）教育。一定程度上这的确是事实。但是我们应该抵制定义式真理，即所有不道德的行为都说明不道德的行为人需要道德（再）教育。

第二，即使刑罚是一种**可能的**道德教育方法，尚不清楚的是为什么刑罚应当是更可取的方式。道德教育的目的在于让人们懂得某些行为是错误的，以及为什么是错误的，并基于此促使他们能够避免这些行为。但是，为了实现这个目的，存在着许多可能的方式——例如通过辩论，通过对这些行为的本质和后果给予形象的描述，通过说教，等等。那么为什么我们与犯罪人之间，会通过**惩罚**他们，来寻求实现这个目标呢？能够试图对他们进行（再）教育的正当性是基于他们犯罪这个公认的事实。一个自由的国家，只有在此时才可以通过强制性的法律手段对其进行适当地干预。但是这并不能推导出，或者从道德教育自身的目的推导出，这种干预必须采用刑罚的形式，而不是道德教育的其他方法。

我的理论将保留一个观念，即刑罚应当是一种沟通性的事业，它寻求说服犯罪人认同其行为的错误，并修复其犯罪对他们所在的公共关系所造成的损害。但是它避免了上述的问题：因为它将刑罚理解为一种纠正或说服，而不是教育；它说明了为什么纠正或说服应当包含惩罚——应当包含某些特定的严厉刑罚措施。

我最好通过一个例子来说明这个理论，即多种形式的被害人—犯罪人调解制度（Victim-Offender Mediation Program），它已经吸引了刑事制度中众多理论者和实践者的关注。会令很多人吃惊的是，与它们对这些项目的描述相反，我认为它们里面包含了惩罚。它们不仅仅与诸多刑罚的方式存在很大的区别，尤其是监禁刑和罚金刑——这是我们刑罚实践中以及我们现有的刑罚观念中，最为显著的刑罚方式。对于许多被害人—犯罪人调解制度的支持者来说，它们也的确被视为刑罚的**替代性措施**。但是，我将论述，我所描绘的被害人—犯罪人调解制度的模型，将会为刑罚作为一种沟通性的事业，提供适当的范式；虽然我会证明，我们可以在沟通性的刑罚制度中，为更为熟知的严厉刑罚措施找到适当的位置，但是，我的论点部分在于，我们应当将我们传统的刑罚范式向该方向进行推进。

4.2 调解：民事与刑事

被害人—犯罪人调解制度已经形成了多种多样的形式，它们与传统的刑事程序存在着诸多区别。[14] 在此，我并不讨论这些形式。相反，我建构了两种简单的模型，"民事"调解和"刑事"调解。无疑，现实的制度包含了每一个模型的元素，但是他们两者之间的对比，可以帮助我论述调解如何可以适当地成为**一种刑罚模式**。

民事调解实则是一种沟通与妥协，它意在解决多方之间的冲突（参见第一章第 5.3 节）。假设我与我的邻居之间存在矛盾。她反对我在深夜举办派对，我则不满她在清晨做手工。我们让一位调解员来帮助解决我们之间的纠纷，因为我们意识到，我们必须找到能够相处的方式，如果不能作为朋友，也至少要继续作邻居。这个过程或许会包含向对方解释为什么我们会认为对方的行为是恼人的，以及每一方会最终承认确实存在多种不当的行为。但是，我们可能会意识到，如果只是唠叨于每一方曾经不当的行为，这并不具有效率；相反，我们必须关注未来，并试图对双方可接受的妥协方案进行沟通。这种沟通将包含对我们冲突的意愿和生活习惯所做的妥协。我们或许会同意，我每两周不会举办超过一次的深夜派对，并事先会通知她，同时她应避免在周末十点以前作手工活所产生的噪音。这可能还会包含，同意对以前所做出的损害进行赔偿（例如我的客人对她院子的篱笆造成的损害，或者她做手工活对我的墙壁造成的损害），并且可能对曾经的不当行为互表歉意。但是，赔偿只会关注于曾经所造成的纯粹的物质损害，并且此种歉意可能也是形式的（因为我们并不打算成为亲密的朋友，而在这种关系之下，只有道歉是真挚的才具有意义）、笼统的（我们不会列明每一个不当的行为，并要求对其一一道歉）。

---

[14] 关于调解制度和修复性司法的有价值文献途径，参见 Matthews 1988; Marshall & Merry 1990; Cragg 1992; Brown 1994; Dignan 1994; Daly & Immarigeon 1998; von Hirsch & Ashworth 1998, ch. 7; Braithwaite 1999; Dignan 1999.

相反，**刑事**调解恰恰关注于过去的不法行为。假设一位女性经常遭到丈夫的毒打，或者她的房子被盗窃或故意损害（参见Hulsman 1991）。涉事的多方当事人同意进入调解程序。首先，无论是在调解前或是作为调解的第一个步骤，相关事实的确立是重要的——即，这些正是刑法所定义的故意伤害，或入室盗窃，或故意损害他人财物。在调解程序中也会包含对这些事实的讨论和相互的解释。被害人会解释这些犯罪是如何影响了她；犯罪人会试着解释他为什么会犯罪。犯罪人的解释可能会包含对其谅解或减轻的情节（这些情节并不需要都是法定的情节）。但是他不会被允许去主张这些行为的正当性——例如丈夫有权利以这样的方式"责罚"他们的妻子，或者对于被害人解雇其园丁的工作，入室盗窃是一种合法的回应；或者对于犯罪他只是部分上存在错误——被害人因为没有按时供应食物而"激怒"了他，或者被害人开着窗户从而"鼓励"了他的行为（参见本书第96~99页）。对于以刑法为基础而运行的调解程序，刑法定义了何种行为必然构成犯罪以及何种行为可以构成正当性。无论在调解过程中可以沟通何种问题，犯罪人犯罪行为的不法性问题绝不在此之列。[15]

刑事调解程序的部分要点正在于交流解释。被害人可以向犯罪人解释她所承受的痛苦。她的解释，并不是关于犯罪如何影响她的中立性解释，而是包含着向侵犯者控诉并试图表明她所受到的伤害和她的愤怒，并对不法行为人的罪行给予谴责。她也有机会从犯罪人的角度来理解侵犯者的行为（虽然这并不会宽恕他的行为）。犯罪人也会通过被害人的声音，而形象地面对自身的罪行。而他也有一个机会为自己辩解。但是，除此之外，我们还有更高的期待和设想。

最为长远的期待在于实现被害人和犯罪人之间的和解［这些项目的某些版本就叫"被害人-犯罪人和解项目"（Victim-Offender Reconciliation Program）］。如果入室盗窃成立，他们之间发生的联系

---

〔15〕 由此也可以得出结论：刑事调解制度没有赋予被害人权利，就法律没有定义为犯罪的行为去指控"犯罪人"。

仅仅是一种公民伙伴之间的关系，可能不会有更进一步的交往。但是，和解仍然具有价值，因为它修复了犯罪所破坏的伙伴关系，修复了相互的尊重和关怀。如果他们之间的关系更为紧密，就像家庭暴力案件，和解或许能够让他们修复并维持他们的婚姻。即使这些不可能发生，和解的价值还在于可以让双方当事人参与符合道德的沟通。但是，我们必须清楚何种"和解"是必须的，以及它能够或者必然包含哪些因素。

基于犯罪不法性的不容辩驳，和解所不能包含的其中一项，就是调和被害人和犯罪人之间相互冲突的"欲望"，例如允许丈夫可以偶尔地殴打他的妻子，或者盗窃者可以从被害人的车内实施盗窃，而不能从她的家中。无论他们可能对何种事项进行沟通，犯罪人承诺不再实施犯罪必然是一个不能妥协的要求。

和解也要求某种赔偿，犯罪人会为其所犯的罪行而对被害人加以赔偿。这或许会包含类似于民事调解而产生的物质性赔偿。例如，入室盗窃犯罪人会被要求修复和补偿犯罪所造成的损失，或者交付其所盗窃物品的相应替代物。但是，这种赔偿并不总是可能的；即使某些物质的损失可以得到修复，但无论是通过这种物质性的赔偿或是这种赔偿自身，都不是充足的。需要"修复"或"补偿"的，不仅仅是所造成的物质性伤害（有些或许根本是无法补偿的），而是对被害者的**不法侵犯**，而这至少需要一个道歉，以表达对所做的侵犯行为的悔悟性认知，以及对避免重复此种行为的承诺。

当然，道歉并不总是可以预设不法侵犯的存在。由于我非故意且不应承担责任的行为，或者故意但正当的行为，而对他人造成了某种伤害，我会向其道歉。这种道歉表达了由于我的行为让其承受伤害的遗憾，[16]并且也表达了我对她的关心和尊重。虽然对于我造成的伤害，她不能给予合适地批评，但是如果我不道歉，她就可以正当地予以谴责，因为此时我没有给予她应有的尊重和关怀。而对

---

[16] 区别于对别人正在遭受，但不是我所导致的伤害的遗憾。参见 B. Williams on "agent regret"（1981a, 27-31）。

于不法行为的道歉所包含的意义就远多于此。它所表达的或意在表达的，不仅仅是对于我所造成的伤害的遗憾，更是对于我所作出的不法行为的悔恨，以及对于该行为的否定性评价，即好像我现在希望我没有做出过这样的行为，并隐含着我将在未来努力避免此种不法行为的承诺（因为如果否定性评价没有包含这种隐含的承诺，那么就不是一个真诚的否定性评价）。道歉，也在对方——即那个曾经被我所侵犯的、现在我向其致歉的主体——那里寻求原谅和和解。即使不法侵犯没有威胁并破坏我们的关系（如作为情侣，朋友，同事，伙伴，或是只是人类的成员），它也与界定关系所基于的规范性联接不相符合。对于关系，它如果不是造成了一种断裂，也造成了一个瑕疵。这样的瑕疵可以被忽视或忘记，但是它只有通过侵犯者的道歉和被害者源于谅解精神的接受，才能得以抹去或弥补。

  同时值得注意的是，道歉拥有一种仪式性的或者正式化特质，因此——特别对于那些不是特别亲密的关系——一个真诚性存疑或无法判断的道歉仍然具有相应的价值。对于我所侵犯的人，我给予的道歉可能并不是因为我对我的行为真诚悔过，而是因为这是对我的期待或是要求；虽然在朋友或情侣之间，只有真诚道歉才具有意义，但是在陌生人之间，作出道歉可能就已经足够了——因为仪式已经得以履行。问题的关键不是我们要接受一个我们明知是不真诚的道歉，而是我们会尊重他人的隐私和我们关系的界限，即通过认为道歉是真诚的而不去追究他们是否真的如此。

  但是，在某些时候，一个（仅有的）道歉是不够的。如果我严重侵犯了另一个人，我不能期待着仅仅通过向他道歉而解决或化解这个问题：相比于我对他的亏欠，还存在着某种更多的东西。这并不是因为，严重的侵犯可能会包含某种必须给予赔偿的物质性伤害。某些侵犯并不包含这样的伤害（例如对友谊或婚姻的背叛），而某些这样的伤害却无法通过物质性的赔偿而得以平复（例如，朋友实施的强奸或诈骗行为所造成的伤害）。关键在于，不能仅仅基于言语的歉意，无论这种歉意多么真诚，而当然期待着被害人会给予谅解，

刑罚·沟通与社群
Punishment, Communication, and Community

并认为该纠纷已经得以解决,同时犯罪人也不能当然期待着以这样的方式解决该问题。不法侵犯的含义要更为深远。[17]它对于被害人有着深远的影响。一个(仅有的)道歉无法愈合侵犯行为所造成的道德创伤。对于犯罪人也有着深远的影响,无论她是否意识到。如果认为,她仅仅给予道歉,然后就可以回归其正常的生活,那就是将犯罪仅视为一种相对琐屑的矛盾,并认为它不会严重地伤害被害人或者是他们之间的关系。

这里存在着两个思考:即犯罪人对被害人承担着某种比(仅仅是)道歉更多的东西,并且犯罪人应得或者应当承受某种比(仅仅是)道歉更多的东西(参见第一章第4.1节)。但是这个更多的东西是什么呢?

这个"更多的东西"无需跟道歉相分离或区分(所以前面两段中,会出现括号中"仅有的")。这个"更多的东西"是给予被害人的,以认同和表明他所受到侵犯的严重性。这个犯罪人所应承受的"更多的东西",是与悔悟的痛苦相关的——这包括认知其所犯下的罪行,也关乎被害人、他们双方之间的关系,和她自身的道德生活。他们的生活和他们之间的关系已经被不法侵犯所破坏。依据他们之间关系的(本应)内在价值要求,被害人的生活应当受到尊重和关注;作为一个道德主体,犯罪人的生活应当受到这些价值的约束;他们之间的关系也是依据这些价值所建构的。但是,可以修复这些被破坏的因素,并不是在道歉之外附加其他的且独立的措施,而是此种道歉的作出和表达确实是真诚的。某些赔偿方式自身就可以表明犯罪人的歉意,以此实现上述的目的。

假设在刑事调解程序中,盗窃者同意对其所造成的损害给予赔偿或者他自己亲自修复(虽然这或许是理想化的,在实践中并不经常发生),或者涉及家庭暴力的丈夫同意承担更多的家庭事务,而这是之前妻子所承担的。这些都是赔偿性的措施。然而,赔偿的重要

---

[17] 相似地,尽管葬礼的仪式为表达生者对死者的哀痛提供了一个安排,但是不能期待着死者的亲密朋友或亲戚之间的关系随着葬礼的结束而停止。这种损失和悲痛远不止于此。

性，并不在于它们的物质性内容（损害或许也可以由被害人的保险所承担；家庭责任的转移，其自身难以弥补暴力的侵犯），而是对歉意的强制性表达。为了被害人的利益而承担这些负担性的工作，犯罪人是在表示，他的道歉是真诚的，他真诚悔悟他的罪行。我们或许可以进一步说（这一点对于我的理论的推进是尤为重要的），通过承担这些赔偿，犯罪人也能够集中注意力于其所实施的不法侵害。

这就是刑事调解程序中赔偿的重要性。它不仅仅是或不主要是对已经造成的物质性伤害给予物质性的修复或补偿，而是一种增加道歉的重要性和影响力的方式，这也是犯罪人和被害人形成和解的根基。在刑法的关注领域内，和解所追求的并不是达到作为配偶或朋友之间的和解（这并不是刑法的职责），而是作为公民伙伴之间的和解。无论对于犯罪人和被害者之间的更为亲密的关系发生了什么，调解程序作为基于刑法所运行的程序，其核心的目标在于，他们应当认同并接受彼此的公民身份，并可以生活在同一个政治群体之中，如果不是形成某种团体关系，至少也要实现公共的和平。[18]

4.3 刑事调解，刑罚和沟通

调解制度的支持者们经常将调解的本质描述成非惩罚性的。克里斯蒂（Christie）主张（1981, 11）我们必须寻找"刑罚的替代措施，而不仅仅是另一种形式的刑罚"；而这些"替代措施"的核心正在于非正式程序的调解和赔偿。正如我们所听到的，调解并不体现刑罚所包含的"报应性正义"，而是一种"恢复性正义"或"补偿性正义"。[19] 即使对于上述"刑事"调解，也的确与我们最为熟知的刑罚模式的程序和结果存在着巨大的差异。对于现代刑罚的惩罚性流行话语（和实践），这种观点存在着相当的不满。但是，我主

---

[18] 这就引发了一个问题：是否存在某些损害如此严重，以致不可能通过道歉和和解来发挥作用呢？参见第四章第4节。

[19] 参见例如 Dignan 1999, 48. 参考文献和批判详见 Daly & Immarigeon 1998, 32-34. 有价值、有批判性的观点，参见 Zedner 1994.

张，我们应当将调解程序经过一定的改良之后，作为一种适当的刑罚模式。

先考虑刑罚的标准定义（参见引言部分第 1 节）：由相关有权主体，基于犯罪人的犯罪行为，对其所施加的具有痛苦性或负担性事务，并以此试图向其表达其所应得的责难。刑事调解制度在程序和结果上，都应有意识地包含此种**痛苦性**或**负担性**。虽然该程序的目的不是简单地"给予痛苦"（参见 Christie 1981），但在其过程中面对被害人并倾听其倾诉，对于侵犯者来说却是痛苦的，而这正是该程序旨在引起的悔恨情感。如果赋予旨在表达的道歉以重要性，那么补偿同时也必然是负担性的。这样一种遭遇，这样一种负担，不只是该程序的附加作用，而是其不可缺少的部分（主要参见 Christie 1977, 10）。在现行模式下，**施加于犯罪人身上的调解程序的确并没有违背其意愿**，因为进入该程序必须获得他们的同意（虽然，针对不同的模式，此种同意或许并不是完全自愿的）。但是，惩罚并不因犯罪人的同意而丧失其惩罚的性质。[20] 它施加（或自我施加）于**犯罪人**（如果他们没有犯罪，那么这个程序将会毫无意义），**是因为他们的犯罪行为**——调解的施加是因为他们实行了某个犯罪行为，并且该犯罪行为正是调解所关注的。调解可以不直接由**法律权威**来实施，但是这里所设想的制度应当由法律所授权、法院所执行，并由一个正式的调节者所主持；而且，正如在本章第 5.2 节中我所建议的，调解的结果必须要得到法院的准许。最后，这个程序的核心在于**责难**：犯罪人会"面临某种难以被中性化的谴责"（Christie 1977, 9）。

我主张，应当将刑事调解视为一种刑罚模式，而不仅仅是一种概念上的主张，即它（或多或少）满足了刑罚的标准定义。毋宁说，这是一种规范性的主张，即刑事调解**可以**实现刑罚的适当目标，并且刑罚**应当以这种方式**被理解、运行，并证成其正当性——即使这会要求改变对调解和刑罚的传统理解。

---

[20] 参见 Adler 1992, ch. 2，刑罚的"良心模型"（conscientious paradigm）。

第一,调解是一种沟通性的事业。这种程序本身就是沟通性的。它包含着被害人与犯罪人之间就犯罪本质和影响所展开的沟通。它意在让犯罪人直面其犯罪行为。而犯罪人所采取的补偿,同样致力于沟通的目的:向被害者传递犯罪人对其行为的歉意。但是,这是**一种惩罚性的**沟通过程:针对犯罪人的行为,它施加责难,并意在给予某种负担性的补偿。

第二,刑事调解是报复性的,因为它意在给予(并引起)实施犯罪的人应得之惩罚,并以此证成其正当性。对于她的犯罪行为,她应当承受谴责。调解正是以这样的方式,意在向其沟通她所应得的责难,以及让其理解相关的理由。对于其行为,她应当承受悔恨的情感。调解意在通过让犯罪人认知其罪行并引起这样的情感。犯罪人应当为其对被害人的实施罪行给予道歉性的补偿(而这必然是负担性的)。调解也意在提供这种补偿。通过将刑事调解理解为一种刑罚,我们可以向犯罪人阐述他们为什么应当承受惩罚以及承受什么样的惩罚,并基于此,我们能够对报应主义的观点,即罪有应得,进行清晰化和合理化的论述。

第三,刑事调解同样具有未来导向。它最为显著和直接的目标,在于通过犯罪人的道歉性补偿,达致被害人和犯罪人之间的和解,但是它同样意在说服犯罪人放弃新的犯罪。让犯罪人产生对其罪行的悔恨,让她认识到为此做出赔偿的需要,这也让她认识到她不应当在未来再实行这样的行为以及相关的理由。这样,调解就包含了结果主义的内容,即如果刑罚的正当性可以证成,它必然意在实现某种效果。但是,刑事调解与其所意在实现的效果的关系并不仅仅是工具性的(就像结果主义者所认为的刑罚与其正当性目标的关系),因为目标自身就明确了其适当手段。我们所追求的和解,也必然包含着对所做罪行的认知和道歉,所以也必然涉及认知和道歉的特定程序。犯罪人被说服放弃新的犯罪行为,正是源于她对其罪行所产生的认知。

第四,犯罪人所承担的赔偿性负担可以被视为一种严厉的刑罚

措施。这种负担是具有目的性的,而且虽然它旨在实现沟通性的目的,但它依然具有负担性——要占用犯罪人的金钱,或者时间,或者精力——而这些独立于它的沟通性含义。但是现在,这种严厉措施却成为实现刑事调解制度的沟通性目的所不可缺少的部分,而这种刑事调解制度正是一种刑罚方式。犯罪人给予被害人的道歉性赔偿也正是通过这些途径。

第五,调解程序显然具有包容性,而不是排斥性。它将侵犯者和被害人召集在一起,将他们视为伙伴,并寻求他们之间的和解。它认为基于社群的纽带,犯罪人与他们的被害人紧密相连,而不是将犯罪人排除于社群之外。

第六,这种方法就避免了我曾经论述的(参见本章第4.1节)道德教育刑罚理论所存在的致命问题。在合理解释严厉措施如何成为沟通性刑罚程序所不可或缺的组成部分之外,它避开了犯罪人需要道德**教育**的主张。刑罚的目的,不是教育犯罪人使其认识到某些行为是错误的,以及为什么是错误的,而是让他们可以直面自己的罪行,并给予适当的回应。这意味着,他们并非不知道他们的行为的不法性,而是对这种不法性,他们并没有给予应有的重视,或者没有找到充足的动机以避免它。[21]这种方法也同样显现了,为什么刑罚应当成为我们所意在追求之目标的手段。我们所追求的和解,只有通过这样的过程,才能够被适当的达成。

这并不是说,无论对于刑罚或是作为一种刑罚方法的刑事和解制度(至少作为一种模式),我已经给予了充分的论述。调解制度并不总是可行的或适当的,这里存在很多原因,并且在我所描述的刑事调解制度和通常所理解的刑罚之间,仍然存在着重大的差异。一个核心的问题在于,我还没有论述为什么我们应当将调解视为一种

---

[21] 可以说,虽然他们"知道"自己的行为是错误的,就像托尔斯泰(Tolstoy)书中的伊万·伊里奇(Ivan Ilych)"知道"他要死亡一样,但是他们没有充分领会或理解他们的错误(参见Tolstoy [1886] 1960, Sec. 6, 131-34)。但是,这种知道并不需要是不真实的,即使是真实的,适当的关注也不是如此多的"道德教育"(参见前面脚注13)。

处理**公共**不法行为的刑事程序,而没有将其作为处理纯粹**私人领域**不正当的民事程序(参见第二章第4.3节)。到目前为止,这看起来本质上属于被害人和侵犯者之间的问题,社群在帮助他们达成和解之外并没有其他的兴趣。[22] 我所做的一切论述,都旨在介绍**我的刑罚思考的某些核心思想**:责难的观念,即意在让犯罪人直接面对并认知其罪行;负担性补偿的观念,即对道歉性和悔恨性的认知所做的表达;和解的观念,即通过这种认知和赔偿,被害人和犯罪人之间能够达成调解;以及犯罪人应当接受在未来避免再犯罪的要求这样一种观念——虽然就目前对刑事调解的论述,这确实还不是很明确。

我将在以下那些更贴近通常的刑罚概念的论述中,解释并展开这些观念,首先通过这样一个例子——即英国的"结合令"(Combination Order),它是缓刑与社区服务令的结合。

5. 作为沟通性刑罚的缓刑和社区服务

缓刑作为英国和美国刑罚制度的重要组成部分,其历史已经超过了百余年,但是直到《1991年刑事法案》(Criminal Justice Act 1991——译者注)第8节,英国法律才给予其作为一种**量刑**或**刑罚**的正式地位。之前,法院曾判决缓刑令,"而不是裁量"犯罪人的刑罚(《1973年刑事法院权力法案》第2节;Power of Criminal Courts Act 1973——译者注)。社区服务令,即对某些被核准的工作,犯罪人要履行一定时间的无偿劳动,此种制度在1966年被引进到美国(参见Morris & Tonry 1990, 150),在1973年引进到英国(《1973年刑事法院权力法案》第14~17节)。现在英国法院也可以判决"结合令",即缓刑与社区服务的结合(《1991年刑事法案》第11节;参见Ashworth 1995a, 281-82; Brownlee 1998, 117-19)。通过研究这两种量刑制度,我们可以理解它们——无论是单独的或是结合的——如何在一个自由政体中,成为刑罚的适当

---

[22] 而且我们现有的民事诉讼程序不仅提供了道歉机制,也提供了修复性或损害补偿机制。

模式。

5.1 作为刑罚的缓刑

在很长的时间里,缓刑被视为(特别是在缓刑官的眼中)一种刑罚的替代措施。[23]在英国,缓刑在其前实定法时期,属于警察法庭的职责,而它的性质的确如上述所说。那些原来本应受到监禁刑处罚的犯罪人,如果有"朋友"可以保证对其进行监督,且该朋友不是刑事司法官员,那么犯罪人就会被释放而免受惩罚(Mcwilliams 1983; King 1969, ch. 1)。1945年之后,随着在缓刑运用中"治疗模式"自我定位的加强,增强了缓刑的非惩罚性观念。缓刑被描绘成为一种治疗性的社会工作,其中"任何惩罚性的因素都已经被免掉"。它的目标(最为宏大的版本)不仅仅在于"消除缓刑者的反社会行为",而是"改变他的性格",并达到"更为近乎完美的矫正"。[24]

治疗模式的缓刑,就像刑罚一样(参见第一章第2.2节),在1970年代遭受了攻击。它被指责否认了犯罪人作为负责任道德主体的属性,并且以仁慈的帮助掩盖了其强制性操纵的真相(参见Bottoms & Mcwilliams 1979)。但是,并没有出现新的缓刑概念以替代治疗模式,[25]同时缓刑官也继续坚持,惩罚性并不是缓刑的适当属性,对于政府给予它们的更为明确的定位,即管理"在社群中执行的刑罚",他们始终抱以消极的态度。至此,通过"试图积极地影响犯罪人未来行为的监察措施,转变为意在施加某种令人厌烦的刑罚约束措施",还强调"这只是刑罚而不是积极的影响",这些改变"就造成了对已经建立的缓刑的性质和价值的断裂",而传统的缓刑是建立在"与犯

---

[23] 有关缓刑,通常参见 Raynor 1985; Harding 1987; Morris & Tonry 1990, ch. 7; Ashworth 1995a, 269—75; Brownlee 1998, chs. 3—4.

[24] Diana 1970, 48. 有关缓刑的发展,通常参见 McWilliams 1985, 1986.

[25] 除了已经列举的模式,其他模式参见 Weston 1978; McWilliams 1987; McWilliams & Pease 1990; Faulkner & Gibbs 1998.

罪人积极的、私人的、援助性的关系之上,这将帮助他们直接面对改变其态度和行为的需求。"[26] 缓刑官还坚持认为,即便政府试图施加"刑罚……但他们的工作所采取的新措施的核心精神……确实根植于社工服务,即运用所设计的制度,让犯罪人能够直面其罪行所造成的影响"(J. Roberts 1989)。

这些关于"刑罚"和缓刑本质目的的激烈争论,类似于有人建议对"报应性正义"和"恢复性正义"所采取的调和(参见本章第4.3节)。它表明对警察经常使用的惩罚性语词的正常回应,但它也反映出一种贫瘠性的理解,正如我所主张的,如果缓刑是一种可以被正当地施加于负责主体身上的措施,那么这种理解关乎缓刑的本质究竟是什么,以及刑罚的本质可能是什么。

作为刑罚的缓刑,预设了一个完全刑事责任的、应受谴责的犯罪主体。如果被告人没有犯罪,或者犯罪时无法对其行为负主观责任,或者她现在已经不是一个能够对其曾经的犯罪承担责任的适格主体(参见 Duff 1986, 15-28, 263-64),那么对她的惩罚就不能被认为是正当的——虽然她应当承受某种(或许是强制性的)精神性治疗或者保护。如果她曾经是,且现在也是一个适格的责任主体,那么国家就必须尊重她的自治、自由和隐私,就像国家必须这样地尊重每一个公民。[27] 这个论点的一个推论则是,对犯罪人的定罪就不应当被当作一个"机会",来强制性地施加某种被设计好的措施,以达到根本性地改善"他的性格"或"矫正的效果"的目的。[28] 或许对

---

[26] Beaumont 1989, 99-101,回应英国内政部 1988。

[27] 本段中对应负责的、应受谴责的犯罪主体和不应负责的、不应受谴责的犯罪主体之间的比较显然过于简单化了。有罪责的犯罪主体和无罪责的犯罪主体之间的区别实际上很难解释,但毋庸置疑的是,许多法院宣判的那些犯罪人往往不应负(完全负)责任或者(不够资格)不应受谴责。虽然我这里所关注的是缓刑对有罪责的和应受谴责的犯罪主体意味着什么,但是人们也可以看到,缓刑官们在帮助那些被错误地描述并评价为完全刑事责任和应受谴责的人方面,发挥的是一种惩罚性较低的角色。参见本书 282~283 页。

[28] Diana 1970, 48;参见前面脚注 24。关于"偶因论",参见 Walker & McCabe 1973, 101-2。

于他所面临的性格问题或社会问题（例如，培训、就业、婚姻问题），可以给予某些帮助。但是，可以施加于他的量刑措施，其正当性就必须基于它们被施加时所针对的犯罪行为（参见 Bottoms & McWilliams 1979, 168-75），因为只有他的犯罪行为，才赋予了国家对其生活进行此种强制性侵犯的合法性。

那么他的犯罪行为可以证成何种措施以及何种目的的正当性呢？根据以上引自缓刑官的论述，缓刑的核心目的在于"让犯罪人直面其犯罪的后果"，并借此帮助"他们直接面对改变其态度和行为的需求"。而这正是沟通性责难的目的。通过谴责某人的罪行，我们希望让她认识到这种罪行的错误及其后果；通过认知其行为的错误，她也将认识到她需要改变她的态度和行为，引导其在未来避免再犯这种错误。而且，如果我们将犯罪人视为一个规范性社群中的负责任成员，那么问题的关键就是我们应当如何达到所期待的"对他们的态度和行为的改变"。我们的事业应当是一种"透明的说服"（参见本章第2.2节），它意在让犯罪人认识到其行为的不法性，并且认识到他们应当采取行动避免再犯这种错误。

这就表明，缓刑的适当目的并不与作为沟通性责难的刑罚目的相冲突，事实上它们是一致的。通过更为深入的分析缓刑所包含的两个元素，我们能够证实这样的论点。

第一个要素是监察（supervision），也是缓刑的基本内容。犯罪人被要求定期向他的缓刑官报告。这可以让缓刑官对他的行为给予正式的监察，同时为了避免再犯，也建立起一种制度，为犯罪人提供他所需要的，由缓刑官给予的相关信息和帮助。这是一种刑罚——即针对其罪行，法院施加给他的一种负担。这里面隐含着对其罪行所应得的责难。此种责难，以这样的沟通方式，表明了对其罪行的态度：他的罪行使他对社群公共价值（那些价值隐含于刑法当中）的承诺令人怀疑，社群所依赖的相互信任关系有可能被削弱；所以，他必须将自己置于被监察的处境，而其他公民则无需如此。但是，这种惩罚也着眼未来。通过这种监察，我们希望他愿意正视改变其未来行为的要求,并因为努力实现这种改变而获得相应的帮助。

第二个要素,缓刑令也会附加其他的限制性条件(参见 Walker & Padfield 1996,262;Morris & Tonry 1990,178)。某些限制会使这种监察变得更为严格,也更为有效(例如,只能入住被批准的旅店,或者留在缓刑所)。其他限制则可能会直接抑制犯罪行为的发生条件(例如治疗其毒瘾)。还有的限制,会要求犯罪人远离其犯罪的特定环境,例如要求其不能参加某些聚会或某些活动。正如我所论述的,如果要证明这些附加的限制性条件是对犯罪的适当回应,那么他们的正当性就必然来源于该犯罪。而原则上,是可以以这样的方式证成其正当性的。对于限制居住和限制参加活动的要求,其正当性在于它向犯罪人传递并践行这样的信息,即犯罪行为表明,如果没有如此严格的监察,他无法再被信任履行守法的生活方式。他仍然是一个公民,但是一个必须以这样的方式重建其信任的公民。对于接受治疗的要求,其正当性在于它向犯罪人传递并践行这样的信息,即犯罪行为表明,他无法再被信任地以不违反刑法的方式来解决自身的问题。这种强制性的帮助,是他继续享受自由的条件。而对犯罪人的活动采取一定的限制措施,其正当性是基于对他某种资格的暂时性剥夺。一个足球流氓被禁止观赛,或者,一个在酒吧犯有酗酒暴力的人被禁止进入酒吧,这些刑罚表达了如下信息:该犯罪证明,犯罪人并不合格或是并不适合参加这些日常的活动。[29]

如此,这些附加的条件或要求就可以被视为刑罚,正是犯罪人对其犯罪所应得的惩罚。这并不是说,它们的施加(就像调解程序所施加的、犯罪人所承受的负担性赔偿)**单纯**只是为了给予犯罪人负担或痛苦,即"仅仅是一种报应"。毋宁说,它们的施加**因为**犯罪人的罪行,作为一种回应,它意在让犯罪人理解其罪行作为一种公共不法行为的性质和影响,并借此让其理解,他们必须改变(以及如何改变)未来的行为。

---

[29] 这样的刑罚必须与犯罪人的罪行相符合。参见第四章第1节。

5.2 缓刑的扩展

如果缓刑被认为是一种刑罚——它也应当被认为是一种刑罚（而不是某种刑罚的替代措施），那么扩展缓刑的内容使其可以包含相应的附加措施，就没有理由质疑。在我讨论结合令之前，有两种可能的措施值得我们关注。

第一，有许多专门的措施，着眼于特定的犯罪或犯罪人，而它们的目的非常接近于许多缓刑官所理解的缓刑的目的："让犯罪人直面其罪行的影响"、帮助"他们直接面对改变其态度和行为的需求"——并帮助他们实现这些必要的改变。苏格兰所建立的"CHANGE（改变）"项目就是一个例子（Dobash & Dobash 1992, ch. 7; Morran & Wilson 1994; Scourfield & Dobash 1999）。这个项目针对的是使用家庭暴力的人。通过让犯罪人参加某种对抗性小组的活动，其中包含角色扮演和共同讨论，其意在驳斥犯罪人的观念，让他们承担暴力所产生的责任，并帮助他们改变相应行为方式。或许，这些项目会易于再被当作是刑罚的**替代措施**：即不同于惩罚犯罪人，我们给予他的实际上是治疗措施，其目的在于解决其犯罪的动机，并治疗其暴力的失控性格。但是，这误解了该项目的性质，此项目对于犯罪人的暴力的定性和回应，并没有将其视为某种症状或者某种需要治疗的失控表现（因为，如果是失控，那么行为人就难以为此承担责任），而是他们需要为此承担责任的不法行为。它意在让犯罪人认识到其罪行的本质和严重性，以及他们对此所应承担的责任，并借此让他们认识到他们确有必要对其行为以及所流露的态度作出巨大的改变。他们必须自己完成这种改变，虽然该项目会帮助他们。该项目始于"对拒绝暴力的不可妥协"的前提（Dobash & Dobash 1992, 245），并作为一种道德的（而不是治疗的）要求，对犯罪人之前的行为给予谴责，并对他们未来的行为给予指导。它意在让犯罪人认识到这种要求的强制性和重要性，也帮助他们培养相应的能力以满足该要求。

这样的项目不应被视为一种治疗，而是一种沟通性刑罚。它们作为对犯罪的回应，针对犯罪人的罪行而施加于他们（或被他们接受；参见本书第142~143页）。这种回应对这些犯罪的不法性进行谴责，并寻求说服犯罪人认识到这种不法性（并接受这种谴责的正当性）。它们的负担性和痛苦性是人为的。仅就不得不参加这种项目的事实，就具有负担性；并且，我们应当将这种负担视为犯罪人刑罚的组成部分，而不只是治疗所不可避免的副作用——即，是为了让他们感受其罪行的严重性而施加给他们的。这个项目的内容的痛苦性也是有意为之。它意在让犯罪人强制地、痛苦地面对其罪行的本质，并以此让他们对产生一种必然的、痛苦的悔恨性认知。这种项目也关注未来——即犯罪人对未来避免这种暴力的承诺。但是（与纯粹治疗性项目的区别在于），这种承诺是源于对其过去行为的不法性的认知，而且他们最终会自我形成其行为的改变。

原则上，没有理由质疑为什么这种项目应该被包含在缓刑令中，因为它们服务的（惩罚性）目标与缓刑所应当致力的目标，是一致的。它们也可以被认为是调解程序的一个结果。例如，对暴力施加者与被伤害的伴侣之间进行调解，从而使犯罪人同意参加这样的项目。这也可能成为一种适当的补偿，虽然它没有消除先前暴力的影响或者给予相应的赔偿（或许没有什么做法能达到这样的效果），但是它可以作为犯罪人所承受的负担，并强制其明确认识到，他对先前罪行所应有的歉意，并承诺改变其未来的行为。这引导我们想到了缓刑可以扩展的第二种方式，即犯罪人和被害人之间的调解，在此可以让我完成对作为刑罚方式的调解尚没有完成的论述。

第二，假设调解作为一种量刑意见，可以更加充分地融合于现行刑事司法制度。若犯罪人被判定的犯罪包含直接的被害人，法院就可以要求缓刑官提交一份判决前报告，以帮助法院确定合适的量刑（参见 Walker & Padfield 1996, 24-30）。而在与犯罪人和被害人讨论之后，缓刑官认为，调解是对该案件一种适当的处理措施：即被害人愿意参加调解程序；犯罪人，即使不是出于自愿的，但是也愿意遵守参加该程序的要求。[30]那么，法院就可以开出缓刑令，其中包括参加由缓刑官组织并主持的调解程序这项要求。同时，法院也应批准调解程序中所达成的所有的赔偿性措施。

这样建构的调解制度，就可以被视为一种在刑事制度中完全成熟的刑罚。它先认定犯罪人的罪行——即公共的不法行为。它意在让犯罪人清楚地认识到其罪行所应受到的责难，并且缓刑官作为一种调解人，某种程度上表明了这种谴责不仅仅来源于被害人（就像纯粹的私人侵权），还包含了被害人以其名义行事的整个社群，这个社群同样分担着被害人所承受的侵害（参见第二章第4.3节）。犯罪人承担的补偿性措施，也同样具有公共的意义。通过向被害人进行补偿性的工作或给予相应的赔偿，犯罪人实质上在向被害人，以及更为广泛的社群表达他对罪行的歉意；[31]而法院准许这样的措施，就是公开地认为它们可以实现这样的目的。

当然，对个人被害人的修复式补偿往往没有存在的余地。可能是因为个人被害人难以确定（如涉及公共财产与非私人财产的故意破坏、盗窃或者诈骗，许多驾驶犯罪等），或者被害人对此种补偿没有兴趣。在这些情况下，特别是前者，社区服务令可以视为对整个社群进行修复补偿的刑事制裁。

5.3 作为公共补偿的社区服务

虽然有人建议将调解和缓刑视为刑罚的替代措施，但是不同种

---

[30] 我在这里讨论两个难题。第一个难题是受害人的角色问题。一方面，调解可能对受害人来说是痛苦的或苛刻的，而我们可能认为对于他们而言那是理所当然的事和可选择的事。另一方面，如果我们认真对待公民身份，或许受害人应当准备接受参与调解（详见本书第167页）。第二个难题是犯罪人同意参与调解或其他项目，取决于犯罪人的配合。这些程序应当是主动提供给犯罪人而不是强加给他们，否则可能归于无效。然而，这是一个过于简单地对比。犯罪人是否出于被强制或者自愿接受调解，取决于他们自己的选择，犯罪人可以配合一个不是出于自愿，但是出于需要（被告知他有这个义务）参加的程序。

[31] 主要参见英国刑法中有关补偿判令的条款（参见 Walker & Padfield 1996, 245-50），以及英国1998年《犯罪与扰乱秩序法》（Crime and Disorder Act 1998）中第67节有关年轻犯罪人的赔偿令。

类的社区服务令无疑被认为是具体的刑罚方式。但是，对它们的内容和要点的理解，最好是将他们视为一种由被害人-犯罪人调解制度所引导的公共补偿模式。[32]

当社区服务令所要求犯罪人承担的工作性质，与其犯罪的性质具有明显的关联时——例如，对破坏公共财物的服务令，是要求其修复原有的效果，如果不是修复她自己造成的破坏，也要针对他人造成的破坏，或者以其他方式改善当地的环境——这种含义最为明显。作为施加于她的一种刑罚，服务令与她沟通其罪行所应受到的责难——不只是一种形式上的责难，即仅仅告知其所犯的罪行，而是一种更丰富的、更实质的责难，它寻求让犯罪人明确其罪行的性质和影响。通过让犯罪人直面其造成的损害，并要求对其进行修复，它实际上在表达："看看你都做了什么！"这同样也构成了一种道歉式补偿，这是犯罪人被要求为其罪行而向社群（正是**她的**社群）所做出的。这也是她必须做的，她被要求为其罪行向社群做出"补偿"，并与其他同胞达成和解。如果她为了自己而愿意接受这些条件，如果这意味着她为其罪行而真诚地表达她的歉意（或许正是在遵守缓刑令的过程中，她实现了这种认知），那么这也就包含了她会尽力在未来避免再犯的承诺；并且，接受这样的刑罚，也意味着她与她的同胞伙伴达成了和解。[33]即使她并不将缓刑令视为是一种补偿的方式，缓刑令也是说服其直面罪行的尝试。另外，基于这样一种做法的适当性，即接受他人正式的道歉而不去探究其真诚性（参见本书第139~140页），我们还可以认为，如果犯罪人完成了社区服务令，那么她的同胞伙伴应当认为犯罪人已经为其罪行给予了充分的道歉。

5.4 结合令：社群与犯罪人之间的和解

现在我们可以理解，缓刑与社区服务令如何能够在结合令中实

---

[32] 通常参见 Pease & McWilliams 1980; Pease 1985; Morris & Tonry 1990, ch. 6; McIvor 1994; Ashworth 1995a, 277-81; Brownlee 1998, 10-11, 114-17。

[33] 尽管这样的调解不仅仅取决于她，也取决于她的同胞伙伴如何回应她。详见本书第283页。

现适当的结合；事实上，在这样的结合令中，它们不只是两个分离元素所进行的叠加，而是互相融合成统一的量刑元素，进而成了一种社群-犯罪人之间的调解制度。

在刑事被害人-犯罪人的调解制度中，他们之间的讨论将涉及犯罪的本质和影响，以及犯罪人应当承担何种补偿措施，因此，我们同样可以设想在结合令中，会要求缓刑官代表社群，就犯罪人应当承担何种社区服务作为对社群的补偿，展开讨论。这种讨论本身，作为缓刑的内容，就是对犯罪人刑罚的组成部分。这是一种具有负担性的义务，它源于侵犯者的犯罪行为，意在让其直面罪行，进而施加于他并要求他认同对其定罪所表达的责难的正当性（同时，讨论也是在强调这种责难），并认识到给予相应补偿的必要性。在制定结合令的过程中，法院会认定何种社区服务是一种适当的补偿措施，虽然这实际上是由缓刑官和犯罪人共同商讨所确定的服务形式。[34]

至此，社区服务就起到了多种相关的作用（除了给予社群物质性的利益），它是犯罪人需要承受一种具有负担性的义务。[35] 它构成了一种强制性的公开道歉，这是犯罪人被要求作出的，因为对于其罪行，"单纯"道歉并不充分（参见本书第4.2节）；它也提供了一种被准许的、公认的方式，那些真心悔过的犯罪人可以借此表达她

---

[34] 如果犯罪人拒绝参与这样的讨论，法院会根据缓刑官的建议对他做出强制性的判决。

[35] 社区服务令当然包括公民自愿承担但不作为刑罚的任务。卡亨（Kahan）（1996，1998）认为，就目前的组织、标签化和理解而言，将社区服务令作为刑罚明显不合适，因为它没有达到需要表达的谴责程度。为了把它们设置成合理的刑罚，应把其名称改为"耻化服务"（shameful service）（内政大臣建议称它们为"罪犯工作令"），以确保其内容是耻辱性和贬低性的（Kahan 1996, 651-52）。虽然卡亨恰当地强调了不同刑罚模式意味的重要性（参见第四章第2节），但是寻求让人感到可耻和贬低的刑罚是错误的。这不是我们对待同胞公民的应然方式（参见 von Hirsch 1993, 82-86）。他也忽略了有助于确定意义的语境前提问题。例如，某种形式的工作——清理一个被摧残的开放花园——当地人自愿承担这个任务具有一种意义，如果作为对犯罪人的刑罚让其承担这一任务又有另外一种意义。作为刑罚要求承担这类任务，虽然没有（恰当地）展现出使犯罪人感到可耻的内容，但是这却能恰当地表达对施加违法行为的责难。作为刑罚让其承担特定任务，也能传达（在自愿承担公民互助的情况下不能传达这种意味）犯罪人对违法行为的歉意。

对同胞伙伴的道歉性忏悔——同时,也表达了在未来避免再犯的承诺。对于那些还没有面对自身罪行或者没有忏悔罪行的犯罪人,也可以通过这样的适当方式实现上述的目的。作为对犯罪人的一种刑罚,社区服务的本质在于给予罪行所应得的谴责。因此,它让犯罪人关注自身的罪行以及影响,并希望犯罪人愿意忏悔其罪行——进而认同这种刑罚是表达其忏悔的适当方式。

在此对结合令的讨论,以及上节对调解、缓刑,以及社区服务令的讨论,我所捍卫的刑罚理论的核心元素已经得到了展示。现在,是时候让这些宽泛的论述变得更为清晰了。

6. 作为忏悔的刑罚

我建议,应当将刑罚理解为一种世俗的忏悔,并借此证成其正当性。它是针对犯罪人的罪行而施加于他的负担,借此希望他忏悔罪行,并开始自我改造,完成与被害人的和解。[36]虽然将刑罚视为一种忏悔可能会听起来比较奇怪,并且对于自由主义者而言会感觉刺耳,但是我将论述,此种刑罚观念将可以适用于自由政治社群——这样一种刑罚是对社群成员所犯下公共不法行为,所进行的具有沟通性的、包容性的回应。

为了最好地解释这个理论,我将论述:其一,以此建构的"3R"刑罚理论的内容;[37]其二,当犯罪发生时,**谁对谁负有何种义务?**

---

[36] 我发展和完善了 Duff 1986 中所提出的观点。关于这个观点以及我的回应的批判,参见 Bickenbach 1988,1992;Harrison 1988;Lipkin 1988;Ten 1990;Baker 1992a,1992b;Cragg 1992,67-77;Narayan 1993;von Hirsch 1993, ch. 8;1999;Murphy 1997;Norrie 1998,110-17;Baldwin 1999.

[37] 在刑罚领域的"R"的多样性,参见 Daly & Immarigeon 1998, n. 17. 参见 Dignan 1999,48,"责任,恢复和再整合"。我把认同和赔偿添加到我所总结的忏悔(repentance),改造(reform),以及和解(reconciliation)"3R"刑罚理论中:但是认同归入到忏悔中,赔偿归入到和解中。

6.1 3 "R" 刑罚理论 *

在这个理论中，刑罚的目的在于**忏悔**，**改造**，以及**和解**。这些目标的达成，正是通过与犯罪人的沟通过程中对其施加的忏悔负担。

忏悔(Repentance)，正如我之前所论述的（参见本章第2.2节），忏悔是责难的核心内容。当我们对他人的不法行为进行谴责时，我们的目的或希望，在于他们会接受这种谴责的正当性。但是，我接受谴责的正当性，也就是认同并接受其行为的不法性，正是因为这样的不法行为我才受到责难；而一个对不法行为的真正认知，也就必然带来对它的忏悔。我承认做出了这样的不法行为——我没有否认，或者试图寻找其正当性的或可谅解的理由。但是我也否定它，因为我本不应该这样做，或者现在希望没有这样做过。忏悔必然是痛苦的，这种痛苦是基于对自身不法行为的认知和承认（对自己并且也是对他人）。为了形成这样的忏悔，刑罚会让犯罪人承受其应当承受的东西——忏悔和悔过的痛苦。

责难是促使犯罪人忏悔其罪行的适当方式。要求其应当忏悔，以及试图让其忏悔的正当性，正是基于他的不法行为事实。如果我们将其视为一个负责任的道德主体，如果我们将在"透明的"说服中做出适当的努力（参见本章第2.2节），那么，犯罪人的不法行为，就是我们和他都必须关注的焦点——即针对该行为进行谴责，借此让犯罪人产生忏悔。这也正是上述两节讨论的刑罚所具有的目的。正如我所描述的，刑事调解和缓刑的部分目的，就在于说服犯罪人认知、直面，并忏悔他的犯罪行为。

此种刑罚所包含的进一步的严厉措施，即要求犯罪人进行补偿性工作或社区服务，同样可以向其表达其罪行所应得的责难。正如我们向那些做了高尚事情的人表达我们的赞赏和感激，不仅仅是赞

---

* 达夫教授的刑罚理论认为，刑罚主要包括三个主要内容，忏悔（repentance），改造（reform），以及和解（reconciliation）。此三个单词首字母都是"R"，因此简称为"3R"刑罚理论。——译者注

美她，还会给予她一定的奖励，所以我们可以通过一定的物质性手段，强制性地与其沟通相应的责难。但是，为什么我们应当以这样的方式沟通这种责难，而不是仅仅通过某种形式的公开宣告呢？这种宣告可以出现在调解程序中，或者由缓刑官宣布，或者是某种纯粹象征性的惩罚（参见本章第2.3节）。

这个问题的答案，部分与道德主体众所周知的脆弱的一般人性有关，部分与忏悔的本质有关。当我做错了某事，经常倾向地并且十分容易地让自己脱离这件事情。我或许会对自己或者对其他人说："是的，我做错了，对不起。"我或许认为，此时我已经进行了忏悔。但是，很多时候我并没有认真地忏悔，因为我没有对这个错误行为给予足够认真的思考。当我仅仅将问题掩盖起来时，我让自己相信，事情已经完结了。忏悔的本质决定了，至少对于某些严重的错误，它是不可能一下子就达到或完成的，无论当时这种愧疚感有多么强烈。它必须深入到犯罪人的内心，必然在相当的一段时间里，占据着他的精力、思想和感情。如果某人声称，因为深爱的人的逝去而陷入深深的悲伤，但是仅在一天之后她就恢复了正常的生活，这只能证明她的话是假的。同理，如果某人声称对于其严重的错误进行了忏悔，但是却迅速地恢复了其正常的生活，并没有对其错误的行为给予更多的思考，那么这也只能证明他的话是假的。面对我所作出的错误行为而产生的忏悔（无论是对行为的后果还是我的行为本身），都不是在短时间内可以达到的。它必然包含着"我对被害人都做了什么，我怎么会这么做"等内容的思考和尝试性的理解。

那么，这就构成了严厉的刑罚措施的一个目的，例如可能施加于犯罪人的补偿性负担或者社区服务。这是让犯罪人关注于其罪行的一种尝试方式。它提供了一种制度，我们希望犯罪人能够借此认识到其罪行的本质和后果，并对于其罪行，他能够给予更为充分地理解（较之通常人），并最终形成更为真诚的忏悔。作为一个脆弱的道德主体，我们需要这样的苦行，以辅助并加强我们的悔过。

某些结果主义者可能会批评我,认为我试图培养一种不健康的、无效用的负罪感,迷恋于过去——相反,我们应当关注未来。对于这种批评的部分回应是,虽然负罪感**可以**是不健康的或神经质的,但是试图让我直面并理解我的罪行,在本质上却绝非是不健康的或不适当的。事实上,对于我所违反的价值和所侵犯的对象,给予适当的关注恰好表达了我的忏悔和悔恨。对于这种批评的另一部分回应是,忏悔,并且是刑罚所意在产生的忏悔,并不是在纯粹地回溯过去,因为它们同样以改造为目标。

改造(reform),更准确地说是**自我**改造的承诺,是忏悔的结果之一。对自己的不法行为进行认知和忏悔,也就是认同在未来需要避免上述行为。对不法行为的真诚自我否定评价,也就意味着承诺将努力避免这样的行为。责难和刑罚所意在产生的忏悔,同样也意在实现改造:这不是将犯罪人重塑(re-form)成必须符合我们意愿的客体,而是说服她认同自我改造的需要。[38] 而且,忏悔包含着寻求我**应当**如何实现自我改造的方法,以及认识**到**我必须要实现这种改造——即对于我的态度和行为必须给予何种改变,以及我如何可以实现这种改变。一个建构性的责难过程同样也包含着上述忏悔的内容。它意在帮助犯罪人认识到她必须做什么以及如何实现这样的行为。而这又是我所描述的缓刑,以及缓刑令附加项目[例如针对暴力犯罪人的"CHANGE(改变)"项目]所具有的一项明确的目的。这也是调解的目的之一,即在讨论的范围中包含着犯罪人必须在未来改变的行为方式,而这也是一种适当的刑罚严厉措施所致力的目标。

类似于"CHANGE(改变)"项目这样的制度,其自身就包含着严厉的刑罚措施。被要求参加这种项目的犯罪人,他们的时间和自由就被剥夺了,并且他们会面对,可能是(目的也是)不愉快的或令人不安的对抗性质疑,即使他们自己的意愿并不是参加这样的

---

[38] 因此这里作为刑罚目的的改造,与结果主义简单语境下对改造的刑罚目的理解明显不同。参见本章第4.1节。

项目。其他种类的严厉刑罚措施，例如补偿性工作或社区服务令，同样在改造性的事业中发挥着作用，就像他们在产生悔罪的事业中一样——特别是，但不局限于，当社区服务的内容与犯罪者的犯罪性质紧密相关时（例如对破坏者施加的社区服务中包含修复其所造成的损害）。如果犯罪人以这样的方式更为认真地、悔过性地思考其罪行的本质和影响，以及他是如何犯下这样的罪行，那么，他同样会思考如何进行自我改造以避免未来的再犯行为。苦行，作为一种忏悔的媒介，同时也是由悔罪所激发的自我改造的媒介。

和解（reconciliation）是悔罪的犯罪人试图与被害人所达成的——并且如果被害人仍然视其为伙伴，那么这也必然是被害人所寻求的。如上所述（参见本章第4.2节），罪行的出现使调解成为一种必需，而某种形式的道歉则是必要的。在严重犯罪的情况下，道歉本身所需要的不仅仅是口头的形式。那么，这就是服刑和忏悔性刑罚的第三个层面。它们构成了一种充分的、够分量的道歉，而这应当形成犯罪人和被害人之间的和解。这样一种具有道歉性质的服刑，可以是以补偿的形式，或是为了个体被害人或更广阔的社群利益，犯罪人承担某种负担性的工作，即以某种物质性的方式修补其所造成的损害（或是相关的侵害）。这就是由调解所确定的补偿以及社区服务令所具有的重要性质。但是，无需非要采用这样的形式。犯罪人所作出的适当、充分的道歉，可以通过承担或承受任何一种忏悔性负担，以向对此关注的人表达她对罪行的悔过性认知。

在上述段落中，似乎存在着某种诡辩。为了达成犯罪人与被害人之间的和解而作出的道歉，自然必须是犯罪人所作出的。为了沟通道歉的真诚性所作出的忏悔，自然也必须是犯罪人所承担的。但是，刑罚通常是违背或不顾犯罪人的意志而**施加于**他的。那么，刑罚如何像自愿承担的忏悔一样而构成道歉呢？

这个问题的答案部分涉及公共领域中道歉所具有的正式仪式，而这不同于私人之间的道歉（参见本书第139~140页）。在朋友之间，或者其他亲密的关系之间，只有当道歉是真诚的才具有和解的功能，但是在相对生疏的关系中（例如在与同胞伙伴的关系中），道歉的真诚性并不是问题，纯粹形式的道歉具有更大的意义。问题的关键在于犯罪人确实道歉了，而我们并不去探究她是否真诚。这个论点，至少同样适用于部分的刑罚：如果犯罪人完成了社区服务令所规定的工作（这个刑罚的部分意义在于它构成一种公共性、补偿性的道歉），那么她的伙伴就应当接受，而不去探究她这样做的原因。至此，她就已经"偿还了她的债务"，即道歉和补偿的义务。

强制犯罪人给予的公共道歉或许会受到反对——无论是明确的言语道歉，还是我所论述的补偿和社区服务令所包含的象征性道歉——因为这没有给予他们作为自由政体的成员所应有的尊重（参见 von Hirsch 1993, 83-84, 关于"强制性的姿态"）。我也承认, 这是要求他们表达自己或许没有感受到的自我批评和悔恨。但是, 如果这些态度并不是他们真诚的态度, 如果他们并没有忏悔他们的罪行, 那么我们就是在强制他们不再确信对自己行为的理解——不再相信他们自己。我们可以与他们沟通其罪行所应得的责难, 并希望他们会作出悔过性地自我谴责。如果他们要忏悔自身的罪行, 我们可以为他们**提供**表达这种悔恨的方式。但是，**强制**他们道歉, 也就是替他们写好了他们在沟通性对话中要表达的话语——然而如果我们尊重其作为一个自由政体的同胞, 那么我们就必须给予他们自由, 来决定他们自身在对话中的内容。[39]

如果强制要求犯罪人作出的道歉（无论是明示的或是象征性的），其内容或语境都是侮辱性的，那么上述批评就具有了确实的说服力：例如，如果犯罪人"违背其意志而被强制性地承认自己是一个**道德上的卑劣者**"（von Hirsch 1993, 84; 附加强调）；如果施加刑罚的语境的确如此，那么犯罪人实际上是在贬低或羞辱自己。无疑，这

---

[39] 这种异议方式的提出者是安德鲁·冯·赫希（Andrew von Hirsch）。关于对惩罚性"道歉仪式"的辩护，参见 Garvey 1998, 791-94。

些在我们现行的刑罚实践中是经常存在的。[40] 但是，原则上，强制性的公共道歉不必然具有这样的性质。它的内容和语境（其蕴含的精神和作出的方式）可以达到这样的效果，即我不会仅仅因为作出了道歉而贬低自己。**要求**某人道歉就已经否定了他作为一个自由政体的自治公民所应得的尊重，对于这个批评，我们必须牢记，他并没有被**强制地**（他怎么可能被强制呢？）**确信**他所表达的内容。相反，他被要求参加这个公共的仪式，除了道歉之外还具有其他方面的内容（上述所讨论的服刑所包含的前两个方面的内容），并且道歉具有一种形式性，这种被预先设计的、众所周知的特性也就为真诚性的问题留下了自由的空间。

（我承认，我并不是十分确信这里已经对上述批评做了充分的回答：即告诉犯罪人他们应当表达什么，无论通过语词或是行为，并且**要求**他们这样表达，是充分尊重了他们作为公民所享有的自治。但是，对于这个仍旧让人不安的问题，我们可以采取以下的处理方式。当法院判处犯罪人某种刑罚——例如，缓刑并附加承担某些特定的补偿性工作或者社区服务的要求——犯罪人应当被给予一个机会，以表明她并**不**接受刑罚作为一种道歉形式所包含的内容。但是，基于服刑的另外两个内容，即尝试说服其忏悔和自我改造，那么，对她的刑罚就仍然是正当的。如果在此过程中，她被说服了，那么刑罚仍可以作为一种现在她愿意给予的道歉。如果此时她作出的道歉确实是真诚的，那么她也应当被视为"偿还了她的债务"，因为她已经承担或承受了构成充分道歉所具有的内容——并且，其他人不应当探究她是否是真诚的。而此时，这种道歉并不是违背她的意志而强制其作出的。）

---

[40] 因此卡亨（1996，631-37）推荐各种各样的"贬低性惩罚"，（其中包括公共道歉）准确地说是一种包括"自我贬低"（634）的"羞辱性惩罚"（636）。考虑到它们的内容，其中一些惩罚必然带有羞辱性（比如，要求少年犯道歉的方式是屈膝跪下，双手触地；634）；他的所有论述都倾向于或者被认为带有贬低性质（参见前面脚注35）。我所提到的刑罚的应然状态与现存的刑罚实践的客观事实之间的联系，参见第五章第1节。

至此，我的论述只适用于这种犯罪人在某种程度上是一种积极的参与者（即使他并不情愿）刑罚：刑罚给予犯罪人相关的要求，而不是僵硬地施加于他。犯罪人被要求承担特定种类的社区服务或遵守缓刑令的规定。虽然违反这些规定会面对相应的惩罚（参见本书第217~218页），但是最终还是由犯罪人决定是否遵守这些规定。我们可以说，遵守这些规定也是犯罪人在给予一个正式的、公共的道歉。但是，其他种类的刑罚是十分简单地施加于犯罪人，最为明显的就是监禁刑，他们被直接从法院带到监狱。被动地承担这种刑罚，很难被认为仅仅是因为犯罪人被要求如此，于是他就勉强地作出了道歉。这里可以将犯罪人积极参与的其他内容，引入到这种纯粹被动的刑罚模式之中（参见第四章第2.2节）。虽然这将会增加这个观点的说服力（这个观点贯穿于我的思考），即犯罪人应当在自己的刑罚中成为积极的参与者，但是在多大程度上我们能够接受这个观点，也是存在局限的。而且，刑罚最终会简单地被施加于那些拒绝主动遵守刑罚要求的犯罪人。

为了回应这个论题，我们可以引述刑罚的其他目的，即尝试产生忏悔和自我改造。对于一个不愿意遵守刑罚要求的犯罪人，施加于他的刑罚原则上就是为了实现上述目的。我们希望能够说服他进入到对其刑罚的沟通性语境，并产生对其罪行的忏悔精神。如果他会忏悔其罪行，并能够理解为了与被害人达成和解，他需要作出某种补偿性的道歉，那么他也会接受对他的刑罚，因为刑罚是作出道歉所规定的正式方式。一开始为了让犯罪人产生忏悔而施加于他的刑罚，就转变为他自己认同并愿意借此表达其忏悔的方式（一种充分的悔罪过程）。这就是作为悔罪的刑罚的适当目的。犯罪人对其罪行作为一种不法行为进行认知和忏悔，并认识到他必须，以及以何种方式，实现自我改造，以避免未来再出现这样的行为。他也认同对他的刑罚是对其罪行的正当回应——这是让其产生忏悔的适当方式，也是向其他人表达忏悔的适当途径（主要参见 Winch 1972d, 217-20）。

6.2 谁对谁负有何种义务？

对于这种刑罚理论，仍然需要许多解释和证成。我还没有证明这样的刑罚建构如何符合或表现自由政体的价值理念，这种理论如何适用于不同种类的刑罚和不同种类的犯罪人，它可以形成何种量刑原则或刑事政策，以及它又如何与我们现行的刑罚实践相联系。以下我将逐一回答这些问题。但是，首先我应当回应这样一种质疑：即使接受至此我所论述的全部观点，也还没有涉及证成一套刑罚制度的正当性。

假设我们同意刑罚可以在原则上达到这些效果，即忏悔、改造，以及和解；并且自由政体将这些视为是**公共的**善，即属于国家的适当利益（参见本章第8节）。但这无法推导出一个自由国家为了确保这些利益而建立的刑罚制度就是正当的。我们必须追问，这些利益是否足够的重要（而且有较大的实现可能性），以至于可以证成，分配给刑罚制度所必需的资源要比其所包含的成本和缺陷更具有价值（参见 Husak 1992b；Murphy 1985）。无论在物质上还是人性上，刑罚的成本都是高昂的。它给那些承担者巨大的苦难。即使在一个根据上述理念改造和改善的刑罚体系中，也经常无法实现忏悔，改造，或者真诚和解的效果，并且它会出错或被滥用。我真的能够证明这些利益是如此的重要，以至于接受这个刑罚体系的成本和缺陷是能够被证成的吗？

为了回应这个质疑，我需要证明，刑罚不仅仅是产生忏悔、改造、和解这些**利益**的来源，而且是**一种义务**——是一个自由的国家所承担的**义务**。为什么会这样，我们就必须追问在犯罪的语境中，谁对谁负有何种义务。

我们可以从一个简单的观点开始。国家负有保护其公民不受犯罪侵犯的义务——不受那些被定义为公共不法行为的侵犯。这也是刑罚的核心目的（参见第二章第4.3节）。公民作为潜在的犯罪被害人，国家对他们所负有这种义务，无论公民作为有被害人犯罪的直接受害者，或是作为一个整体性社群成员的公共利益受到侵犯。[41] 提供这种保护，存在着许多方式，包括教育政策，改善造成犯罪的社会或经济条件的相关政策，犯罪情景预防措施，刑法自身对不法行为的权威公布和定义，其他种类的公共劝诫——另外，当然也包括刑罚。

如果我们认为这种义务仅仅指向犯罪的潜在受害者，那么我们就可能简单地将刑罚视为一种预防犯罪的方法，并且对其正当性的证成只能局限于它是否有效。这是以结果主义的方式理解和证成刑罚。但是，国家对它的公民，作为潜在的**犯罪人**，负有同样的义务——因为公民会有犯罪倾向的冲动，也会屈从于这种冲动。对他们的义务，也就是将他们依然视为规范性政治社群的成员，给予其应有的对待和叙述。这就意味着，对待他们的方式和向他们表达的方式，也仍然将其视为这样的公民，即他们受社群公共价值的规范性要求约束，必须对违反这些价值承担相应的责任和责难，但同时，他们也必然应当被保留其社群成员的身份，并且他们的自治、自由和隐私也必须得到尊重（参见本章第 1 节）。国家给予其公民作为潜在的犯罪被害人的保护，也必然是这样一种保护，即它亦给予公民作为潜在的犯罪人所应有的尊重和关注。

至此，要证成刑罚的正当性，就不能将其视为一种预防犯罪的方法，即包括威慑、剥夺犯罪能力，或矫正的技术。这样的技术并没有将其施加的对象，或威慑的对象视为规范性社群的负责任成员（参见本章第 1.2 节）。如果对刑罚的理解和运用，是将其视为我所论述的世俗的忏悔，那么刑罚的正当性在原则上就**可以**得到证成。忏悔性刑罚通过对罪行的谴责，意在说服他们忏悔自身的罪行，并展开自我改造的必要活动，这是一种道德交流的模式，其中他们被视

---

[41] 那些对刑罚采取家长主义理念的人，也许会认为国家对作为潜在犯罪人的公民负有义务，应当保护他们免受犯罪实施过程中所遭受的伤害。但是我认为（参见本章第 4.1 节），虽然我们相信犯罪同样对罪犯不利，因此赎罪性惩罚也有利于罪犯，但是这种好处对刑罚的正当性目的没有解释力。

为自治的道德主体。刑罚的目标，不是强制他们服从法律，而是诉诸他们的良知——即他们的道德理解。像其他模式的理性交流一样，刑罚最终将权利留给交流对象本身，以决定他们被说服（即认同交流的内容）或者拒绝被说服。刑罚同样尊重他们的隐私，因为它关注于他们的犯罪行为，而这些是公共领域的不法行为，不属于私人领域（参见本章第8节）。最后，这样的刑罚意在实现犯罪人和被害人之间的和解——无论是与直接的被害人还是整个社群：它寻求保留并重新肯定犯罪人的规范性社群的成员身份。这样，刑罚作为一种保护公民不受犯罪侵害的方法，其正当性就得以证成，因为它同样给予了潜在的犯罪人和实际的犯罪人作为公民所应有的尊重和关怀。

我们必须同样追问，当犯罪发生时，谁对谁负有何种义务。犯罪人对被害人负有道歉的义务，以承认其罪行的本质和严重性。如果有直接的被害人，这是对其所负有的义务，但是同时，这也是对广泛的社群所负有的义务——无论是那些**不涉及**具体被害人而危害社群的犯罪，或是那些包含具体被害人的犯罪：因为对具体被害人的侵犯同样也是对社群的侵犯，社群共同承受着这种侵害，并且社群的价值观念受到了蔑视。刑罚就可以构成这样一种道歉，它指向的是被害人（当严厉的刑罚措施包含某种直接的补偿）以及整个社群。

但是，社群是否对被害人负有这样的义务，即强制犯罪人承受这种刑罚从而获得其道歉的义务？

社群当然对被害人负有义务，确认其所遭受的不法侵害。这也是社群共同承受这些不法侵害的应有内容。这种确认包括多种"对被害人的支持"，这些支持不仅仅意在对犯罪造成的任何物质性伤害给予弥补（可以通过一种私人的或国家的保险制度以实现这种物质补偿，即该制度不区分由犯罪造成的伤害或是其他种类的伤害），更是对被害人给予道德上的支持和慰藉。它也适当地反映了国家作为政治社群的合法载体，将会对犯罪人采取何种行为。如果亨利（Henry）和肖娜（Shona）是我的朋友，并且肖娜严重地侵害了亨利，如果我同情亨利所受到的侵犯，但是这却没有因此影响到我对肖娜的行为方式，那么这里就存在着道德上的不统一。亨利作为被害人，我对他负有义务，我应当就肖娜的不法行为而批评她，并力劝她作出道歉。而且，如果我给予肖娜作为负责任的道德主体所应有的尊重、作为朋友所应有的关怀，那么，我就不能无视其行为，而应当承担批评她行为的义务，并力劝她向亨利道歉以实现两人的和解。同理，如果社群认真对待其公民所受的公共的不法侵害，那么它就应不仅仅同情被害人，更要通过国家合法的机关谴责犯罪人。这是它对被害人所负有的义务，鉴于它也承受着此种侵害，因此这亦是它对犯罪人作为规范性社群的成员所负有的义务，以寻求犯罪人认识到不法性，并作出适当的道歉。而这正是我所主张的刑罚的核心目的。

这里还有一个问题，被害人对犯罪人或者对整个社群负有何种义务，如果这种义务存在的话。对于社群而言，被害人对她的伙伴负有协助破案和起诉犯罪人的义务。这正是将犯罪视为公共侵害的一个结果，因为犯罪是对社群公共价值的嘲笑和违反，而这不仅仅是被害人自己的事情（参见第二章第4.3节）。通过犯罪人承受其刑罚，被害人对其伙伴负有愿意和犯罪人形成和解的义务：即将侵犯者视为一个已经作出忏悔的公民。[42] 这并不是说被害人应当与犯罪人保持或恢复一种亲密的或私人的关系——例如，作为朋友或者是伴侣。而仅仅是说，她只是将其视为一个同胞，而愿意与其达成和解（参见本书第141页）。

被害人是否同样对犯罪人或广大的社群，负有**寻求**以下这种和解的义务呢：例如，愿意参加，调解程序或让犯罪人直面其罪行的活动？考虑到这种程序所带来的痛苦和不安，如果认为被害人**应当**参加的话，那么这将隐含着一种苛刻的公民义务概念。但是，我们

---

〔42〕 这里再次提出一个问题：是否存在不道德行为如此严重以至于道德调解不可能的情形（参见前面脚注18）。要进一步了解受害人或者更广泛的群体应该如何应对那些依然执迷不悟和毫无悔意的犯罪人，参见本章第7.4节。

可以说，如果这种程序并不是那样的痛苦，那么被害人则应当具有参加的意愿，而即使这种程序是痛苦的、艰难的，被害人还愿意参加的话，那么她就展现出一种令人敬佩的对理想的公民身份的践行。

　　至此我的观点在于，我所描述的刑罚，不只是国家可能追求的某种效果，而且是国家对其公民所负有的义务。这并不是说，我们就可以无视刑罚的成本和缺陷（参见 Husak 1992b）——即使在一个有效运行的忏悔性刑罚中，也含有人性成本和物质成本，同时任何一种人类的制度都存在错误以及被滥用的倾向。我们必须追问，惩罚的义务是否足够迫切和重要，以至于可以证成包含这些成本和危险的正当性，并且刑罚达到何种的有效性程度，才可以保护公民免受犯罪的侵害，并可以实现忏悔、改造，以及和解的目标。诚然，我的理论并不是结果主义式的，因为它没有将刑罚制度的正当性构建于，将其视为一种偶然的、有效的工具，从而实现某个独立的、确定的目的，它也不是一种纯粹的报应主义理论，即刑罚的正当性**仅仅**依据它与所针对的已然犯罪之间的关系。刑罚能够被证成，是因为它是一种合法的尝试，以保护公民免受犯罪的侵害，并通过说服犯罪人忏悔其罪行，以保护整个政治社群。这样的正当性，当然也不能完全无视实现目的努力程度。

　　但是，其一，这种理论下的成功不是衡量一切的关键。我们对被害人和犯罪人负有尝试使其实现忏悔，自我改造，以及和解这样的义务。这样的尝试，即使它可能经常是失败的，也是具有价值的，因为我们表明了，我们确实认真地将犯罪视为一种公共的侵害，同时没有将犯罪人视为是不可救药的（参见本章第7.4节）。其二，在此我们并不是在处理一个非有即无的问题。我们不需要必须对以下两种情况进行选择：要么通过发现和惩罚**所有的**犯罪人，使用**一切**可能的努力以达成这个目标，要么对于这些目标而**不作任何的**尝试。毋宁说，问题在于，如果我们认同这种刑罚制度确实是值得保持的，那么我们应当对其投入多少资源？对于这个问题，我不会假装地知道这个答案。但是，我希望对于我所描述的刑罚，已经给予了足够的论述，以证明它是国家对其公民所负有的重要义务，因此在原则上，建构并保持这样一种刑罚制度是正当的。

7. 不同种类的犯罪人

刑罚应当被理解为、证成为并实践为一种与犯罪人进行道德沟通的模式，它寻求说服犯罪人忏悔罪行，改造自我，并通过承受刑罚与被害人达成和解。我们可以以这样的方式理解缓刑和社区服务令，以及我所论述的刑事调解项目。我将在第四章讨论其他常见的刑罚方式，特别是监禁刑和罚金刑。在这个部分，为了阐明我的理论和回应相关的批判，我会讨论刑罚制度所处理的不同种类的犯罪人。

犯罪人之间会因为其罪行的性质和严重程度的不同而存在差异，也会因为对罪行和所受刑罚的反应不同而存在差异。而后一种差异是我们现在所关心的，因为刑罚意在作为一种忏悔性的沟通模式，而这里的差异影响到了能够施加于他们的具体刑罚方式——以及这种刑罚能够被证成的途径。我们可以区分以下几种不同的犯罪人理想模型。

7.1 被道德说服的犯罪人

作为道德沟通模式的刑罚最容易适用于这样的犯罪人，即他们在施加刑罚前并没有悔改，但是却通过刑罚忏悔其罪行，并认同刑罚是对其罪行的适当的忏悔方式，同时寻求自我改造并与被害人达成和解。对于这种犯罪人，有两点值得强调。

第一，问题的关键不在于她开始对自己的罪行进行忏悔，而是这种忏悔是如何形成的。如果她的忏悔是因为屈从于一种简单地胁迫或强迫，那么对她的刑罚就没有成为一种道德沟通的模式。如果对她的刑罚，是将其视为一个规范性社群的成员，那么这就必然会诉诸她自身的道德理解：即，她必须自己认识到并理解，其自身行为的不法性。如果这是可能的，那么她必然具有可以被说服的道德能力：即，她必然可以捕捉这些价值，而它们正是其行为所侵犯的，刑罚所要保护的。从某种程度上说，她的侵犯行为是源于脆弱的意志或自我的欺骗；但是刑罚却强制其面对她自身的行为。或者她可能对于法律所包含的价值，并不真心地认同抑或并非全心全意地认同；但是通过刑罚，她会认识到它们的重要性，并将它们视为自己的价值信念，并依据这些价值对自身的犯罪行为给予判断和谴责。

这并不否认对她的刑罚是强制性的。刑罚施加于犯罪人或者强制犯罪人承担，无论犯罪人是否愿意接受它；她必须面对缓刑官对她罪行的讨论，或者被害人对她行为的控诉。这种对她的强制，是试图引起她的重视，让其关注自身的罪行。我们甚至可以希望，她能够"被强制"地面对其罪行，并承认其不法性（参见 Bickenbach 1988, 779）。这是一种道德的或合理的强制，因为只有当让犯罪人直面事实或者强制其关注，她才无法回避对事实的认知。但是，这仍将犯罪人视为一个自治的主体，因为最终她必须依照自己的良知，来决定接受或拒绝刑罚与其沟通的内容；并且，我们仍将可以拒绝的权利留给犯罪人自己（参见本章第7.4节）。

第二，刑罚作为对犯罪人的一种道德沟通模式，它的成功既依赖于犯罪人，也依赖于其他的参与者。它依赖于刑罚的运行符合这样的精神：即刑罚真正地将犯罪人视为一个公民伙伴，并呼吁他们的道德良知。它也依赖于其他愿意与犯罪人达成和解的参与者——他们以这样的方式回应她的忏悔。我将在第五章（第1节和第3节）更详细地讨论这个观点。

7.2 羞愧的犯罪人

被道德说服的犯罪人，和因刑罚产生羞愧而非忏悔或悔恨的犯罪人，在语义分析上是存在差别的，虽然他们在实践中经常是模糊的。[43]

羞愧和悔恨的区别在于，对于过去行为的态度，前者会因为现

---

[43] 最近关于羞愧的有价值讨论，参见 Gibbard 1990, ch. 7; B. Williams 1993, ch. 4. 也可参见 Garvey 1998, 765-66.

实中或想象中他者的反应而受到实质性的影响,而后者却不会受到这样的影响,因为它是纯粹的自我第一人称式的判断。悔恨,是自己对自身行为的判断和谴责。这种谴责性的判断,或许在事实上(与那些被道德说服的犯罪人一样)是因为他人的愤慨或责难而产生的,但是它会转变为我自己的判断,反映我自身的价值信念。即使其他人不会谴责我,我也会自责。真正让我痛苦的是,我认识到自己行为的不法性。相反,羞愧的痛苦来源于现实的或想象的他人的评判,而这些评判或许并不包含我自己的价值信念。真正让我羞愧的不(只)是我的不法行为,而是他人对我的行为所给予的或者会给予的否定性评价。

布莱斯怀特(Braithwaite)和佩蒂特(Pettit)对羞愧["再融合"(reintegrative)的羞愧,而不是"污点式"(stigmatizing)的羞愧]作为刑罚的正当目标,给予了大量的论述(参见 Braithwaite 1989; Braithwaite & Pettit 1990;本书第一章第 1.3 节),并且刑罚的确会产生羞愧。因为盗窃而对我进行的审判、定罪和刑罚,真正让我感到痛苦的,或许并不是它给予我的物质性负担,而是我会面对他人谴责性的或蔑视性的评判。羞愧也与悔罪或可能的悔罪紧密相连。因为,如果他感到羞愧,却(尚)没有自己产生悔过,那么他就并非完全不具备道德的感受能力。他会关注他人对他的道德评价(因为正是他们的道德评价,而不只是他人的恶意,才让其痛苦),那么他也必然同样关注他们的谴责所依据的价值信念(如果他蔑视这些价值信念,他就不会感到羞愧)。[44] 或许,羞愧最接近悔罪时,是它的产生,且它能够产生,是基于**想象**的他人的谴责,而事实上他人根本不会知道我的罪行。而此时,这几乎就是我以他们的声音而进行自我的责难。

此时,羞愧就是走向悔罪的一个步骤。起初因他人的责难而产生的羞愧,可以转变为真诚的忏悔,只要我的自责是以自己的声音作出的,而不仅是以他人的声音——这时他人的谴责与我对自己的

[44] 有关这些观点的精彩论述,参见 Trollope 1864, ch. 25.

责难不再具有实质的关系。然而,我的理论核心在于悔罪而不是羞愧。将犯罪人视为一个自治的道德主体,一个规范性社群的成员,且自治是这个社群的核心价值,也就是说,应当由他自己依据他所确信的价值观念来判断其自身的行为。我们会尝试说服他,对其罪行进行忏悔和悔过,而不只是让他感到羞愧。另外,布莱斯怀特和佩蒂特将羞愧置于一个严格的结果主义的框架,即作为一个有用的方法以达到刑罚应当产生的效果。但是,在我的理论中,悔罪的价值并不在于结果主义式效果。犯罪人应当悔罪,因为这是对其罪行的正当回应;虽然他的忏悔同样可以实现自我改造和达成和解的目标,但是这并不只是针对这些目标的一种工具性手段。相反,它是追求这些目标的一种固有的正当方式。[45]

(另外,值得注意的是,羞愧会模糊谨慎性威慑和道德说服之间的区别。刑罚的威慑可以阻止人们犯罪,因为他们害怕定罪和刑罚所产生的羞辱,以及相关的物质性负担——例如失去财产或自由——这些是刑罚所包含的。此时,这当然是一种谨慎性威慑:真正让人们放弃犯罪的,是羞愧带来的痛苦,而不是对行为不法性的认同。但是这又不是一种简单的威慑,即放弃犯罪是因为一种纯粹谨慎性的、不含道德因素的动机。羞愧所具有的威慑,只能阻止那些在乎这些羞耻的人,而只有当我在**一定程度上**在乎他人对我的道德评价,以及这些评价所依据的价值信念时,我才会在乎这些羞耻。)

7.3 已经忏悔的犯罪人

假设一个犯罪人,在对她的定罪和刑罚之前,自己就已经忏悔了其罪行。她已经直面了罪行的事实和性质。她感受到了巨大的悔恨性痛苦。她决心要改变自己未来的行为。那么此时,似乎从我的理论来看,对她的刑罚就不是正当的。因为她自己已经完成了刑罚

---

[45] 因此,我的论述与卡亨倡导的这种贬低性的"羞愧刑罚"根本不存在相容的余地(1996;参见前面脚注35、40)。参见 Garvey 1998, 743-62.

刑罚·沟通与社群
Punishment,Communication,and Community

本应完成的工作——即进行忏悔。她已经承受了其所应得的惩罚——即悔罪的痛苦。所以，此时对她的刑罚自然也就是不必要的，并且也会对她造成额外的、过量的痛苦（参见 Bickenbach 1988, 781; Ten 1990, 203-04; von Hirsch 1993, 10）。

对上述观点的反对，会假定即便那些已经忏悔的犯罪人，也仍然应当被处罚——正如他们通常会被处罚一样。而我的理论也认为，他们应当被处罚。这里有两个相关的论点。

第一，忏悔并不是可以在短时间内达到和完成的（参见本书第156~158页）：至少对于严重的罪行，忏悔需要时间和付出。对犯罪行为起初的恐惧和不安，可能确实会在一段时间内对我产生冲击，但它必须被深化和加强，以形成对我行为不法性的深刻理解——这种理解会一直伴随着我。这是作为忏悔的刑罚的部分目的，这也是为什么犯罪人已经忏悔却仍然应当被惩罚的原因之一。

第二，还可能存在这样（并不常见的）例子，犯罪人不仅已经忏悔，自己还经历了更为完整的且彻底的苦行过程。可能仅仅在犯罪之后的几年中，犯罪人就已经被发现，或者自己已经自暴自弃。期间，她已经对其罪行进行了忏悔性的反思，而且为了惩罚自己还自我施加了苦行。或者虽然没有他人的介入，她目睹了其罪行所造成的伤害并给予相应的回应，这也可以被视为她已经承受了对其罪行的惩罚——即一种她必然承受的苦行，并由此产生忏悔（参见 Winch 1972c, 197-200）。[46] 或者她可能已经承受了他人对她的非正式的惩罚。她已经遭受了公共的批评，社会的排斥，也许她失去了工

---

[46] 我们必须把这种情况与另外一种情况相区分，那就是犯罪人已经遭受了与其犯罪无关的严重伤害，他也没有把它当作因犯罪而承担的惩罚。我们可能将这种伤害作为免除犯罪人刑罚的理由，尤其是在伤害严重而犯罪程度相对轻微的情形下。但是这是一个宽容的问题，不是刑罚公正的问题。我们可以说，不是他已经承担了足够的刑罚，而是他所遭受的使得对他适用刑罚不适当了。我在这不讨论宽容的问题（但可参见 Murphy & Hampton 1988, 157-86）。然而，我认为，在刑罚和宽容的语境下——与公正不同——包含一种理念，即把我们和犯罪人的注意力都集中在他的犯罪上是残酷的，在这个时候，我们应该怀着一颗同情心关注其他灾难或者伤害，这些灾难或伤害已经非常合理地占据了犯罪人的注意力。

作或者朋友，她将这些视为对其罪行的惩罚（主要参见 Husak 1990）。对于这些情况，我难道不能说犯罪人已经承受了足够的惩罚，而不应该再承受法律的刑罚吗？

在思考这些例子时，一个需要注意的关键点是，在我的理论中，刑罚会关注忏悔和改造的目标，但它也会致力于与被害人达成和解（包括直接的被害人和整个社群），并且这种和解的达成是通过刑罚的严厉措施，因为它构成了一种强制性的、公开的道歉。刑法，并通过法院的审判，为犯罪人作出补偿性的道歉明确了适当的方式和内容。至此，在上段所描述的前两个例子中，并不存在犯罪人所作出的公共的忏悔。她所做的或者她所承受的，或许可以成为她与上帝之间的和解，或者与自己良知的和解，甚至可以成为她与被害人之间的和解，如果她作出了某种私人的、补偿性的道歉。但是，她并没有作出与社群达成和解的必需行为，而她所违反的，正是社群的法律和价值。这就是为什么她必须还要被惩罚——如果她承认其罪行是对社群的公共不法行为，那么她也应当将自己置于审判、定罪和刑罚的相关刑事程序。

对于第三个例子，即犯罪人将非正式的刑罚视为一种忏悔，那么答案就不是如此的明晰，因为我们可以设想，如果犯罪人所承受的非正式的刑罚，以及她给予的回应是类似于正式刑事程序后所应承受的刑罚。然而，如果这样的话，基于犯罪人已经受到足够的惩罚，自然就有充足的理由免除她现在所面临的正式刑罚（正如 Husak 1990 所论述的一样）。（当然也存在充足的理由，法律会阻止这种非正式的刑罚，甚至在极端的情况下会将其定为犯罪，因为它们很有可能被误用或滥用。）

即使一个已经悔罪的犯罪人仍然应当接受（事实上，她也愿意接受）忏悔性的刑罚，难道我不能认为，她应当比那些没有悔罪的犯罪人，获得相对较轻的刑罚吗——即她的悔罪应当成为量刑的减轻情节吗？[47]

在现行的刑罚实践中，悔罪确实被认为是减轻刑罚的情节，或者是提前释放的考量因素。一个认罪的犯罪人，在对他的审判中可能会获得较轻的刑罚。这种减轻的合理性可能在于认罪反映了他的悔罪（虽然更为合理的解释是，这会鼓励犯罪人节省国家对一个较长审判所花费的投入，以及避免被害人或其他证人因为作证所感到的不安；参见 Ashworth 1995a, 136-40）。一个已经向被害人"自愿"作出赔偿的犯罪人，可能会承受较轻的刑罚（Ashworth 1995a, 141）。一个想从监禁刑获得假释的犯罪人，部分将取决于他是否表现出"愿意解决他的罪行"（Walker & Padfield 1996, 197, 引用 1992 年英国内政部对假释委员会的指示）：忏悔性的证据可以减少他的刑期。但是，如果这样的规定旨在奖励或鼓励忏悔，那么它们在道德上也是有问题的。它们为不真实的虚假忏悔，提供了一个动机。如果对无辜者的误判可能是因为他们为了避免更严厉的刑罚，迫于压力而认罪，或者如果无辜者被误判后，因为依然坚称自己无罪而导致其假释申请被否决，那么这些规定对于他们则是严酷的。

但是（出了一种例外情况），我的理论基于两个原因，并不认为忏悔应当给予犯罪人获得更轻刑罚的权利。

第一，罪刑相适应原则是我的理论核心。如果刑罚是向犯罪人表达其罪行所应得的责难，那么它也必须表现出责难所应具有的相当严厉程度或等级。它既不能夸大，也不能降低罪行的严重程度。而责难的严厉程度或等级，是通过刑罚的严厉性所体现的。一个较严厉的刑罚标志着罪行相对严重，一个较轻的刑罚意味着罪行相对较小（参见 von Hirsch 1993, 15-17）。对一个已经忏悔的犯罪人施加一个较轻的刑罚，就意味着忏悔降低了罪行的程度。但是，通常却并

---

[47] 我的论述看起来似乎有两个方面的隐意：要么意味着一系列不确定的量刑（因为我们不能预测犯罪人多久才能开始悔改），要么意味着对那些看起来顽固不化的犯罪人施加较为严厉的刑罚——这样会与比例原则的要求相冲突（参见 von Hirsch 1993, 75-76）。下面我会对异议做出回应（参见本章第 7.4 节以及第四章第 1 节）。

不这样。

（但是，例外的条件是：有时候，一个犯罪人会**立刻**产生忏悔，这可以说明其犯罪时是一种短暂的失控，而这会改变其罪行的性质。她伤害了另一个人，但立刻对伤害行为感到忏悔，她对自己的行为感到震惊，并竭力帮助被害人，并向其作出道歉。此时，我们可以对伤害行为给予不同的理解——这并不是一个她真正的恶毒的伤害行为，而是一个她已经自我谴责的失控行为。那么，她即刻的忏悔就可以成为适当的减轻因素：因为它降低了其罪行的严重程度。）[48]

第二，在我的理论中，刑罚的目的不仅在于强制地、充分地与他人沟通忏悔，也在于产生并加强这种忏悔。犯罪人通过承担悔罪性的刑罚，向被害人和整体的社群清楚地表明，她的确忏悔其罪行，并努力作出道歉性的补偿。至此，如果将一个没有悔罪的犯罪人的刑罚，视为包含两个独立的且连续的阶段——即第一个阶段意在产生忏悔，而第二个阶段可以让她表达这种忏悔，那么，这似乎会促使我将悔罪算作一个减轻的因素。因为对于已经悔罪的犯罪人，就不需要第一个阶段了。但是，这并不是我要提供的理论图景。相反，**整个**刑罚都应致力于产生和表达忏悔之双重目的。它应当体现于刑罚的具体形式和严厉程度，使刑罚成为对被害人充分的道歉性补偿。对于一个已经忏悔的犯罪人，刑罚一开始就具有这样的意义，然而对于一个尚没有悔罪、但将会忏悔的犯罪人，刑罚意义的实现，只有在执行之后且具有一定程度的回溯性——因为犯罪人将以这样的方式，理解并认同她已经承受的刑罚。这两者之间的区别，并不是前者比后者可以要求或应当承受更轻的刑罚，而是前者先于后者理

---

[48] 那些认为刑事责任应该依赖于"人格"的人可能比这更进一步，认为任何时刻的真正忏悔都应是一个减轻情节，因为他们的忏悔比起那些毫无忏悔之意的人来说，显示出较小程度的邪恶或者危险的性格。但是我认为（Duff 1993）刑事责任应基于行动，而不是"性格"，仅仅一个当时的忏悔不能够改变犯罪行为的道德属性。

解并认同其刑罚是一种悔罪的适当方式。[49]

7.4 反叛的犯罪人

当然，某些犯罪人即便服刑完毕，仍然没有悔罪。这些例子看起来可能会对我的理论造成更多的问题。难道我不会主张，我们应当延长他们的刑罚以寻求他们产生忏悔？但是这样做，将会再次让我的理论与罪刑相适应原则相冲突，并且将会把刑罚转变为试图强制犯罪人让其屈从，而不是将他们视为自治的道德主体。而且，难道我不承认，惩罚一个犯罪人但并没有让其悔罪，是一种失败，并且如果我们事前就知道他不会悔罪，那么我们还能正当地惩罚他吗？[50]

我们应当区分几种不同的，没有悔罪的或反叛的犯罪人。一些犯罪人根本就没有认真倾听对他们的刑罚意在沟通的信息。另外一些人虽然倾听，但是没有被说服。某些人没有倾听或者没有被说服，是因为他们根本不在乎其行为的（公共性的）正确或错误。另外一些人没有倾听或者没有被说服，是因为他们相信某些与法律所包含的价值相反的信念。而在后者这种具有原则性的分歧者之中，某些人相信的价值，至少也应得到认同法律所包含价值的人的尊重。但另外一些人所相信的信念，则会遭到认同社群价值的人的反感。

有一点我们应当注意，如果原则性的分歧者（principled dissident）所持有的价值信念，是社群应当尊重的，那么法律对他们的表达（也是刑罚对他们的表达）将会不同于其他的分歧者（参见本书第99~102页）。举一个让人同情的例子，假设一个人将病症晚期的朋友杀

---

[49] 那么这会不会导致犯罪人认罪不降低刑罚的结论呢？我认为不会。如果刑事司法体系旨在强调公平正义，那么就不应该发生收买被告人促其认罪的情况（尤其是这样会对无辜者施加压力导致其认罪）。如果有人认为这将导致刑事司法体系没有效果，因为只有许多被告人认罪它才能起作用，我的回答就是，如果要认真对待公平正义，我们就必须为它提供所需要的资源。

[50] 参见 Bickenbach 1988, 780-83; Ten 1990, 204-5; Baker 1992b, 157-59; Gragg 1992, 74-77; von Hirsch 1993, 10.

死了，而且他真诚地相信这在道德上是正当的（甚至是必要的），虽然法律仍会将其视为谋杀。法律仍然会对她说，正如它会对所有的公民说，这样的杀害是错误的，并且她的刑罚也意在让她理解并接受这种行为的不法性。但是，此时法律向其所解释这种行为的不法性，更像是一种法定犯，而不是一种明确的自然犯。即使出于值得尊重的理由，她不同意法律的规定，但她也应当出于对法律的尊重和公民的义务而遵守它。因此，她的刑罚必然包含了这个更为复杂的信息，并且比起那些罪行并非出于值得尊重的价值信念的犯罪人，她所面临的刑罚将会被适当地减轻。

  但是，一般而言，我的理论禁止延长对反叛者的刑罚直到他们悔罪。一个理由依然是，刑罚的严厉性应当与犯罪行为的严重性相匹配；正如，后来产生的忏悔无法减轻犯罪的严重性，犯罪人的反叛也不会加重它。另一个理由在于（这也是为什么我们不应当将犯罪人的反叛本身视为另一种应当惩罚的犯罪），刑罚必须将犯罪人视为自由政体的成员，他享有的自治必须获得与其他公民一样的尊重。这样的尊重，与尝试说服犯罪人忏悔其罪行、认同谴责其罪行的价值信念，并不冲突（即使这是一种通过刑罚严厉措施的强制式尝试）。我们会向其表达，甚至强制其倾听以下的解释，即其应当忏悔的行为具有公共的不法性。但是，接受该解释，或者继续拒绝该解释，是由他自己所决定的。而关键在于，这样一种强制式的道德说服，就像其他的理性沟通一样，必然是有缺陷的：不仅仅因为它或许在事实上确实无法说服犯罪人，而且它也必须保留这样的可能性。如果我尝试说服其他人接受我认为她应该接受的道德原则，我将会采用她认为在道德上或理性上具有说服力的论据和方式，以呈现我的论点。但是，我的尝试必须作用于她自己的良知判断和理解能力，这就要求我将最终的权利留给她自己，以决定接受**或拒绝**我的观点。刑罚作为一种道德说服，也是如此：如果它包含一种适当的尝试，以说服一个负责的、自治的主体忏悔其罪行，而不是一种不正当的尝试，以威胁或操纵获得他的顺从，那么它也必须给予其拒绝这些信息的权利。[51]

如果犯罪人没有被说服，那么在此意义上，刑罚的确是失败了：刑罚没有让他认识到其行为的不法性。然而，如果刑罚让犯罪人认真倾听了并思考了其寻求传达的信息，那么刑罚在**部分上**仍然是成功的。它至少成功地让犯罪人对其所为进行了认真的道德思考。但是，有时候连这都是难以达到的：犯罪人根本不会去倾听对他施加刑罚所意在表达的道德信息。或许我们有很好的实证理由事先就相信，犯罪人是不会倾听的。但是，基于前述的理由，我们不能延长他的刑期以试图强制他倾听。那么，是不是我必须承认，在这样的情况下，刑罚将彻底无法实现它正当的目的，并且如果我们可以预知这种失败，那么就无法正当地惩罚这些坚定的分歧者呢？

此时，刑罚自然无法实现其作为沟通性事业所指向的未来性内在目的。它无法说服犯罪人忏悔其罪行，甚至认真思考其罪行。它也无法说服其实现自我改造。它也无法实现通过忏悔和道歉所激发的真诚的和解。但是，即使我们确信它会失败，刑罚仍是正当的，因为有时候即便我们确信结果注定是失败的，我们依然可以做出正当的尝试。

能够证成这种尝试的正当性，部分源于这是对被害人和社群所负有的义务，社群共同承受着被害人所遭受的侵害，而侵害正是对社群价值的违反。认真对待侵害行为，也就是致力于给予犯罪人责

---

[51] 一旦我承认自由政体的主要价值观不能合理地被视为对排斥它们的人具有束缚力（参见第二章第5节），而我也不得不承认任何让他们接受那些价值观的刑罚尝试都将否定他们作为自主道德代理的"价值观的独立性"——这是在尝试把这些价值观强加到他们身上，而且这些价值观还不一定被合理地接受（参见 Bickenbach 1988, 780-85；Cragg 1992, 74-77），这种观点可能会受到质疑。如果承认那些价值观不能合理地被展现出来，那么这种质疑就会削弱任何没有接受这些价值观的人应当接受它们的主张。但是，这种情况不会发生（参见本书第 109~110 页；Duff 1988）。只要持异议者没有受到政治的排斥，只要还存在他们可以参加讨论、让别人倾听他们的声音的适当政治机制，我们就能很好地坚持他们应该接受政治社群价值观的立场。只要他们还保留拒绝被说服的自由，我们就能适当地惩罚他们，努力尝试让他们倾听这样的信息。

难,并尝试说服其作出他所应当的道歉。通过努力获得犯罪人的适当补偿,我们同样关注犯罪的结果。但是,这种尝试的正当性同样源于我们对犯罪人所负有的义务。如果基于刑罚无法说服其忏悔,就免去了对他的惩罚(或者仅仅将他置于威慑性的或剥夺其犯罪能力的措施),那么就不再将其视为一个道德的主体,一个规范性社群的成员。否则就是将犯罪人视为在道德上不可救药的,对社群的价值也遥不可及。但是,我们不应当这样对待一个伙伴。我们对他负有义务,即我们应当继续相信,对于所违反的价值,他并非是彻底隔绝的,他是**能够**实现自我救赎的——即使他不会这样做。同时,通过刑罚,我们给予其作为伙伴所应当享有的持续性关怀。

但是,如果十分明显的,犯罪人将不会忏悔,也不会道歉,那么对他的刑罚又如何可以实现他与被害人或广大社群的和解呢?如果简单地对他施加刑罚,而他甚至连假装的道歉可能都不会作出(参见本书第161~162页),我们可以将道歉仪式的观念扩大适用于这种情况。如果犯罪人自己已经承受了补偿性责任,这就可以构成一种适当的补偿性道歉。那么此时,他的同胞就应当视为他已经道歉了。这并不是让他们假装相信他们的认知是错误的——即假装相信犯罪人已经道歉了,即便知道他没有。相反,这是以另一种方式,将犯罪人视为可以自我救赎的人——一个可以在未来避免犯罪的人,这也是我们对他负有的义务,希望他能够这样做。如果他只是简单地被施加了刑罚,那么或许他并没有**履行**他所负有的道歉义务。但是,正如他已经作出该义务性行为,那么此时,强制者就应当视为他已经履行了该义务(可参见第四章第4.2节)。

对于反叛的犯罪人,还有最后一点值得注意。某些没有被说服的犯罪人,会将对他们所施加的、作为道德沟通模式的刑罚,理解为给予他们避免犯罪的谨慎性理由——即对于他们,刑罚的运行是作为一种谨慎性的威慑。这种理解本身,并没有削弱惩罚他们的正当性。事实上,作为自治的道德主体,犯罪人享有以这样的方式回应其刑罚的自由。但是,或许会有这样一种诱惑,即**依赖**这种威慑

刑罚·沟通与社群
Punishment, Communication, and Community

性的效果证成对他们刑罚的正当性：即认为，惩罚他们依然是有价值的，因为对他们的刑罚还是保护公民免受犯罪侵害的有效方法，即使他们没有被道德所说服，他们（或者像他们一样的人）可能会被有效威慑。如果我们认真对待这样一种刑罚观念，即刑罚是一种道德沟通的事业，并且反对将刑罚视为一种威慑（参见本书第1.2节、第3节），那么我们必须拒绝这种诱惑。只要对他们的刑罚的目的和建构，是立基于一种道德沟通的模式，那么认同犯罪人可能仅仅将刑罚视为一种谨慎性威慑，就不会削弱刑罚的正当性。刑罚依然将他们视为规范性社群的成员，并使用适当的叙述语词，同时依然向他们寻求适当的回应。然而，如果我们开始就依赖于威慑的效果，威慑就将成为其刑罚目的的一部分。如此一来，我们的目的变成了给予犯罪人道德性的说服，或者，如果这无法达成时，就威胁他们。但是，这实际上就将刑罚的运用（如果必要时）当作了一种威慑；而将刑罚作为一种威慑，并不符合将实际的或潜在的犯罪人视为规范性政治社群的成员所应享有的关怀。

　　一个沟通性的悔罪式刑罚制度，可以表现自由政治社群的价值信念。这样一种制度是包容性的，而不是排斥性的。它将实际的或潜在的犯罪人视为规范性社群的成员——即他们同时受到社群公共价值的约束和保护，并且他们需要与同胞伙伴达成和解。此种制度认真对待犯罪人的罪行，但是并非通过刑罚将他们排除在社群之外。它将犯罪人视为自治的道德主体，这也就包含了自治的自由主义核心价值：即虽然刑罚寻求产生忏悔和改造，但这些目标的达成，是通过说服他们，让他们自己认识到其行为的不法性。

　　无疑，某些自由主义者不会被这样的论述所说服，并且他们会坚持认为，这样一种刑罚观念将无法与建立在自由价值之上的政体相契合。相反，他们或许会主张，有限的威慑性刑罚制度（参见本章第3节）比起我所建议的悔罪式刑罚制度，更符合自由主义的价值。通过回应这个评判，我将进一步阐明我的理论。

8. 悔罪式刑罚与自由的国家

即使我的论述是正确的,即悔罪式刑罚(如果其运行是遵循正确的方式和精神)并没有侵犯犯罪人的自治,自由主义者或许仍然会主张,它侵犯了一个自由的国家必须给予其公民的**隐私权**(参见 Lipkin 1998; Baker 1992a; von Hirsch 1993, 72-75, 1999)。

悔罪式刑罚(penitential punishment),作为一种说服犯罪人忏悔其罪行的尝试,似乎预设或者努力创造着一个体现在被惩罚者和惩罚者之间的相当紧密的社群(毕竟,忏悔的观念看起来最为熟悉的语境,就是一个紧密的、精神需求的宗教社群)。它企图侵入,或者打破"[犯罪人]内在的灵魂堡垒"(Lucas 1968-69, 215)。它强制性地侵入到犯罪人最为深层的道德品格。这种对犯罪人道德境况的持续性关注,或许对一个紧密的友谊,或家庭,或宗教的社群是适当的。但是,对于一个自由国家的刑罚制度,这肯定不是其适当的职责。即使对于那些"至善论者",他们相信"让人们成为有道德的人"符合一定的国家利益(参见 George 1993),但他们仍可以主张国家不应采用刑罚作为达到这个目的的直接手段(George 1993, 42-47, 75-76; Murphy 1985)。法律会将某些行为宣告为公共的不法行为;通过定罪和刑罚,它意在向犯罪人表达其罪行应得的责难。这样,它就向公民提供了避免犯罪的道德理由,并**希望**他们能够关注这些理由,并被其影响;它也**要求**犯罪人关注其罪行的不法性。但是,悔罪式刑罚则走得更远,它试图**侵入**犯罪人的良心和道德品格。而这是一个尊重其公民隐私的国家不应当做的,因为这也是单纯作为犯罪人伙伴的其他公民所不应当做的,虽然有时作为政治社群的伙伴,他们彼此不只是**陌生人**。但是,他们并不是他的朋友或家人。他们应当与犯罪人保持适当的距离,除非犯罪人选择加入一种更为紧密的关系。

相反,上述第 3 节所描述的、一个有限的威慑性刑罚制度,就与犯罪人保持了这种尊重性的道德距离。它给予其将刑罚视为一种忏悔方式的**选择权**,但是仍给予她自由,可以将其刑罚视为一种单纯的谨慎性威慑,同时处罚她的法律只是对她行为的外部要求。它并没有企图强制性地侵入她的道德品格。这样,它就尊重了其道德品格的隐私,而悔罪式刑罚却没有做到。

至此可见,悔罪式刑罚当然是要求更高,并且对于那些厌恶它的人而言,它确实是具有侵犯性的,从某种程度上,单纯威慑性刑罚却并非如此。如果我因为醉酒驾驶而被捕,那么我会接受对我的罚金以及对我驾照的吊销。这些刑罚可能会对我造成相当的不便,并且给了我很好的谨慎性理由以遵守法律。但是,假设我所受到的刑罚包括会见醉驾的被害人,拜访被害人的监护病房,以及观看撞车事故的纪录——目的在于,能够让我直面不法行为的危害,并强制我面对我的罪行。比起罚金或暂时吊销我的驾照,这些措施或许并不更具有负担性,因为它并没有花费我更多的金钱、时间或精力,但是它或许会更加令人不安、不受欢迎,因为它包含了一种强烈的道德质疑。我或许会更接受罚款或暂时的吊销驾照,而它们——正如我感觉到的侵犯性——对于我良知的拷问以及对我道德品格的介入,与上述措施完全不同。因此,即使对其他更为严重的犯罪人来说,他们或许也更倾向于一种精密的威慑性制度所施加的较重刑罚,而不是通过直面其罪行的性质和结果、意在产生忏悔的刑罚。

这种对悔罪式刑罚的侵犯性的担忧,或许并不会因为自由社会对刑罚的范围和程度所设定的限制(参见第二章第4.5节)而有所缓和:法律和刑罚制度应当关注的,仅仅是对重要的价值或利益作出的攻击行为或危险行为,以及从这些行为中直接反映出的态度。这实际构成了我的理论与某些"恢复性"或"非正式"司法之间的区别,后两者会认为,对犯罪的处理应当采用一种开放式的、没有限制的讨论方式,任何内容都无需被排除在外,但是我的理论认为,对犯罪人的适当审判和刑罚,只能关注于构成其犯罪的行为或态度。

但是自由主义者或许仍然会认为，我主张的刑罚会对犯罪人的道德境况给予一种过度侵犯性的和强制性的关注。

这种担忧也不会因为如下这样的警示而有所缓和，即虽然悔罪式的刑罚是强制性的，它施加于犯罪人而无关乎他们的意志，但是他们不能强制犯罪人进行理解，或者强制他们拥有应然的道德态度。虽然犯罪人被强制听到刑罚意在向其表达的信息，并且开展寻求说服他们认同的刑事程序，但是他们不能被强制地倾听这些信息，或者被强制地**说服**——他们最终有权利，排斥或拒绝听取这些意在产生忏悔精神的信息。除了这样一种危险，即正式运行的强有力的道德说服，会转变为一种试图强制犯罪人道德顺从的压迫，自由主义的批评或许还会坚持认为，道德信念或道德态度，像所有的良知问题一样，并不是刑法所关注的适当对象——它们属于国家必须尊重的、个人可以自由选择的私人领域。

但是，是什么证成了这种"私人"概念的正当性呢？"私人"并不是一种形而上学的**"既有"**概念（参见本书第 72~73 页）。什么可以算作是"公共的"或是"私人的"，将取决于社群本质对其作出的划分。因此，如果有人质疑悔罪式刑罚侵入了"私人"的良知领域，那么他们就不能将这种反对建构在一个先验的"私人"概念之上，并以此认为，这些问题**当然**属于私人领域。毋宁说，他们必须首先主张一个自由的政体**应当**将这些问题定义为"私人的"。但是，为什么应当如此呢？

良心自由，思想和信仰自由，言论自由，的确是自由社群的重要价值。在与同胞伙伴的关系中，我的良知、思想和信仰属于我的"私人"领域，除非以及直至我将他们发表在公共领域；甚至是公开发表的言论，就法律而言，通常也仍然属于"私人"的领域。当然，即使在这里也存在着对隐私一般性限制（虽然具有一定的争议性）。某些言论，某些观点和信仰的表达是当然关涉法律的。但是，针对悔罪式刑罚的影响，自由主义者们通常的担忧在于，刑法一般应当关注（外部的）行为，而不是（内在的）态度；并会引用刑法所基于的"伤害原则",即仅关注对被保护利益的伤害行为(参见 Feinberg 1984-88)。对于这个原则的标准理解应当是,刑法所关注的"伤害"通常是可以明确独立于引起这些伤害的行为(关于故意杀人的法律规定所关注的实际上是死亡的结果)。法律规定禁止或预防具有伤害性的行为,正是在这个意义上,关注造成伤害的原因行为或责任行为,而并不关注这些行为背后的目的或态度。只有在确定行为人是否要为这种伤害性行为或危险性行为负责时,法律才关注他的目的或态度。

法律对它的公民负有如下义务,即将他们作为潜在的犯罪被害人,努力避免这种伤害或危险的行为。法律也负有义务,将公民作为法律强制性关注的潜在被害人,追求预防伤害的目标时,必须尊重他们作为自治主体的属性。至此可见,悔罪式刑罚能够保护公民免受未来犯罪的侵害。如果一个犯罪人产生忏悔,那么他也很有可能不会再犯。但是,反对者会主张,这种追求预防犯罪的方法,并没有尊重犯罪人的隐私和自治。悔罪式刑罚或许会给犯罪人带来道德上的好处。作为社群的成员,犯罪人忏悔其罪行,并与她的同胞伙伴达成和解,这对她是有利的。但是,即使国家可以对其公民的道德品格给予一定的适当关注,它也不应当通过这种强制性的、侵犯性的刑罚来实现这种关注。

但是,这种反对观点是建立在一种不充分的伤害概念之上(参见 Duff 1996b, 363-74)。核心**自然犯**(例如杀人、强奸、盗窃、故意伤害)的被害人所遭受的伤害,不仅仅是这些罪行所造成的身体上的、物质上的,或是心理上的损害**后果**,而是基于一个事实,即他们是自身合法利益被**侵犯**的受害者——这是对他们自身的侵犯。这种侵犯的伤害性和不法性,在于它所反映的恶意的、轻蔑的、不尊重的目的和态度,这亦反映在损害后果之中。因此,行为人的目的以及实际的态度(这些都直接反映在他的行为之中),是责任承担的相关条件——这些条件将关系到他对伤害行为或危险行为的责任。但是不仅如此,它们还是行为不法性的重要内容——而这正是刑法关注这些行为的正当原因。[52]这很好地解释了为什么我主张，（本书第105页）刑法应当关注**行为**，而这个"行为"应被理解成包含实施这个行为的目的和态度。

所以，法律负有将公民作为潜在的被害人，使其免受多种不法行为的侵害的义务。这不仅是依据实际或可能的后果所建构的外部"行为"，而是依据一种具有更丰富内涵的行为概念。法律对犯罪的回应，也必然是对它们不法性的回应：即犯罪不是单纯的外部伤害性行为，而是不法的行为。法律对被害人负有做出认同他们所遭受的伤害之性质的义务，同样，它也对犯罪人负有关注于其行为的回应义务，而正是该行为，使得行为本身和行为人成了法律关注的适当客体。同理，犯罪人对他们的被害人和同胞伙伴负有道歉的义务，即承认他们行为的不法性。赔偿可以弥补物质性的伤害，但只有作为公共悔罪表达的道歉，才可以弥补对道德的伤害。

所以犯罪人不能主张，他的犯罪行为所表现的目的和态度属于"私人"领域，从而不是刑法的关注对象。强奸犯的行为，反映出他对被害人的性尊严的轻蔑和无视，而恶意地侵犯了她；醉驾的司机，则无视其他道路使用者的安全，而实施了应受谴责的行为。悔罪式刑罚关注这些（现实的，被体现的）态度，而它们对犯罪人的同胞伙伴而言，是有害的并应受谴责的。通过审判，犯罪人因为这些态度而向其同胞负责；通过定罪，犯罪人因为这些态度而受到责难；他的刑罚则意在让他认识并忏悔这些罪行。这种关注的正当性，并不是因为国家可以通过刑法，对其公民的普遍道德品格拥有一种强制性的干涉利益，而是它可以适当地让犯罪人承担相应的责任，并要求他们关注自身的态度，这些从犯罪行为所反映的态度说明了他对法律社群核心价值的轻视。犯罪行为所体现的这些态度，不能说是无关法律的、属于个人思想或良知的"私人"

---

[52] 同样地，具有一定的危险但没有侵害到别人利益的轻率行为的不法性，不仅仅呈现在行为人明知制造风险这一事实，也呈现在其外在行为表现出的实际的漠不关心。参见 Duff 1990c, ch. 7.

领域。

所以，我的结论在于，一种沟通性的悔罪式刑罚制度，并没有不正当地侵入犯罪人的隐私。它符合并彰显了对犯罪人作为自由政治社群成员——虽然他可能是一个顽抗的或不情愿的成员——的关怀和尊重。

9. 但是……

我的理论认为，刑罚应当被视为一种沟通性的事业，它意在向犯罪人表达其罪行所应得的责难，并以此让他们忏悔罪行，改造自我，与被害人达成和解。我认为，这种理论为将严厉的刑罚措施作为沟通性事业的一部分，提供了道德上的合理根基——作为一种世俗的悔罪，严厉的刑罚措施本身将致力于忏悔、改造与和解。至此，它实现了报应主义的核心正义，即刑罚必须关注于作为其施加对象的罪行，并以此证成其正当性。它也实现了结果主义所关注的正义，即刑罚的正当性必须基于它意在达成的某种效果，同时它也实现了废除主义所关注的正义，即我们不应当意在给犯罪人"造成痛苦"，而是为了达到修复、补偿与和解。我的刑罚理论正是通过修正或重新解释这些理论，以实现这些正义。对于报应主义，我认为它认同犯罪人应受惩罚的观念，但在一定程度上也会坚持认为，刑罚不能纯粹是回溯性的。它也必须意在实现某种未来的效果。对于结果主义，我认为它认同刑罚应当意在实现某些效果，但是它也应坚持认为，如果刑罚被视为实现这些效果的偶然性有效工具，那么它的正当性将无法被证成。它能够被证成是因为，如果刑罚能够被正确的理解，那么对于这些效果，它是一种具有本质相关性的适当方法。基于此，即使当我们有充足的理由相信，刑罚无法实现这些效果，但是作为一种实现这些效果的尝试，刑罚的正当性依然可以得到证成（参见本章第7.4节）。对于废除主义（以及那些将自身目的设定为本质上的非惩罚性程序，如"恢复性"司法，刑事调解，缓刑），我认为它应同意我们应当意在实现修复和和解，但是它也会坚持认为，这些情况是与刑事制度相关的，补偿的目的是基于不法行为的侵害，而修复和和解正是通过刑罚才得以实现——对刑罚的理解，不只是产生痛苦，而是世俗的悔罪。

这样被构建的刑罚，符合自由政治社群所明确表明的价值信念。它没有将犯罪人视为一个法外之人，放弃自身公民属性的人，相反，而仍是规范性社群的一个适格成员；它是包容性的，而不是排斥性的。刑罚将他们视为同样受自治、自由和隐私这些核心自由价值观念约束和保护的公民。它将他们视为负责任的道德主体，对其公共的不法行为承担责任。但是，刑罚也同样尊重他们的自治（刑罚寻求说服他们，而不是强制），他们的自由（刑罚是对其不法行为的正当回应，并且给予他们拒绝说服的权利），和他们的隐私（刑罚只关注那些属于公共领域的生活和行为）。

但是，至此……：我的理论（至少）还在两个重要的方面非常不完整，并且该理论的合理性和可行性可能因此受到质疑。

第一，它对量刑的影响。刑事调解，缓刑和社区服务或许是悔罪式刑罚的适当模式，但是对于监禁刑和罚金刑（更不用提死刑了），这些所熟知的刑罚种类，它又能发挥什么作用呢（如果能有这样的作用）？以及，量刑者应当如何确定一个犯罪人的刑罚种类或刑罚程度呢？如果不讨论这些问题，那么我的理论将是非常模糊的。而且尚不清楚的是，它是否能够产生具有道德合法性的刑罚制度。

第二，尽管我引用了现行刑罚实践的某些例子（例如刑事调解项目，以及将缓刑和社区服务作为此种刑罚的适用适例），但尚不清楚的是，我的理论如何与我们现行刑法制度和刑罚制度的实践情况相联系。这个理论基于一个理想（化）的概念，即自由的政治社群，但是我们必须追问，我们现行的政治社会与这种理想的实现，究竟还有多大的差距——以及如果它无法达到，又会有什么样的影响。这个理论将刑罚描绘成为一种尝试，即让犯罪人参与到一个纯粹的

130

道德沟通的事业，其意在忏悔、改造和和解，但是我们必须追问，我们现实的刑罚实践情况或者根据该理论而形成应然的状况，与这种描述，究竟还有多远距离——以及如果它无法达到，又会有什么样的影响。我们必须追问，这种理想（化）的刑罚是否能够提供一个合理的模型，以改善我们现实的刑罚实践——如果它不能，又会有什么样的影响。

我将在第四章和第五章，阐述这两大类的问题。

Chapter 4 第四章

沟通式量刑

一个规范性的刑罚理论,必须包含或者能够产生一个量刑理论——即特定的刑罚方式和刑罚程度如何被分配给特定类型的罪行和犯罪人。只有此时,该理论才可以引导或者与现实的刑罚实践相联系。规范性的理论化思考,必须始于刑罚应当致力的目的,以及刑罚必须予以回应并以此建构的价值。但是,至此它还没有提供一个可以付诸实践的刑罚理论,直至它可以展现,依据这些目的和价值刑罚是如何被确定的。量刑——即对于特定(种类)的罪行和犯罪人,施加何种方式和程度的刑罚——是刑罚实践的核心问题。

在此我无法提供一个完整的量刑理论。[1]但是,我会讨论有关量刑的四组问题,这应当会呈现第三章所发展的一般刑罚理论,如何产生一个可实践的、合道德的量刑理论。

在本章第1节中,涉及一组有关"罪刑相适应原则"的问题,包括它在量刑中应当起到何种作用,以及它的含义应当是什么。在第2节中,将涉及另一组有关刑罚具体方式的问题,而不是刑罚程度的问题(这是罪行相适用原则所关注的);即无论是一般的论述或是针对特定的罪行,刑罚可以采用何种正当的形式?在具有选读性质的第3节中,第三组问题将涉及量刑责任的分配:即立法者,量刑委员会,或者其他类似的机构,个体量刑者,以及被害人和犯罪

---

[1] 通常参见 Robinson 1987a, 1987b; Morris & Tonry 1990; von Hirsch 1992, 1993; Tonry 1996; von Hirsch & Ashworth 1998.

人，他们在量刑过程中的作用。最后，在第 4 节，我将讨论"习惯的"和"危险的"犯罪人，他们似乎对我的沟通性刑罚理论设置了特殊的障碍。

1. 相称的刑罚

任何一种规范性刑罚理论都会包含某种罪刑相适应原则，即要求刑罚应当与其正当性基础相称。例如，对于纯粹的结果主义者，刑罚必须与其意在防止的伤害相"适应"，也就是说，刑罚不能超过伤害的程度。但是，当讨论刑罚理论中的"相适应"原则时，通常是指一种特定的原则——即刑罚与其针对的罪行之间的相适应。因此，对纯粹结果主义者的一个通常批判，就是他们无法为罪刑相适应原则提供空间或足够坚实的基础，原因在于他们的正义观并不包含刑罚必须与作为其施加前提的罪行相适应。而边界约束结果主义理论，则会设定一个一般性限制，即刑罚必须与罪行相称，或者不能不相称（参见第一章第 2.1 节）。

某些罪刑相适应原则会基于强烈的直觉判断，人们会抱怨某种刑罚对于特定的罪行是过轻或过重了，似乎这种抱怨出现的频率（和热情）已经证明了这个原则。某些罪刑相适应原则则是基于刑罚必须针对犯罪行为的本质观点。如果刑罚针对一个犯罪行为，那么它的性质和程度都自然由该犯罪行为所决定。而某些罪刑相适应原则同样成了某种报应主义的内在要求。如果刑罚的正当性是来源于这是犯罪人因为其罪行所应得的，那么它必须与这个罪行相适应。但是，在此我所关注的是，这样一个原则在第三章所发展的沟通性刑罚理论中所应当发挥的作用和应当具有的内涵。

对任何一种将刑罚的目的或是首要目的定位在向犯罪人表达其罪行所应得之责难的刑罚理论而言，罪刑相适应原则都是其内在的要求（参见上述第三章第 7.3 节；也可参见 von Hirsch 1992, 69-71；1993, 15-17）。我们必须决定的，不仅仅是犯罪人应受的责难，而且是他应当受到多重的责难：罪行越严重，其应受的责难也越严重。这种责难是通过严厉的刑罚措施加以表达的，并且严厉性正是这些措施以及责难所包含的重要内容。如此，刑罚措施的严厉性将是沟通性责难的严厉性：刑罚措施越严厉，沟通性责难也就越严厉。但是，此时公正的一个直接要求（也是沟通真诚性的要求），就是犯罪人刑罚的严厉性（也就是刑罚的严厉措施）应当与其罪行的严重性相适应。对她施加过重或过轻的刑罚，也就是向她表达了过重或过轻的责难。如果是这样，刑罚就是不真诚的、非正义的，因为刑罚比起她所应得的责难，或重或轻。

但是，这些基础的论述远远没有论证，"罪刑相适应"是什么，以及在沟通性的刑罚制度中，它应当具有何种作用。

1.1　相对的原则还是绝对的原则？

罪刑相适应原则，至少可以明显地是一种**相对的**或"序数性"（ordinal）的相称原则。[2] 它至少可以要求，一个犯罪人所承受的刑罚，**相对于**对其他犯罪人施加的刑罚是相称的（或者并非不相称）。犯罪人如果犯了一个相对严重的罪行，那么他就应当受到相对严厉的刑罚，并且犯了更严重罪行的犯罪人，比起那些犯了较轻罪行的犯罪人，他们的刑罚也应当更为严厉。如果对一个犯罪人的刑罚越重，那么对他的责难也越重，这也表明其罪行也越重；且此种描述肯定是正当的。[3]

但是，任何一个具有不同严厉程度的刑罚制度，都可以满足相称原则的相对性要求。例如，特定刑罚制度的最低刑是罚金1美元，最高刑是1年监禁，可以满足上述原则的要求。而对于一个最低刑

---

〔2〕 参见 von Hirsch (1985, ch. 4; 1993, 18-19)，关于"序数性"与"基数性"（cardinal）的相称原则之间的区别。

〔3〕 相对罪刑相适应原则也包括对"间隔"（spacing）的要求（参见 von Hirsch 1993, 18）：即一个犯罪人相对于其他犯罪人所受刑罚的轻、重和严厉程度，依赖于其罪行的轻、重和严重程度。

为1年监禁,最高刑是死刑的制度,同样也可以满足这个要求。这个要求可以帮助我们,在一个已知的刑罚幅度中确定量刑,但是它无法帮助我们确定刑罚幅度的上限和下限,或者刑罚幅度中应当包括何种具体的刑罚方式。为了从罪刑相适应的概念中获得对这些问题的指引,我们需要借鉴**绝对的**,或"**基数性**"相称概念。我们需要能够判断,对某一个罪行特定的刑罚程度和方式是否相称,这不仅仅是**相对于**其他犯罪或犯罪人所施加刑罚的相称,而是一种**本质的**相称。

探究我们能否确定某种具体的刑罚方式对某类罪行是适当的或是不适当的,一个前提是必须思考刑罚严厉性的问题:因为一般认为,罪刑相适应原则涉及罪行的严重性和刑罚的严厉性之间的关系。

仅直觉判断就可以认为,罪刑相适应原则包括这种绝对的相称性要求(当然也包括相对的相称性)。对违法停车处以5年的监禁,是严重不相称的刑罚,而对残忍的杀人行为处以10美元的罚款,也是严重不相称的。我认为,这种判断并不仅基于对现行刑罚实践中不同处罚之间的比较。这些惩罚在任何一个刑罚制度中都是不相称的,即便它们在一个制度体系中符合相对的相称性。这种判断是基于对罪行和刑罚所侵犯的利益或目的衡量。如果一个罪行只是造成了轻微的不方便而被剥夺了5年的自由,或者故意杀害一个生命而被判处轻微的罚金,那么,对其所包含的利益或目的,或是人们所拥有的利益或目的而言,这都将展现出一个离奇的、扭曲的评价图景(也可参见 von Hirsch 1993, 36-37)。

不过,无论这种直觉的判断具有何种理性的力量,对于确定一个刑罚体系的明确等级,它们都无法清晰地为我们提供更多的指引。在某些极端的案例中,我们可以判断这种量刑是绝对的(并且是严重的)不相称。但是,我们无法作出明确的判断,何种量刑是绝对相称的。

通过追问何种刑罚方式或程度可以实现刑罚正当的沟通性目标,

我们可以取得一定的进展。冯·赫希就主张，如果严厉的刑罚措施对于法律的道德表述只是提供一种"谨慎性的补足"，那么它就不应当如此的严厉，以至于它压过了而不是补足了法律本身的道德论述。如果是这样，并且基于对刑罚谦抑性的认同，我们应当采取"递减策略"以逐步降低量刑的等级——或许，最终形成这样一个制度，即对谋杀的最高刑期，为 5 年的监禁刑，而对于其他的犯罪行为，其最高刑期为 3 年的监禁刑（von Hirsch 1993, ch. 5；参见第三章第 3.2 节）。然而，虽然我的理论赋予刑罚严厉措施更为宏大的忏悔性目标，但是它却无法给出这样的指引。如果我们追问，刑罚作为世俗的忏悔，何种程度才是适当的，那么并没有明确的答案。我们可以排除那些残忍的、羞辱的、过度侵扰的刑罚模式——这些刑罚模式，并没有将犯罪人视为规范性社群的成员，或者它们并不符合这个社群的价值信念（参见，例如 Murphy 1979d；von Hirsch 1993, ch. 9）。虽然它仍然保留了广泛的刑罚模式选择可能，但也无助于我们确定适当的刑罚等级。

我认为，我们必须承认任何一种重新构建刑罚等级的尝试（无论是刑罚的参照点或是它的内容），都注定是要失败的。并不存在一个可以独立于所有现行刑罚实践之外的，我们可以以此开展这项事业的"阿基米德点"。[4] 我们只能从现有的情况出发，也就是说，一个刑罚内容以及刑罚的上限或下限，是由历史偶然性所决定的刑罚等级。如果我们关心（我们也应当关心）刑罚的性质所施加的负担，以及这些负担具有过度或伤害的危险，那么我们就应该接受刑罚谦抑性的原则，它要求我们所施加的刑罚（包括刑罚方式和刑罚程度），不能超过实现刑罚所致力之目标的必要性。这就产生了逐步

---

〔4〕 结果主义者可能认为，我们原则上能够解决采取何种刑罚方式和刑罚等级最有效地实现刑罚制度的目的的问题。但我们能否在原则上解决成本和效益的必要难题，这一点还远远不够明朗。一些报应主义者求助于同态复仇法，认为应该尝试（可能会受到人道主义的限制）对犯罪人进行与其犯罪的内容和严重性相适应的刑罚。但是，我认为从报应主义者的口号中理解的应得之刑罚概念，即有罪者应该遭受惩罚，却没有给出正当的理由（参见本章第 2 节）。

降低刑罚一般严厉程度的"递减策略":即寻找较弱强制性的、较弱排斥性的,以及较弱潜在压迫性的刑罚方式(若此,如果可能的话,非监禁刑就优于监禁刑;参见本章第 2.2 节),并且逐步降低每一种方式的一般刑罚程度。

这个策略的关键点在于,我们在概念性理解上能多大程度地降低刑罚方式或程度,同时可以保证充分地向犯罪人表达其责难的适当形式和程度,并借此使犯罪人产生可能的忏悔和自我改造,充分地向其他人表达补偿性道歉。如果刑罚不应当意在**强制**犯罪人忏悔,而是要说服他们,并保留他们不被说服的自由(参见第三章第 7.4 节),如果我们认为的"充分"是基于刑罚的传统以及对刑罚严厉性的理解,并且它们都是可修正的,那么这种策略应当会大幅度地降低刑罚的整体严厉程度。我们无法预测我们能够降低多少,因为不同的刑罚模式或刑罚程度所具有的意义,主要依赖于刑罚被置于的更为广阔的社会语境(包括对法律和刑罚本身的社会态度,以及公民之间的社会关系)。但是,我认为,没有理由质疑这种降低的最终显著性。

我在第 2 节对刑罚方式的论述,也会涉及绝对的刑罚程度问题。但是,关于相对的罪刑相适应原则的进一步问题,应当首先被论述。

1.2 什么与什么相适应?

正如一般所理解的,罪刑相适应是一种罪行严重性和刑罚严厉性之间的关系。因此,判断相对的罪刑相适应,就依赖于我们依据罪行的严重性和刑罚的严厉性而做出相应的排序。然而一般认为,尝试做出这种排序也存在问题。在此,我只是简单地提及这些问题,因为我主要关心的是,我们是否应当致力于以单一的严重性标准和单一的严厉性标准,对所有的犯罪和刑罚发展出一套完整的、统一的序数排列。如果我们在量刑中赋予罪刑相适应原则核心的、主导的指导作用,那么量刑者的首要任务就是保证施加相称的刑罚,我们也就应当制定出这种排序。但是,我主张,即使这种排序能够被完成，它的代价也是过分高昂的。

犯罪严重性通常取决于伤害和罪过。如果依据严重性来对犯罪进行排序，那么，我们就必须对犯罪的伤害进行评定和排序，并对犯罪的罪过进行评定和排序，并且将这两种排序融合在一个单一的犯罪严重性等级之中。在完成这项任务的过程中，我们必须追问，这种伤害只是所追求的或所预想的伤害，还是实际造成的伤害〔这是"主观主义者"（subjectivist）和"客观主义者"（objectivist）的争论之一；参见 Duff 1996b, chs. 6-8〕。我们必须追问，我们能否经常性的对"伤害"和"罪过"进行独立的评定，或者犯罪的被害人所遭受的伤害能否在一定程度上**型构**此种犯罪的主观罪过（参见本书第 184~185 页）。我们必须追问，如何对"伤害"进行评定和排序。〔"生活标准"的分析方法（参见 von Hirsch & Jareborg 1991），即关注被犯罪所影响的利益，以及这些利益对一般生活标准的重要性，但这至多可以对存在直接被害人的犯罪给予指引。〕并且，我们必须追问如何评定和排序主观罪过——英美所作出的分类，即蓄意（intention），明知（knowledge），轻率（recklessness），过失（negligence），在多大程度上是充分的标准——以及，我们又如何能够将对伤害和罪过的评定，结合在统一的严重性等级之中。〔5〕

但这并不是说这些问题无法解决。毕竟我们已经对不同的犯罪严重性作出了相对的区分，并且量刑委员会对犯罪也完成了更为全面的排序。但是，试图以一个**单一**的严重性等级来为所有的犯罪**排序**，就会产生一定的代价。这需要我们对伤害和罪过采用相当概括的概念。例如，伤害可以被理解为对一系列标准利益的妨害，而对伤害的排序则取决于他们对一般生活标准的重要性，同时罪过需要依据一组有限的过错概念加以分析（例如蓄意、明知、轻率、过失），并以此对它们进行相对的排序。这种从具体的、不同种类的犯罪特性中形成的普遍性和抽象性，就是一种代价，因为这将威胁到

---

〔5〕 参见本章第 4.1 节，关于在判断当前犯罪的严重性时，以前犯罪记录的相关度（如果有的话）。

犯罪的法律定义与对这些不法行为的法外道德理解之间的相互抽离。比起法律制度内的理解，这些道德理解则是更为复杂的、个案的、且具体的。它们排除了任何一种以单一的犯罪等级对所有的罪行作出排序的可能，因为将不同种类犯罪的不法性与不同种类的价值判断相连，对它们进行理性通约就不可能不产生一定的曲解。[6] 我以下将论述，这种代价应当是我们不愿意付出的。

刑罚的严厉性看起来是一个相对简单的问题。因为判断犯罪的严重性，我们必须处理两个维度的因素，即伤害和罪过，但是刑罚的严厉性只有一个维度——即刑罚对犯罪人的影响。我们或许希望，此时生活标准的分析方法同样可以给予我们指引（参见 von Hirsch 1993, 34-35）——即我们可以追问，犯罪人的何种利益受到了影响，以及这种利益对于一般生活标准具有何种重要性，以此估量刑罚的严厉性。但是，这里仍旧面临着几个问题，以及一个一般性的疑问。

这些问题涉及关于什么才能算作相关的"影响"。在多大程度上，我们应当关注从某个意义上对不同犯罪人施加"相同"的刑罚，但基于他们不同的境况和敏感性，却产生不同的影响（参见 Tonry 1994, 67-73; Ashworth & Player 1998）？在多大程度上，如果存在的话，我们应当关注这些刑罚对犯罪人产生的更进一步的影响——例如，对她的工作前景——或者其他因素——例如，对她的家庭（参见 Walker 1991, 106-10）？

这里的一般性的疑问，还是涉及我们应当具有多么宏大的目标。我们是否应当以单一的严厉性等级来排列所有的刑罚呢？如果是这样，那将包含一定的代价。它会要求我们对法院所适用的刑罚范围设定严格的限制，以保证所有的刑罚（至少大体上）是可以通约的。我们可以依据刑期而对监禁刑进行排列（虽然这并不完整，因为不同种类的监狱具有的不同条件），依据数额而对罚金刑进行排列（与犯罪人拥有的财富相关）；并且，我们或许可以尝试决定一个充分严

---

　　[6] 主要参见 J. Gardner 1994; Horder 1994, 关于英国人身犯罪法。也可参见 J. Gardner 1998a。

格的罚金刑，能否以及在何时比一个短期的监禁刑更为严厉。但是，当存在非监禁刑时，例如社区矫正或缓刑，就存在问题了。虽然我们可以依据其期限来对它们进行排列，但是它们与监禁刑和罚金刑就难以通约。而且，基于社区服务所规定的不同服务项目，以及缓刑令所附加的十分不同的条件和要求（但是也可参见 Bottoms 1998, 70-77），那么他们的刑期（例如一定小时的社区服务，一定月数的缓刑令，或者一定期限与缓刑官的会面）看起来也根本无法完整地评定其严厉性。即使我们可以——以一定程度的主观性和抽象性作为代价——在一个单一的刑罚严厉性的等级中，对监禁刑和罚金刑附加这种"中间制裁制度"（intermediate sanction），但是我们需要对它们的形式和内容设置严格的限制。我们不能允许它们的内容过于多样化，不能允许量刑者针对具体的犯罪人而给予内容十分不同的个体化刑罚，或者不能允许在刑事和解的过程中对刑罚进行协商。这种灵活性，将使通约性，以及依据严厉性而对所有刑罚作出的统一排列，归于无效。[7] 我认为，这种代价过于高昂。

1.3 积极的还是消极的？

某些理论者，例如冯·赫希教授，将罪刑相适应原则解读为一种**积极的**原则，它要求量刑者施加**相称的**刑罚。他们的首要任务就是确定何种刑罚是相称的，并施加适当"惩罚"程度的刑罚。只有当两种或两种以上的刑罚，具有相当或相似的惩罚力度时，他们才可以适当地考虑其他的、非刑罚的相称因素，以决定施加何种刑罚。[8] 其他学者，像莫里斯（Morris）和汤瑞（Tonry），将其解读为一种**消极的**原则（作为一种"有限的报应主义"的特征）。它禁止法院施加**不相称的**刑罚。但是在这种限制所设定的边界内，他们可以考虑其

---

[7] 通常参见 Wasik & von Hirsch 1988, 1990; von Hirsch, Wasik & Greene 1989; von Hirsch 1990, 1993, chs. 7-8.

[8] 参见 von Hirsch, Wasik & Greene 1989; von Hirsch 1992, 1993, ch.7; 1999, 76-78. 关于 von Hirsch，参见 Bottoms 1998, 55-57; 也可参见 Rex 1998.

他的因素（例如预防犯罪的效率，刑罚的谦抑性），以决定刑罚的种类和程度（参见 Morris 1974; Morris & Tonry 1990, ch. 4; Tonry 1994, 1998; Frase 1997)。

只要对该原则的消极版本所规定的刑罚，也设置下限和上限（即禁止不相称的轻刑，也禁止不相称的重刑），[9]那么该原则的两种版本看来可能并无不同。一种刑罚必然是相称的或是不相称的：禁止不相称的刑罚也就是要求相称的刑罚。当然，对于如何确定相称性的要求，会存在不同的看法（我们能够如何准确地对犯罪的严重性和刑罚的严厉性作出评定和排序），并且这也会引起以下的争议，即一旦相称性的要求得到满足，其他的因素还能在多大的空间内起到作用。但是这种争议关涉到（明确的）罪刑相适应原则的影响，而不涉及应当以积极或是消极的方式解读该原则。积极的版本和消极的版本的区别，仅仅是一种语词上的区别。

然而这只具有**一定的**合理性。在冯·赫希和莫里斯以及汤瑞之间确实存在着分歧。这种分歧涉及的问题是：若没有人为曲解我们对犯罪严重性和刑罚严厉性的概念，那么对相称性要求的设定在多大程度上可以是精准的且明确的。另外，如果有限的报应主义对刑罚程度设定上限和下限，并给予量刑者对不同严厉等级的刑罚进行选择的自由裁量权（他们也经常进行这样的选择），那么它也就允许量刑者施加**不相称的**刑罚：因为他们被允许对犯罪严重性相似的犯罪人，施加严厉程度不同的刑罚。这样，对有限的报应主义的解读，就并非它只是对刑罚设定了否定性的界限，而是相称性的要求在某些时候可以被其他因素所逾越的——只要被施加的刑罚并不是严重的不相称（参见 Duff 1996a, 59-61）。

我们可以找到（或建构）一种关于罪刑相适应原则的"积极"版本与"消极"版本之间更有趣的区别，以及对该原则更有趣的含义。通过一个类比可以展现这种区别。

---

[9] 关于这一点，参见例如 Frase 1997, 367-68; Tonry 1998, 292。

在讨论实践理性时，哲学家时常会对"最优"（optimizing）与"满意"（satisficing）作出区分。最优导向者试图寻找"最好"的行为方式：在所有可供的选择中，择取最有效率的行为以达到最好的效果。相反，满意导向者并不具有这种宏大的目标（或者更具有现实性）。她只是寻找一种"足够好"或者"较满意"的行为。她并不会选择一个明显比其他选择差的行为方式，但是她也根本不会，以一个单一的效果等级来试图排列所有可供的选择，以决定何种才是"最优的"。[10]

相似的，"积极的"罪刑相适应原则的支持者（正如我所使用的语词）坚持认为，量刑者的首要任务是施加**特定的**、相称的刑罚程度。这就要求我们根据犯罪的严重性和刑罚的严厉性，提供一个对它们统一的排列。这也要求我们采用某种抽象的并宽泛的犯罪严重性标准，以及能够实现严厉性通约的、有限的刑罚方式（参见本章第1.2节）。只有当这个任务完成时，量刑者才可以考虑其他因素，在两种或两种以上具有相同严厉性的刑罚中作出选择。

"消极的"罪刑相适应原则的支持者并不致力于探寻这种**特定的**、相称的刑罚程度。相反，他们确认一系列的可能的刑罚，其中包含不同的刑罚种类，而他们对于相称性的要求都是"足够好的"，也就是说他们都没有明显的不相称。随后，他们对这些刑罚进行选择就不是基于相称性，甚至也不去试图追问某种刑罚是不是比其他刑罚更为相称。他们也不会以单一的严重性标准对所有的罪行进行排列，或者以单一的严厉性标准对所有的刑罚进行排列。如果我们致力于积极的相称性，那么我就需要能够依据严重性而比较任意的两种犯罪，并依据严厉性而比较任意的两种刑罚，因为若非如此，

---

[10] 参见例如 Slote 1989. 请注意，导致满意导向者不尝试实现最优化的，不仅仅是这样做的成本（时间，精力，出错误的可能性）。她不是一个考虑到成本问题的精细化最优导向者。她的观点是，尝试去实现最优化是不合逻辑的（假如我们在处理一批不能比较的利益，这批利益原则上甚至不能被分类为一个范畴）或曲解事实的（如我们尽力把不可比较的利益转变解读为可比较的利益）或毫无意义的，因为我们应当满足于"足够好"的事物。

就无法检验在整个犯罪和刑罚的范畴中，相称性的要求是否得到满足。所以，必须针对犯罪的严重性和刑罚的严厉性，提供一个完整的、统一的排列。但是，如果我们只是致力于消极的相称性，就无需对**所有**的犯罪和**所有**的刑罚作出这样的比较。当可以作出这种比较时，即当一个犯罪明显比另一个犯罪更为严重，或一种刑罚比另一种刑罚更为严厉，那么我们必须尊重相称性的要求。我们必须对更为严重的犯罪施加更为严厉的刑罚，并将较为严厉的刑罚适用于较严重的犯罪。然而，正如我们现在认识到的，这种比较经常是不可能的，因为部分犯罪和部分刑罚是无法通约的。它们也不应当常常成为我们关注的主要焦点。犯罪的关键问题不仅仅是它的严重性，还有其公共的不法性。刑罚的关键问题不仅仅是它的严厉性，还有作为对这些不法行为的回应性。如此，消极的相称性就给予量刑者更多的空间，以关注犯罪行为的具体特性，而无需担心其严重性与其他所有犯罪的通约问题，同时他可以在更为广泛的范围内，选择多样的刑罚，而无需担心其严厉性的通约问题。

以下我将论述（见本章第1.5节），一个沟通式的忏悔性刑罚制度，应当建立在消极的罪刑相适应原则之上，而不是积极的罪刑相适应原则。这样的原则为相称性原则提供了应有的含义。

1.4 优先性的原则还是可退让的原则？

无论我们采用何种版本的罪刑相适应原则，我们必须追问这种原则应当具有多大的约束力或严格性。这里存在着三种可能。

第一，我们可以将其视为一种**绝对的**，且**不可退让的**原则，它要求我们施加相称的（或者非不相称的）刑罚，且任何逾越该原则的情况都是不正当的。

第二，我们可以将其视为一种**绝对的**，但是**可退让的**原则。它要求我们施加相称的刑罚，且此种要求通常是或假定是绝对的。但是在**例外**的情况下，它可以被其他紧急的因素所逾越，而这些因素使得施加过重或过轻的刑罚具有了正当性。

第三，我们可以仅仅将其视为对量刑产生影响的众多因素之一（虽然可能是一个重要的因素）。在决定刑罚时，量刑者必须关注相称性，但也会关注其他多种因素，例如刑罚的谦抑性原则以及结果主义对犯罪预防效率的考量。虽然当相称性的要求与这些因素冲突时，相称性可能常常会更加重要，但是却不存在一定要支持它的前提。相称性的要求可以被直接地逾越。

在这一部分的开始，对罪刑相适应原则的解释就排除了以上第三种的可能性。罪刑相适应原则是正义的绝对原则：它并不是与其他的利益形成某种对抗，而是必须被满足的一种正义的要求，至少假定是如此。所以，问题就变成，在特殊的情况下，我们能否将这种要求视为是可退让的，还是不可退让的（参见 Robinson 1987a；von Hirsch 1993, ch. 6）。

我建议，我们应当对相称性的上限偏离和下限偏离进行区别对待。相称性的要求对于前者是不可退让的，但是（特殊情况下）对于后者是可退让的。

上限偏离（upward deviations）——即施加过重的刑罚——是不正当的。刑罚，作为一种惩罚，必然**针对**特定的犯罪。它向犯罪人表达其罪行所应得的责难，因此在公正意义上它不能超过其罪行所应得的程度。然而对于以下的意见，这或许看起来是一个过于草率的回应，即为了公共的安全，我们应当提供特殊的措施，延长对习惯性、危险性犯罪人的预防性监禁。但是，我并没有说这种措施的正当性是无法被证成的。至此，我只是说如果它们的正当性能够被证成，要么必然**作为刑罚**而被证成（若此就需要论述，犯罪人的习惯性和危险性格已经与其现行的犯罪，形成了绝对性的区别，因此特殊的长期监禁是具有相称性的），要么作为一种**非惩罚性的**民事拘留措施得以证成和运行。我并不认为后一种的正当性证成具有最终的合理性。[11]我将在以下的第 4.2 节，进一步论述前者的正当性。

---

[11] 关于这种正当性的证成，参见 Schoeman 1979；Wood 1988. 关于批判，参见 Duff 1998a, 147-51.

下限偏离（downward deviations），即施加不相称的轻刑，其正当性至少在应当给予适当宽容时，是可以证成的：即当犯罪人已经受到了惩罚，坚持继续让我们和他关注其罪行，则是不适当的（参见第三章脚注46）。但同时我认为，只有在这种情况下，下限偏离才是正当的。而在其他情况下，犯罪人应当承受与其罪行相称的（或者非不相称的）刑罚。这样的严厉听起来或许是不理智的。因为当然存在着这样的情况，即惩罚犯罪人的严厉程度符合公认的、其所应得的程度，但是这并不会比施加轻刑产生更好的效果，甚至实际上会造成（不必要的且不正当的）伤害（参见例如 Tonry 1994, 72-73；参见 Brownlee 1994）。如果在我们现行的刑事制度下，我试图对刑罚的种类和程度进行正当性的证成，那么这种批评是成立的。但是，如果在一个适当的沟通性和忏悔性的刑罚制度中，这种对刑罚方式和刑罚（较低）程度的批评，其说服力将大大地降低。对于我论述的，惩罚已经忏悔的犯罪人的理由（参见第三章第7.3节），在这里同样适用。对此，我们还可以补充指出，如果量刑遵从于消极的而不是积极的相称性的要求，量刑就会更为灵活，那么针对犯罪人的特殊境况而制定的刑罚，也就会造成更小的伤害（进一步论述参见本章第3.2节）。

因此，我认为罪刑相适应原则应当是**消极的**，消极的含义正是前面所描述的，但同时也是相对**严格的**——对于刑罚的上限偏离，它是不可退让的原则，并且只有在特殊的情况下，对于刑罚的下限偏离，它才是可退让的。现在，通过解释这种消极原则的意义，以及论述为什么此种原则更适合刑罚所致力的沟通性目标，我将证明我的观点，即我们应当倾向于消极的而不是积极的罪刑相适应原则。

1.5 超越相称性

冯·赫希所支持的积极的罪刑相适应原则，对所熟知刑罚应当与"犯罪相称"的思想，包含着一种特有的解读："相称"被解释为一种存在于犯罪严重性和刑罚严厉性之间的形式关系。如果我们同样将此原则视为（正如冯·赫希所做的），要么不可退让的原则，要么只有在特殊情况下才是可以退让的原则，那么我们就会认为，量刑者的首要任务就是确定合适的，即相称的刑罚**量值**——即刑罚的严厉程度表明了的，与犯罪严重程度相适应的责难沟通。只有当不止一种刑罚可以满足这种要求时，量刑者才可以不基于相称性，而在它们之间作出选择。这就要求以相当抽象和宽泛的概念来理解犯罪，借此我们才能以一种单一的严重性等级对它们进行排列，同时对量刑者所用的刑罚种类设定严格的限制，借此我们才能以单一的严厉性等级对它们进行排列。

这种对相称性概念及其重要性的理解，符合冯·赫希为刑罚所设定的适中的沟通性目标，同时也符合他试图对刑罚权和国家的目的施加的自由主义限制（参见第三章第3.2节）。如果刑罚应当意在表达应得的责难，却不应当侵入犯罪人的灵魂，如果刑罚必须与犯罪人保持适当距离，以体现自由国家与其公民在强制性的关系中所应表明的尊重，那么以下观点看起来就是适当的，即刑罚沟通的内容应当以某种形式的、抽象的信息来表明犯罪人罪行的严重性；并且，刑罚方式的选择应当满足适合于就犯罪的严重性进行沟通的要求。

但是，对于我主张的更为宏大的沟通性刑罚理论，即刑罚作为世俗的忏悔，那么问题就非常的不同。刑罚的目的，不仅仅是单纯表达——如上所述，它要保持一种距离——特定程度的正式谴责。更是要说服犯罪人直面他们的行为——即他们罪行作为公共的侵害所具有的实质道德性质以及影响。同理，包含物质性负担的严厉刑罚措施，是为了进一步加强刑罚作为忏悔方式的悔罪性目标，而绝不是（如冯·赫希所认为的）为避免犯罪提供一种额外的谨慎性动机。如果要在这样的理论下实现刑罚与"犯罪相称"，刑罚必然不仅仅倾向于沟通一种只在程度相称的谴责，也要致力于上述更为丰富的、更为宏大的沟通性目标。那么，在刑罚与犯罪之间也就必然存在着更为**实质性**的"相称"，借此刑罚可以促使犯罪人直面其罪行的性质和后果，并构成一种针对其罪行的道歉性补偿。

在追求这种刑罚与犯罪之间的"实质性相称"之前,我应当先论述它与罪刑相适应原则之间的关系——即消极的罪刑相适应原则在我的理论中的作用,以及该原则对量刑所设定的限制。

主张相称性的要求应当被解读为一种消极性,并不是说它仅仅对我们所追求的刑罚目标设立了一个边界限制,而对于这些目标的达成它却并不发挥任何的作用。这可能正是有限的结果主义者对相称性作用的理解。他们或许会说,预防犯罪的目标本身并不要求刑罚与犯罪相适应,并且不相称的刑罚还可能具有更好的效果,但是追求这个目标,受到一定的限制,即我们绝对不能施加不相称的刑罚(参见第一章第2.1节)。但是,在我的理论中,相称性在本质上应与忏悔性刑罚的**目的**具有相关性。刑罚是向犯罪人表达其罪行所应得的责难——并构成对这些罪行的充分性道歉——那么它也必然需要与这些罪行相称。不相称的刑罚无法实现这些适当的刑罚目标(参见本章第1节)。

那么,为什么我没有接受冯·赫希所倡导的一种积极的罪刑相适应原则呢?因为,对于忏悔的沟通性刑罚概念,作为犯罪严重性与刑罚严厉性之间的关系,相称性仅仅是犯罪与刑罚适当关系中的一个维度。一个适当的沟通性刑罚,其所沟通的内容,不仅仅包括与犯罪严重性相称的责难程度,还包括对罪行不法性本质和影响作出的更为实质性的理解。如果按照积极的相称性原则的要求,以单一的严重性等级对所有的犯罪进行排列,就会阻碍而不是促进这种理解,并且该原则对量刑者可以适用的刑罚方式所设定的严格限制,同样会阻碍这种沟通性的事业。

并不是说(正如积极的相称性的支持者所认为的)一个适当的沟通性刑罚,其首要的要求必须是刑罚与犯罪相称,我们应当说,一个适当的沟通性刑罚必须不是与犯罪不相称的刑罚。这依然对量刑设定了一个**强力的**限制,因为它禁止过重或过轻的刑罚(除非在应予适当宽容的情况下;参见本章第1.4节)。但是这种限制并不像积极的相称性原则所设定的那么**局限**,因为比起刑罚应当是相称的,或者尽可能是相称的，满足刑罚不是不相称的（或者是说"足够相称的"）要求，就存在着一个更为广泛的、不同模式的刑罚范围——正如满足要求的行为会比满足最优化要求的行为更为广泛（参见本章第1.3节）。那么，在这个范围内，量刑者就可以选择一个特定的刑罚，来实现对特定罪行的实质性的沟通式忏悔。[12]

这个范围的宽窄程度究竟如何呢？我们又如何给予这种消极相称性原则以可行的形式，保证其对个体量刑者做出有效的指引和限制呢？对于这些问题，在此我无法提供详细的答案，但是我会在以下两节中给予更多的论述。然而，思想的方向应该是：除了那些监禁刑应当是强制的之外（这种情况相对较少）（参见本章第2.2节），量刑者应当拥有一系列可适用的非监禁性刑罚，并且他应当在这个范围内，确定一个对犯罪人的罪行而言合适的沟通性刑罚。消极的罪刑相适应原则是沟通适当性所包含的一个内在维度。只要犯罪可以被排列为较严重的或是较轻微的，并且刑罚可以被排列为较严厉的或较轻缓的，那么刑罚的严厉性与犯罪的严重性，就绝不会是不相称的。但是这仅仅是其中的一个维度，并且在大多数的情况下，这样的要求还可以让量刑者在存在不同的刑罚模式的范围内进行选择。而这种选择还必须受到"实质性相称"的考量的指引：对特定罪行和其后果的适当理解，何种刑罚方式是合适的沟通方式呢？

为了解释"实质性相称"这个概念的含义和影响，我将在此后的两节中论述两组相关的问题：一组关于不同的刑罚方式的含义，另一组关于个案化的量刑。

---

[12] 在这个方面，我对相称原则适当要求的论述与莫里斯和汤瑞主张的"有限报应主义"之间的不同体现得最为明显（参见本章第1.2节）。在消极相称性原则所给出的限制范围内，他们所主张的量刑取决于量刑者"宣判的目的"——在不同的案件中，这些目的可能包括消除犯罪能力、震慑、社会复归或者报应（参见 Morris & Tonry 1990, 77-78, 90-91; Tonry 1998, 292-93）。然而，我认为"宣判的目的"仍然来源于恰当地道德沟通。

2. 刑罚方式和它们的含义

刑罚与犯罪之间的"实质相称",并不像某些**同态复仇**的学说所提倡的,刑罚对犯罪人所施加的应当类似于他们对被害人所施加的。沃尔德伦（Waldron）就主张（1992）,同态复仇可以被解释为,对犯罪人施加的刑罚应当"具有犯罪行为不法性得以成立的部分或全部特质"(35),若刑罚制度的其中一个目的包含使犯罪人产生"对犯罪的认知和忏悔"(31),那么这种同态复仇就可以发挥一定的作用。随后,他认为,通过对一个强奸犯施加性侵犯的刑罚,原则上可以实现刑罚的沟通性和教育性目标。沃尔德伦主张,对犯罪人施加一种类似于他对被害人所实施的"侵犯",并且"意在对其造成痛苦以及降低他的尊严",那么我们就可以"让一个性侵犯者确实明白是什么成就了其行为的……不法性"。我们无疑会反对这样一种刑罚。但这是因为它对刑罚执行者所造成的影响,而并非它在"原则上是不适当的"(38;参见 Garvey 1998,775-91)。但是,这个论述是错误的。它绝不是我的刑罚理论所允许的。

有时候,这样一种想法是具有吸引力的,即我们可以对犯罪人实施相似的行为,让他认识到他究竟做了什么:"现在他知道被强奸是什么感受了。"但是,首先,如果一个行为意在对犯罪人施加"创伤、丧失尊严和羞辱",正如他对被害人所施加的一样（Waldron 1992, 37）,那么就不是一个将其视为规范性社群成员的**沟通性**行为,而刑罚恰恰必须将其视为这样的成员。因此,这种行为甚至在"原则上"都不是一个适当的刑罚。或许它对于犯罪人理解其罪行会有一定效果,但这取决于他之后如何理解其所遭受的经历。然而,此种行为并没有将其视为一个理性的道德主体——它只是简单地对其进行伤害和羞辱（主要参见 Murphy 1979d, 233-34）。其次,我们无法作出沃尔德伦必须作出以下这种区分,即一个行为的"道义性"特征——它的不法性——和这种道义性本质特征所附随的特征（1992, 34-35）。

他必须作出这种区分，因为如果要证成刑罚的正当性，那么施加于犯罪人的刑罚本身就不能是**不法的**行为；然而它却依据**同态复仇**理念要求，刑罚与犯罪不法性尽可能地共享相同的特征。我们却无法作出这种区分，因为一个行为意在对被害人造成的"创伤、丧失尊严和羞辱"，并不是行为不法性的附随性特征。相反，正是这些**构成**了行为本身性质的不法性。此外，即便我们可以作出这种区分，惩罚性的行为也会丧失其沟通的作用。如果一个执法者，不经盗窃者的同意而秘密窃取了他的财物，那么她或许再现了其犯罪的非道义性本质特征。但正因为她的行为作为刑罚（本应）是合法且真诚的，所以它无法向盗窃者传达被害人的感受——即其财物被秘密的、非法的占有。

以上对沃尔德伦意见的讨论，应该能够避免我的刑罚理论会建议或支持这种**同态复仇**的嫌疑。事实上，对犯罪人的刑罚应当意在向其表达并促使其实现对自身罪行的不法性的理解。但是，我们不能通过对他们施加相似的行为，来进行这种沟通。

那我们能够怎么做呢？第 3 章中所举出的例子，就这个问题给予了初步的解答：缓刑，社区服务令，以及刑事调解和补偿项目（参见第三章第 4~5 节）就是合适的刑罚方式，因为它们适于实现刑罚的目的，即说服犯罪人直面并忏悔其罪行，开始自我改造，并给予被害人道歉性的补偿。这些刑罚模式之所以是明显适当的沟通式刑罚，部分原因在于，它们沟通的内容是直接的、明显的，特别是缓刑和刑事调解。在与犯罪人的会见中，缓刑官会尝试让他思考、讨论其罪行，以及他需要怎样地改造。而在调解过程中，犯罪人会面对被害人的愤怒，以及其犯罪后果所带来的不安〔也可参见第三章第5.2 节的"CHANGE（改造）"项目〕。而社区服务令会，则会让其直接面对类似罪行所造成的后果（参见第三章第5.3 节）。

即使是这些刑罚方式，也包含了一个重要的象征性维度：它们不仅仅在事实上标志着政治社群通过法律，对犯罪人所施加的权威——虽然这是所有刑罚方式共有的重要维度——而且，对于特定的刑罚方式而言，也包含着其特定的含义。例如，缓刑就意味着犯罪人的罪行致使其作为公民的可信任性受到了质疑。社区服务令就意味着，犯罪人通过其补偿性的道歉，承担对社区的某种责任——即通过承担某种负担性的工作，向她表达其罪行的道德影响，并且她也可以以此向社群表达其道歉性的忏悔。

　　这种含义的维度——不只是刑罚作为惩罚的含义，也是具体刑罚方式所具有的含义——对于沟通式的刑罚是至关重要的，虽然很少有刑罚学者对此有过论述。[13] 我们必须追问，何种刑罚方式是适当的，无论是一般而言还是对某个具体的罪行而言。虽然对这个问题的答案，将部分依赖于人性和可行性这些非沟通性的因素，但是必然也依赖于不同的、可能的刑罚方式所具有的含义——依赖于它们向犯罪人所表达的内容和对犯罪人所作出的评价，依赖于它们如何理解犯罪人与政治社群和其法律的关系。刑罚的含义对于更为宏大的沟通性理论，例如我的理论，就变得更为重要：因为我们必须追问以下的问题，不同的刑罚方式如何实现向犯罪人表达责难这个一般性的目标，而且针对具体罪行的不法性和后果，它们如何能够有助于沟通一种更为实质性的理解。

　　通过对其他三种刑罚模式的思考，我可以阐明这个问题，并弥补我对刑罚的论述所存在的某些不足。[14] 其中两种方式，即罚金刑和监禁刑，是我们现行的刑罚实践的核心：基于它们的含义，此两种刑罚仍旧可以在沟通性的刑罚制度中发挥作用——虽然这种作用会被严重地降低。而第三种模式，即死刑，虽然在当下的刑罚体制

---

〔13〕参见 Garland 1990, chs. 9–10, 文化和刑罚之间的关系；von Hirsch 1993, ch. 9, "可以接受之刑罚内容" 的概念。

〔14〕我在这里不予讨论另外一种刑罚是剥夺资格 (disqualification)，这种刑罚禁止犯罪人参与一个正常公民能够参与的活动（可能丧失一些特殊资格，比如饲养宠物的资格，或者取得驾驶证许可证的资格；或者从事医学实践的专家资格）。剥夺特定资格被认为是民事性的而不具有刑事惩罚性，即使它们附随于刑事判决（参见 von Hirsch & Wasik 1997，关于这个问题的有益讨论），但是我认为它们一般应该被看作部分或者完全意义上具有刑事惩罚性，用于传达犯罪人已经表明自己不适合参与那些活动的信息（参见 Duff 1998a, 157–59）。

中具有一定的争议性，但是它却不应当出现在一个适当的沟通性制度之中。[15]

2.1 罚金刑

在英国，罚金刑是非监禁刑当中运用最为广泛的形式。[16] 它具有多种吸引力。它的运用相对经济和简单。通过"单位"（unit）或"每日"罚金制度*，[17] 它能够与犯罪人的财富相匹配，这样也可以满足通约性和相称性的要求。它们也与犯罪人保持了适当的距离——法律剥夺了她的财产，但没有真正地触碰她。并且（可能更好也可能更糟），这种制度迎合了一种商业化的文化，其中每一个事物，包括犯罪都具有其金钱上的价格。但是最后一点，也是应当引起我们思考的一个问题点，罚金刑对于所有种类的犯罪是不是都是适当的刑罚形式，或者说，是否至少对于某些犯罪，其并不具有传达不法性的含义。

---

〔15〕 谈论不同刑罚方式的含义，当然不是在其先验的或者非历史意义上。它们的含义取决于它们所处的历史文化背景，建基于存续在文化中那些"思维方法"和"感知"（参见 Garland 1990, chs. 9-10）。我所关注的是在我们的文化背景下和在自由政治社群中，刑罚方式的含义或者可能的含义。

〔16〕 参见 Bottoms 1983; Yong 1994; Ashworth 1995a, 261-68; Walker & Padfield 1996, 230-45; 也可参见 Morris & Tonry 1990, ch. 5, 主张罚金刑在美国应当得到更多的适用（本节旨在反驳这样的观点）。我对罚金刑含义的评论也适用于补偿令（参见 Ashworth 1995a, 256-61; Walker & Padfield 1996, 245-50），依照补偿令犯罪人直接向受害人支付赔偿金。罚金刑之于补偿令，在某种程度上就像社区服务令之于调解后的修复工作。但是不管是罚金刑还是补偿令，必须与恢复令和没收犯罪所得收益相区分（Walker & Padfield 1996, 250-53）。单纯剥夺犯罪人的犯罪所得收益并不是在惩罚他们。

〔17〕 参见 Hillsman 1990; Morris & Tonry 1990, 143-46; Ashworth 1995a, 262-64; Brownlee 1998, 143-47; Greene 1998.

＊这里的"单元"罚金制度，一般又称周额罚金制，是指以罪犯周可支配收入确定罚金刑的单位金额，以犯罪的严重程度确定单位的数量，将单位金额乘以单位数量即得出被告应缴纳的罚金总额。周额罚金制仅适用于可以在治安法院判处罚金不超过"标准等级"或"法定最大值"的犯罪。这里的"每日"罚金制度，又称日额罚金制，是指按照所确定应缴纳罚金的天数和每天应当缴付罚金的数额，逐日缴纳罚金。具体做法是先根据对犯罪行为的评价确定缴纳罚金的天数，然后再根据犯罪人的经济能力决定每天应缴纳的罚金数额。——译者注

扬（Young）（1994）就以强奸为例，论证这一点。如果我们追问，为什么罚金如普遍认为的那样，应当被认为并非强奸行为的适当刑罚，扬主张，这并不是因为罚金刑过于轻缓。原则上讲，可以施加一个严厉的罚金刑，以使犯罪人需要耗费多年的全部资源，才能支付这个罚金。更准确的答案是，对强奸行为而言，这是一种错误的刑罚方式。这种方式暗示强奸是可以通过金钱"偿还"的，因而就扭曲了强奸行为所应当具有的不可赔偿的不法性行为性质（因此，一个英国的法官命令一个年轻的强奸犯，向其年轻的被害人支付500英镑的度假费，这个判决一直备受争议）。

这个论点看起来似乎缺乏说服力。我们已经适应了金钱给付作为一种赔偿，或是作为民事侵权行为的损害赔偿金。虽然此种趋势会受到批判，认为它显现了商业化的道德堕落。但毋庸置疑的是，这经常是补偿性道歉的唯一可行方式。对被我侵害的人给付金钱本身无法修补和弥补这种侵害，因为金钱本身不具有这样的效果。但是，让我得以对被害人表达我的道歉性忏悔，这或许是唯一可行的方式。对于作为刑罚的罚金刑，也是如此。一旦我们认识到，道德修复并不需要采用某种物质性的赔偿形式，以对造成的伤害进行赔偿（这种伤害有可能根本无法赔偿），并且罚金（就像金钱赔偿）将耗费犯罪人所在意的资源，那么至少对于很多种类的犯罪，我们无疑可以将罚金视为向犯罪人表达责难的一种适当方式，而且对于犯罪人，这也是向其被害人表达其歉意的一种适当方式。

不过，我认为扬的论点存在一定的说服力。其一，罚金刑具有很强的误导性。我们已经习惯于交税，购买商品或服务，对于各式各样的行为给予金钱的赔偿，基于此，罚金刑就容易暗示着，通过这样的方式可以对罪行给予充分的"赔偿"。[18] 其二，罚金刑无法真正地彰显犯罪的实质性质，例如强奸罪。它并没有让犯罪人直面其罪行，即这是一种对被害人和整体社群的实质性侵害，也没有让

---

[18] 主要参见 Kahan 1996, 617–24. 关于他的论述，参见第三章脚注35。

他思考该罪行的含义和影响。罚金刑或许可以表达一种正式的谴责,通过罚金的数额,告知犯罪人其罪行的严重程度。但是,对于我所主张的,刑罚应致力于更为丰富的沟通目的,罚金刑就不是一个合适的方式。

那么,什么才是强奸罪的适当刑罚呢?我建议应当是监禁刑,这也是现在通常对强奸罪所适用的刑罚(参见2.2节)。但是,在此我们应当注意,诸如缓刑,社区服务令,以及刑事调解程序等这样的刑罚,对于实现实质性的沟通式刑罚的目的,通常比起罚金刑是更为适合的。这部分是因为,缓刑和刑事调解都包含针对犯罪人的罪行进行直接的、批评性的讨论;并且,这三种刑罚方式可以包含更灵活的刑罚内容,可以适应犯罪人罪行的特定性质。缓刑令所附加的条件,可以包含直接指向犯罪人的罪行的项目,例如"CHANGE(改造)"项目,或者施加可以直接让犯罪人感受到其罪行影响的限制,(参见第三章第5.1~5.2节)。社区服务令(或者刑事调解程序所包含的补偿)也可以具有这样的刑罚内容,也使其适于实现补偿性的道歉(参见第三章第5.3节)。

这并不是说,罚金刑对于所有的罪行都是不适当的刑罚。最为明显的是,它适用于那种贪婪物欲的犯罪,特别是当这种犯罪侵犯到了整个社群,而不是某一个具体的被害人(例如逃税)。要求犯罪人对社群作出这种额外的、惩罚性的支付,我们直接指向其犯罪所反映的对金钱的贪欲。而通过这种赔偿,承受这种刑罚的犯罪人,就表达了其自身对于这种贪欲的否定态度。但这同时意味着,一个忏悔性的刑罚沟通制度,对罚金刑的运用将远远少于我们现在的制度。

这种观点可能会面临积极罪刑相适应原则的自由主义支持者所提出的两种批评。其一,这些过于灵活的刑罚方式,对于积极相称性原则是有害的(参见本章第1节)。如果罚金刑的数额可以依据犯罪人的财产而决定,那么它的运行就可以满足积极相称性的要求,但是,如果我们给予量刑者这样的灵活性,以决定缓刑或社区服务令的内容,那么它也就无法保证积极相称性所要求的通约性。其二,如果量刑者拥有这样的灵活性，以满足其施加的刑罚内容对于犯罪人罪行的实质适当性，那么他们或许会被鼓励施加一种不当的、具有侵犯性和压迫性的刑罚，以强迫犯罪人理解或者表明其具有的道德缺陷。

对于第一种批判的回应（参见本章第1节），量刑应当符合消极的，而不是积极的相称性要求。施加于犯罪人的刑罚的严厉性，不应当与其罪行的严重性明显不相称，因为如果这样，刑罚就表达了一种过重或过轻的不适当责难。我们可以依据缓刑令的时间长度，并且区分"单纯式"缓刑令和"集成式"（intensive）缓刑令（参见 Morris & Tonry 1990, ch. 7），以实现对其进行排列，并依据所规定的工作时间对社区服务令进行排列：但是我们根本不需要实现这两种刑罚内容之间的严格通约性。

对于第二种批判的回应，可以再次提及我的理论对刑法和刑罚的范围和程度所设定的限制（参见第三章第8节）。虽然刑罚意在表达和批评的，不仅仅是依据外部性语境所理解的犯罪人行为，也包括其行为所反映的犯罪态度，但刑罚必须只能关注那些与其罪行直接密切相关的行为内容和生活内容。刑罚也必须将犯罪人视为一个自治的道德主体，其同时受到自由政体的价值信念的约束和保护。她自己或许将刑罚视为具有"侵犯性"，同时我们也必须承认，刑罚虽然应当是一种尊重性的道德沟通模式，但是在事实上，其运行的方式会致使它具有不当的侵犯性和压迫性的危险（参见下述第五章第1节）。但原则上（至此我一直在强调原则性的层面），这种刑罚无需侵扰到那些被认为是适当的"私人"领域。

2.2 监禁刑的含义

监禁刑究竟是什么呢？事实上存在着多种监禁刑或准监禁刑的可能形式，而经过审判后直接在监狱中连续服刑几个月或几年（这种最为熟悉的监禁刑），仅仅是众多形式的一种。相对于直接从法院被带到监狱，犯罪人可以被要求在判刑的几天之后，自己到监狱服刑（如在荷兰），或者可以被判处"间断性"监禁刑，包括例如周末拘留，或者被要求在某个非监狱的机构（例如拘留所或治疗中心）服刑（每日制或者寄宿制），[19] 又或者判处宵禁令，禁止其在特定的时间内离开住所（参见 Walker & Padfield 1996, 143-44, 266-67；也可参见 Ashworth 1995a, 275-76）。所有这些不同形式监禁的共同特点是，它们的核心都涉及对犯罪人的自由给予严格的限制：他被限制在特定的区域——监狱，拘留所，住宅。它们的区别，不仅仅在于其限制时间，如特定小时，特定天数，或是特定月数（除此之外，犯罪人被监禁时的生活条件当然也是刑罚的重要内容），更关键的在于这种限制是简单地被施加于犯罪人，还是要求犯罪人自己承受的（参见本书第161~162页）。它们的区别还在于，犯罪人是从他的正常生活中部分地被隔离（例如住宅服刑），还是从他的正常生活中被完全地隔离（例如监狱服刑），以及这种被隔离的时间是否足够短或有足够的间断性，从而他还可以继续其大部分的正常生活（例如周末服刑），又或者这种隔离非常的长且是连续性的，以至于他彻底地与正常生活所脱离（正如一般的监禁刑）。

我们可以从一般的监禁刑开始论述，比如在监狱中至少监禁一个月。这种监禁刑最为显著的内容就是，它将犯罪人排斥在外。它将犯罪人从他正常的生活和交往中隔离出来，从参与社群的正常生活中隔离出来。那么，依据意在实现包容性而不是排斥性的刑罚理论，正如我的理论，监禁刑的正当性如何得以证成呢？对这个问题的部分答案在于，监禁刑必然不能是永久性的：犯罪人在服刑之后，必然需要恢复正常的生活、回归社群。[20] 但是一个更为充分的答案是（因为即使是暂时的隔离也仍旧是隔离），监禁刑不能仅仅是隔

---

[19] 在这些要求中，我们应该区分那些被施加以确保犯罪人参加某种特定活动的要求与那些犯罪人自己承担的作为惩罚一部分的要求。在这两种情况下，法律要求都要具有正当性。但仅在第二种情况下，正当性涉及作为刑罚的监禁之含义，而这正是我在这里所关心的。

[20] 这一定是真实的，或者可能存在特定犯罪（或者犯罪的一贯常态）如此严重，以至于没有可能恢复吗？参见本章第4.2节。

离。即使是将犯罪人隔绝于正常的社群，监禁刑自身也必然是一种使其与社群形成和解的方式。对于此，我的意思不仅仅是服刑人在其服刑期间，应当为其释放之后的生活提供必要的准备，而是他们的服刑本身，作为一种监禁的刑罚，应当被理解为一种让犯罪人与被害人实现和解的方式，并且运行之。

那么监禁刑如何服务于这个目的呢？如果它致力于忏悔，而不是仅仅作为一种隔离，那么它就可以实现这个目的：监禁刑的含义是，犯罪人因为其罪行，已经无法维系与正常社群的关系，但是如果犯罪人通过此种形式进行忏悔，那么这种关系是可以恢复的。此时，刑罚就针对其犯罪的影响，为犯罪人提供了一个物质性的表达形式——即刑罚让其认识到，他的罪行已经无法维系其与正常社群的关系。但这种刑罚同样可以构成一种忏悔性的负担，如果犯罪人悔罪，就可以通过这种形式，表达他的忏悔和对其罪行的道歉性理解，或者即便他没有忏悔，那么通过这种形式，他也恢复了与正常社群的关系，就好像他已经忏悔了一样（参见第三章第7.4节）。

将监禁刑视为一种忏悔，我们就可以理解，相比于那种将犯罪人简单隔离出正常社群的临时性驱逐，监禁刑可以发挥更多的作用。它将犯罪人置于一种特定的制度之内。临时性驱逐，让犯罪人在被驱逐的社群之外，自谋出路，但是被监禁的犯罪人则被要求或强迫在监狱中生活，并服从其制定的规章。当然，一般而言，驱逐并不具有实践的可能性。其他国家不可能愿意接纳一个被驱逐的犯罪人。一个自由政体也不能将其公民置于一个无家可归、彻底遗弃的境地。但是，如果刑罚致力于一种忏悔，犯罪人被监禁就更为适当，而不是被驱逐：监狱应当建立一个适于实现悔罪目的的机制。

对于什么样的监狱制度适合实现这样的目的，无疑需要很多的论述。而且我当然不会认为，我们现行的、通常的监狱制度是合适的。在此我只能说，其一，我并不赞同重新回归到早期监禁刑倡导者所支持的"感化"制度，他们认为能让犯罪人产生忏悔的最好方法,就是通过**单独**监禁。这种监禁,意在让他们远离所有的恶性影响,包括(特别是)那些来自共同服刑的人的影响(参见 Ignatieff 1978; Sowle 1994-5)。这对于一个信仰新教的社群,可能是一种适当的制度,因为他们认为罪恶是存在于个体犯罪人和上帝之间,但是,这并不适合于自由政治社群处理公共的、社会的不法侵害。其二,十分重要的一点是,对于服刑人,监狱制度应当,并且在他们服刑的期间内尽可能地将他们视为规范性社群的成员——即视为公民,而不是被遗弃的人。[21] 其三,监禁刑应当明确地为许多能够于缓刑的规定或项目提供适用的机会(参见第三章第5.1~5.2节)。但是,保留以下两种措施的区别也是至关重要的,即一种措施是作为其刑罚的部分内容而**施加于**犯罪人的,因此他们必然直接指向犯罪行为,而另一种措施则是**提供给**犯罪人以帮助他们解决问题的。

但是,在这里我想主要强调的一点是,基于监禁刑的含义,它必然(依据作为忏悔的沟通性刑罚理论)只能适用于最为严重的犯罪。监禁刑所表达的信息,犯罪人不只是损害了或威胁了社群的规范性关系,而是**打破了**这种关系。他使得我们无法与其共同生活在一个正常的公民社群之中,除非以及直到他承受了这种忏悔性的刑罚。而至今所讨论的其他刑罚模式,都是"在社群中"的刑罚:[22] 即犯罪人在受到刑罚的同时,依然保留其在社群中的一般地位。监禁刑却并非如此,它将犯罪人隔离在正常的社群之外。只有当这种隔离反映了其罪行的道德影响时,它的正当性才能够被证成。至此,整体而言,监禁刑对某些犯罪的理性回应,而这些犯罪在其发生的社群中,对社群的关系是**毁灭性的**。(同理可以设想,例如,一个学术研究者的剽窃行为所产生的影响,或者婚姻关系之外的长期、暧

---

[21] 这里暗指他们应该保留选举的权利(参见本书第115~116页)。选举权利的丧失象征着公民权利的丧失。

[22] 这种声音在最近以减少监禁刑适用为宗旨的刑事政策倡议中经常见到。参见例如英国内政部 1988; Petersilia 1998.

昧通奸行为所产生的影响。）对于另一种论点，即犯罪人"放弃"了他们的权利或是作为公民的属性，这具有一定道理（参见第一章第3.1节）。但是，首先，这并不是对所有犯罪的理性回应，而只能是对最为严重的犯罪的回应，因为他们直接践踏的是社群最为核心和本质的价值。这就是其中一个原因，为什么我们不应当说**所有的**犯罪人都放弃了他们作为公民的属性。其次，主张刑罚应当是包容性的而不是排斥性的（正如我的观点），也就部分说明刑罚自身应当否定或驳斥这种"放弃行为"。我们**可以**将那些犯了严重罪行的人，视为他们放弃了作为公民的属性，但是我们**不应当**这么做。相反，我们应当仍将他们视为公民同胞，对于他们，我们有责任不让其罪行破坏社群的关系，也正是通过对他们的刑罚，我们可以保护这些关系。

当提及监禁刑应当只适用于最为严重的犯罪时，这并不新奇。如今，这几乎已经是刑罚理论者的共识，即我们应当极大缩小监禁刑常用罪行的范围，虽然遗憾的是，这还不是刑事政策制定者的共识。基于沟通性和包容性的刑罚概念，我只对这个结论简单地增加一个新的理由。这个理由并没有告诉我们，**哪些犯罪应当适用监禁刑**——即哪些犯罪应当被视为达到足够严重程度，以至于监禁刑成为反映其影响的必要形式。对于这个问题，我们无法给予一个确定的或者不变的答案。任何一种答案都将依赖于社群的理解，即何种犯罪使得该社群的存续不再可能。但是这种理解是可以变化的，它不仅仅取决于所涉犯罪的性质，还取决于社群的其他成员与犯罪人一起生活的意愿。我们所能做的，其实就再次回到了"递减策略"（参见本章第1.1节），即缩小适用监禁刑的罪行范围，同时降低监禁的刑期长度，虽然我们事先并不知道这种策略会推进多深。然而，一旦我们认识到，任何一种监禁刑基于其含义所具有的严厉程度，例如3年的监禁刑，其实都是**非常**严酷的刑罚，那么无论服刑的条件如何，我们都会希望有这样一种策略，可以极大从以上两方面减低监禁刑的严酷性。[23]

至此,我的论述只适用于这样的监禁刑,即关押的时间已经严重干扰了犯罪人的正常生活。但是对于家庭宵禁*,以及那些间断的、包含一系列的短暂拘留的刑罚(例如周末服刑),问题就会非常不同。基于对前者的论述,我们或许不应当将后一种类的刑罚与刑罚制度中的监禁刑相比较,而是应当与那些限制犯罪人活动自由的刑罚相比较,例如当某人被认定为足球流氓,他就被禁止在特定的时间观看比赛。要求一个犯罪人在傍晚和晚上待在家中,此种要求的正当性,并不是因为她的罪行而必须被暂时隔离于正常的社群之外(她并没有因此被隔离),而是被暂时地取消了参加一系列社会活动的资格,而这是公民们,包括她自己工作时间之外正常的活动。对于间断性监禁,其似乎与持续的监禁相似,因为也在监狱中服刑,但是实际上其却与监禁刑完全不同,因为其并没有彻底割裂犯罪人的正常生活和社群关系。因此,(特别是,如果在短期拘留时,结合适当的项目)它们就可以被归属于温和性的刑罚——这意味着犯罪人的罪行只是对社群的关系造成了威胁。

在此,关于监禁刑还应当提及一点:它的作用应当被视为最后的"备用刑罚",适用于那些没有遵守非监禁刑刑罚要求的情况——如没有不支付罚金(参见 Ashworth 1995a, 268),或者没有遵守社区服务令或缓刑的要求(参见 Ashworth 1995a, 282–84;Brownlee 1998, 131–33)。一方面,看起来监禁刑必须作为最后的适用刑罚,因为它或许

---

[23] 我还想表达的另外一个意思就是,我们应该尽可能地制定出一种要求被判监禁刑的犯罪人在特定日期去服刑的制度:这主要不是因为这样使控制监禁的数量变得更容易,而是因为这会使犯罪人在自己的刑罚中更加主动积极。

*家庭宵禁,是指要求犯人在特定的时间(一般是夜晚或周末)必须待在家里,在英国,家庭宵禁令对任何年龄的人都适用。自宵禁令下达之日起,执行时间不得超过 6 个月;对 16 岁以下犯人不得超过 3 个月。在此期间每天宵禁的时间限定在 2 小时到 12 小时不等,但宵禁时段的安排不得与犯人上班、上学或其他社区令的时间相冲突。随着电子监控措施的利用,保护观察官可以根据宵禁令的指定,让犯人在手上戴上电子标签,以监控犯人的行动。一般认为,宵禁令适合于特定时间有犯罪倾向的犯人。——译者注

是唯一可以**强加于**那些没有遵守其他刑罚要求的人的一种刑罚——而且,法律绝不能允许犯罪人因为拒绝履行刑罚的要求而逃避惩罚。另一方面,如果我们将监禁刑只适用于最为严重的犯罪,我们就不能简单地将所有不履行非监禁刑刑罚的人关押起来。假设他们最初的犯罪并没有严重到施加监禁刑的程度,并且我们不能充分说明他们不履行的行为就已经构成了另一个严重的犯罪,那么施加监禁刑并不正当。在某种程度上,我们可以通过作出以下的区分来解决这个问题,即区分那些拒不履行的人,那些因为缺乏能力或资源而不能履行的人,以及他们最初的刑罚本来就是不现实的或无法实行的(参见 Carlen 1989)。那么对于后者,我们可以提供帮助而不是惩罚:可以认真说服或帮助没有履行的人遵守刑罚的要求,可以不急于对不履行的人施加刑罚,并且对于刚刚开始的不履行行为,只适当地增加原有的刑罚(参见 von Hirsch, Wasik & Greene 1989, 609-10; von Hirsch 1993, 63-64; Tonry 1998, 294)。然而,对于那些拒不履行**所有**刑罚要求的人(这种情况可能非常罕见),我们也必须要做好准备;在这些情况下,很难看出还有什么可以作为监禁刑的替代措施。但是,如果一个犯罪人的拒不履行行为是持续不断的,那么一个(相对较短的)监禁刑就是可接受的、相称的刑罚。这样一种持续拒绝履行刑罚要求的行为,就变得足以破坏社群存续的条件,而这使得监禁刑成了正当。

2.3 死刑

我原本打算避免讨论死刑问题,而只做简单提及。我赞同冯·赫希和阿什沃斯(Ashworth)的看法,即"一个文明的国家……根本就不应当有这种卑鄙的刑罚,根本也不存在这样的情况,可以让法院决定(或者让理论者讨论),何时以及为什么它应当被实行"(von Hirsch & Ashworth 1998, vi)。但是,在许多司法体系中,死刑依旧是一个被使用的刑罚,而且对于许多理论者,它也依然在原则上被视为是一个适当的刑罚。因此我们不能简单地忽略这个问题,即死刑是否能够，以及为什么不能，在一个沟通式的刑罚制度中，成为一种可能的刑罚模式。

我的论述将是简要的。我并不讨论复杂的经验性问题，即死刑是不是比其他刑罚类型具有更有效的威慑力；或者即使死刑的威慑力或预防的效果是可疑的，但是否依然能够主张，为了拯救不确定的、潜在的被害人的生命，我们对谋杀者施加死刑是正当的。基于我的沟通理论，任何一种具体模式的刑罚的正当性，就像刑罚整体的正当性一样，并不依赖于预防的有效性；它依赖于刑罚是否是对犯罪人罪行的适当回应。我也不会讨论报应主义者对这个问题的多种回答。报应主义的核心在于，犯罪"应得"刑罚，刑罚表达了犯罪人罪行应得的谴责。因此，我的问题在于，死刑在原则上是否可以实现这种沟通的作用。同样，我也不会讨论基于某些无辜者被错误的定罪或执行的可能性（或确定性），或者其他非正当的因素（例如种族歧视）对死刑运行的影响等对死刑的批评。这些批评并没有指向我所关心之原则的根本问题——即死刑能否是对犯罪的一种适当回应。[24]

看起来，我的理论对这个问题的答案或许是明显的。施加死刑可以**在原则上**，向犯罪人以及更为广泛的社群进行表达。因此这是死刑和酷刑之间的一个区别，酷刑甚至在原则上都无法成为与一个负责的道德主体进行沟通的模式（参见 Murphy 1979d，233-37）。但死刑无疑无法成为一个悔罪的过程，犯罪人可以从中逐步理解并忏悔其罪行，实现自我改造，与其他公民形成和解。死刑排除了这种改造和和解的可能性。因此，我的理论对于死刑没有任何的空间，它是一种彻底的排斥性刑罚。但是，问题实则并非这么简单。

如果某人犯下了严重的罪行，并意识到自己所作所为的公共不法性。他感到害怕，并心神不宁。但是他能作什么呢？他**可能**认为，自杀是他唯一的选择。那么在这种语境下，自杀就有了多种非常不

---

[24] 关于这个问题广泛的讨论，参见 Bedau 1987；Nathanson 1987；Primoratz 1989a, ch. 8；Bigel 1994；Davis 1996, chs. 1-6；Hood 1998。

刑罚·沟通与社群
Punishment, Communication, and Community

同的含义：它可能是一种绝望的行为——因为他已经无法面对余下的生活；它可能反映了一种理性的决定，因为基于他人对他的评价以及他自己会有感受，这种生命就不再值得一过。但是，这也可以反映一种对其罪行后果的道德理解。对于其罪行，他认为自己已经不适于人类的生活，并将自己与其决裂：这是与人类生活本身的决裂，而不是仅仅与普通社会生活的决裂（而这将意味着，自我放逐到与世隔绝的地方，或是愿意承受终身监禁）。而且，他可能将自杀——即对犯罪后果——理解为一种现实化表现，作为一种与被害者实现和解的方式：此时和解是可能的，不只是因为其*已经死了*，而恰恰是*通过他的死亡*（即使对于那些不相信死后还有生命的人而言）。犯罪人或许希望通过他的自杀——即自我执行刑罚与被害人实现和解；并且，当他的同胞认识到他自杀的原因时，可以对他给予不同的判断和回应——他在公民的观念和回忆中，重新回归到了社群。

至此，如果某人以这样的方式回应一个确实严重的罪行，那么我并不想说，这是错误的或是非理性的。事实上，如果我问自己，一个人犯下了如此严重的罪行，那么他如何在充分认知其罪行的情况下继续（与他自己，与其他人）生活呢，我或许会尊重他上述的选择。那是不是说，我一定会赞成死刑在原则上是一种适当的刑罚呢，如果不是针对所有的杀人犯，至少是针对某些最为严重的罪行？我同意犯罪人施加于自己的死刑，可以反映并表达他对其罪行后果的道德理解，这可以表达他的忏悔，以及实现某种自我改造（正是通过对其罪行的理解，实现了这种自我改造），并与他的同胞达成和解。我也认为，由他人施加的刑罚也可以实现这些目的。刑罚可以意在引起对罪行和其后果的忏悔性认知，并且成为一种，犯罪人认同其作为忏悔，改造和和解的适当的悔罪机制。至此我是不是也必须承认，既然死刑可以是犯罪人自我施加的一种忏悔性刑罚，那么它同样也可以是他人对其施加的一种适当刑罚方式呢？

如果注意到死刑在实践中的现实情况，即无法被理性地期待其有效服务于忏悔、改造和解等适当目标，那么我就不能回避这个问题。对于监禁刑也是如此。我的主张是，监禁刑在原则上可以作为某些犯罪的适当刑罚；并且，在这里我所关注的是原则上的问题，而且（尚）不是理想的原则能否以及如何转化为现实实践的问题。许多人对于死刑的厌恶，也是我对死刑的厌恶，无疑部分是基于、也是合理地基于，其现行的实践情况。但是现在，我的问题是死刑的正当性，甚至只是在理想的理论层面能否被证成。存在三个具有说服力的理由，证明死刑甚至在原则上也不应当存在于一个沟通式的忏悔性刑罚制度中。

第一个原因在于第一人称与第三人称之间的区别：即一个人认为自己应当（或者必须）做什么，区别于其他人能够要求她做什么——更不用说要求她做什么或者强制她做什么。如果某人将自杀视为对其严重罪行唯一可行的回应，我说我会尊重这个人的选择。但我并没有说，我认为（更不用说向他表述）他应当这么做。我相信这是一个只能由他自己作出的判断。同理，无论我们集体认为犯罪人应当以何种方式回应其罪行，这也绝不意味着应当由我们来判断他应当承受死刑——更不用说，向其表述这个含义，或是要求他自杀，或是如果他没有这样，就杀死他。然而，如果一个犯罪人没有自己施加监禁刑，或者不认为他们自己应当承受监禁刑，那么既然我允许向他们施加监禁刑，为什么我又会有上面的论述呢？这是不是仅仅因为，我并不能确定死刑对于最严重的犯罪是一种适当的刑罚，或者对于死刑，我无法拥有与监禁刑的正当性一样的确信？这的确是部分的答案。这个答案与剥夺一个人的生命有关，特别是当这种剥夺生命的行为以一种合法的形式执行（参见 Orwell 1965；Cockburn 1991）。在此，我所关注的是一个平常的事实，即死亡是终极的。这个结果构成了，将死刑排除在沟通性刑罚制度之外的第二个原因。

执行死刑就意味着告诉被执行人（同时也是告诉我们自己），他将自己彻底地移除于人类的社群——结束其延续生命的可能。他或许能够在死亡中与其他的公民实现和解,但是,这只能通过他自己结束或者被结束其延续的生命(而不是在他人的记忆中苟活其生命)。一个人对自己的生命和行为作出这样的决定并依此行事是一回事;但是,我相信,这绝不是我们可以适当地对另一个人作出的决定,并依此行事。正如我们永远不能正当地将他人视为一个无可救药的人(参见本书第 178~179 页),我们也同样不能正当地说,只有通过死刑,他才能得到救赎。

第三个排除死刑的原因,涉及拒绝忏悔或是反叛的犯罪人(参见第三章第 7.4 节)。我们可以正当地惩罚一个拒绝忏悔的犯罪人,以期待她以后会忏悔。即使在刑罚的最后她仍旧没有忏悔,这也不会使得对他的说服变得没有意义或是不正当。对于其他的刑罚,除了死刑以外,我们依然可以期待,她以后会改变她的观点:当她回顾她所承受的刑罚,其作为一种正当的悔罪,她会高兴她被要求或强制地经历了这个惩罚。这或许并不是一个现实的期待,但这是我们对于犯罪人所持有态度的重要内容,即他们不是不可救药的。相反,死刑就排除了这种期待。如果犯罪人仍旧没有忏悔,或者没有将死刑视为是对其罪行的适当(或道德上必要的)回应,那么他的刑罚就**永远无法**实现其目的——即犯罪人愿意接受这样的悔罪。对这样的人执行死刑,也就是将其**置于无法救赎的境地**——即完全是无可救药的。我们永远都无法获得正当性,可以这样对待一个公民同胞——或者对待一个人类同胞。

3. 谁来决定?

一个沟通性的量刑制度应当受到消极罪刑相适应原则的限制,并且必须关注所施加刑罚的具体形式的含义。但是,量刑应当如何并由谁来决定呢?

在近期对刑事政策的讨论中,凸显的一个核心问题就是有关司法裁量权所应具有的适当范围:个体量刑者应当拥有多大的权力,可以对手中的案件判定适当的刑罚；他们的决定在多大程度上，应当受到量刑指导规范，或是立法者或量刑委员会所制定的规则的约束或指引？[25]这是下一节的论题。另一个问题虽然并没有被广泛地讨论，但是它源于我对刑罚适当目的的思考，即在决定量刑时，犯罪人具有怎样的作用（如果有的话）。而这正是本章第 3.2 节的论题。

3.1 "司法公正"：普遍的还是个案的

那些坚持主张积极罪刑相适应原则的人，通常对刑罚和量刑也持有一种"应得"的观念：刑罚的首要目标以及量刑的首要任务，是给予犯罪人他们所"应得的"，即施加给他们的刑罚的严厉性与他们罪行的严重性相匹配。这样的理论者也通常主张，个体量刑者自由裁量权，应当严格地受到量刑规范的限制，如果这样的规范不是强制性地施加具体的刑罚，也应当对每一个犯罪，尽量明确一个较小的量刑幅度。他们非常反对个案量刑的现实实践方式，即对在其所面临每一个个案中确定何种刑罚才是适当的这一问题，量刑者有较大的裁量权。

或许不清楚的是，为什么积极相称性的要求会拒绝个体裁量者拥有较大的量刑裁量权。如果量刑的首要任务是判定与犯罪人的罪行严重性相称的刑罚，那么为什么我们不应当让量刑者依照罪行所有的相关特征，来决定具体的刑罚呢——特别是，那些犯罪人责任特征很难被充分地涵盖进任何一部一般性量刑规则中？

对于这个问题，部分答案在于，罪刑相适应原则是一个**相对的相称原则**（参见本章第 1.1 节）。要对每一个犯罪人实现公正，也同样要在犯罪人**之间**实现公正。我们公正地惩罚**特定**犯罪人，以保证刑

---

[25] 我们应该注意通过为每一个犯罪设定固定刑罚或小范围刑罚的严格规则或者指导方针，以降低个体量刑者自由裁量权的方式，以及提高检察官在间接决定判决过程中的自由裁量作用，因为他们决定犯罪人被指控的罪名和决定接受什么样的诉求（参见 Zimring 1976）。

罚与其罪行是相称的,相对于给其他犯罪人所施加的刑罚也同样应当是这样。因此我们就需要某种机制,尽量实现这种相对的相称性,并避免相对的不相称性。量刑指导规范就是这样一种机制。但是,这仅仅是部分的答案,因为一般而言,我们并不能通过一般性指导规范来严格限制个体裁判者的自由裁量权,以确保达到这种相对的相称性。举一个例子,对学生作业的评分就需要满足这种相对的相称性。对于一篇论文的成绩至关重要的因素,如果不是全部的因素,是它与其他学生论文成绩的关系。我们必须努力保证,同等质量的论文获得相同的分数,质量更好的论文获得更好的分数,并以此类推。至此,我们可以尝试制作一个分数指导规范,以显示何种论文应当获得 A,或 B,或 C,并以此类推,但是这种指导规范将不可避免地非常模糊(即使其不是完全空洞的)。成绩最终将取决于个体打分者的具体判断。可以保证这种相对相称性的,并不是打分者遵守一套实质性的、明确性的指导规范,而是(除了他们自身所受到的培训经验以外)他们对个体论文的评分,将采用一种抽样监督的制度。那么,为什么满足量刑相称性的要求就不能通过这样一种制度呢,即给予个体的量刑者较大的自由裁量权,以决定个案的适当刑罚,并由上诉法院对此监督?

这个问题的部分答案是,我们不能过分信任个体量刑者可以实现公正。另一部分的答案是,我不仅要实现公正,还要让它以能看得见的方式得以实现,而最容易实现的方式,就是通过一个公开的量刑指导意见。[26] 但是,我认为,支持这种量刑指导意见,同样反映出一种一般性的自由主义担忧,即法律应当与公民保持适当的距离。一个制度给予个体量刑者较大的自由裁量权,那么其正当性就

---

[26] 支持严格法定或者准法定量刑指导意见与支持制定成文刑法典有很多共同之处:对法官的不信任,以及对法律应该明确而具体,有确定性和有稳定性的关注。我们也许会补充这样的论断:法律只有在确定的一般规则指导下,才有可能是合理的和稳定的。对于这种论断,普通法的个案推理模式(无论是实体法还是量刑)基本上不予认可。我认为这种论断是一种严重的误导,但是在这里不再追问这个问题。参见 J. Gardner 1998a; Duff 1996b, 65–66.

在于：如果他们公正对待每一个案件中的具体特性，依据其罪行所有的相关特征来决定犯罪人的刑罚，那么这种裁量权就是必要的。一般指导规范都会过于简略，而无法应对与犯罪（和犯罪人）相关的众多细小的内容。而这种制度同样会要求或允许量刑者，可以相当仔细的调查具体犯罪的细节，发生的语境，以及犯罪人的动机和背景；并且，这种调查就可能入侵到那些本不属于法律问题的领域（参见第三章第 8 节）。保护公民免受这种过于侵犯性的调查，我们就需要一个严格量刑指导规范，它可以规定和限制与量刑相关的（加重或减轻）因素。这就必然包含一定程度的"抽象化"。我们就需要以相当宽泛的语词来定义犯罪，对许多个案的特性进行概括，并忽略那些对犯罪人和他们的罪行进行全面**道德**判断的相关细小特征。但是要保护个人免受过度侵犯性的司法调查，确保我们可以依据严重性对罪行进行适当的排列，并保证所有的犯罪人在同样的规则下获得公平的量刑，这种抽象化就是必要的。[27]

至此，那些支持消极而不是积极罪刑相适应原则的人，事实上都能够认同上述大部分的论点。他们的区别在于，是否需要以一个单一的严重性和严厉性的标准，对所有的罪行和刑罚进行排列。他们的区别或许还在于，犯罪和犯罪人的哪些内容可以成为法律的适当领域，是"公共的"而不是"私人的"问题，以及我们如何权衡犯罪人之间的公平性要求和公正对待每一个犯罪人特性的要求。（我认为，后者要求刑罚应当实质性地相称于特定的犯罪人）但是，他们都同意个体量刑者的裁量权应当受到一般规范的限制。之所以如此，是因为他们同意我们永远不能确信让个体量刑者来实现正义，并且如果实现公正要以看得见的方式，那么法律就必须给以一个清晰的、公开的指引，以明确对不同的犯罪施加何种刑罚。针对法院

---

〔27〕 参见 Morris & Tonry 1990, 82-83，公平（fairness）要求和正义（justice）要求之间的冲突："公平的要求全面适用一般标准，正义要求在对个体做出决定时考虑个体之间的差异。"刑罚的抽象化已成为"批判"理论学家的一个靶标（参见例如 Hudson 1987, 1993; Norrie 1993；对于该问题的部分回应，参见例如 Duff 1998c）。相反参见 Norrie 1993, 31-32, 223-25，这种抽象化的方式也可以保护个体公民对抗政府。

在多大程度上可以调查，或者法律在多大程度上可以侵入犯罪人的生活，他们也都同意必须设定限制。积极罪刑相适应原则的支持者和消极罪刑相适应原则的支持者，他们的区别并不是前者赞同量刑指导规范，而后者对此反对。毋宁说，这关系到量刑规范应当有多么详尽，留给量刑者的裁量权有多么大。积极罪刑相适应原则的支持者会赞同相对详尽的量刑指导规范，留给量刑者一个相对有限的裁量权，以选择刑罚的模式和程度。相反，消极罪刑相适应原则的支持者，则赞同一个相对粗略的量刑指导规范，留给量刑者更大的裁量权，以决定刑罚的模式和程度。

在此，我不能更进一步地论述这个问题，[28] 也无法讨论谁应当制定这个量刑指导规范（立法者，还是量刑委员会，还是上诉法院?），以及他们应当采取何种形式（是数字化量刑表格，如明尼苏达所采用的，还是法院应适用的详细原则，如瑞典 1988 年的量刑法?）。[29] 正如在这一章中我所表明的观点，我希望这种指导规范可以足够灵活，以便给予个体量刑者比冯·赫希的理论更大的自由裁量权，例如允许他们在一定范围内对刑罚方式进行选择。或许，一个类似于汤瑞所提出的制度会更为适当（1997, 1998），即包含六个互有重叠的"自由裁量权的区域"。这样的量刑规范，就将犯罪分配进六个区域中的一个，并且明确每一个区域的"预定性的量刑"*，但这也仍然给量刑者留有一个较大的自由裁量权，以便在特定的区域内选择刑罚。[30]

然而，我的理论看起来会有一个更为极端的、令人不安的推论：

---

[28] 通常参见 Hudson 1987, espec. ch. 3; Ashworth 1995a, ch. 13; Tonry 1996; von Hirsch & Ashworth 1998, ch. 5. （包括综合性的参考文献梳理。）

[29] 参见 Tonry 1994, 1996, chs. 2-3; von Hirsch 1998b. 对于这些问题有价值的简论，参见阿什沃斯对 von Hirsch & Ashworth 1998, ch. 5 的介绍。

*所谓"预定性的量刑"，是指在司法实践中具有指导意义的量刑规范，这种规范预先设定犯罪区域并对每一个区域设定不同的量刑，量刑者利用自由裁量权选择合适的刑罚模式。——译者注

[30] 但是，关于应当在裁量者发挥自由裁量权的过程中起到指导作用的考量，我的理论与汤瑞具有相当的差异。参见前面注释 12。

量刑应当可以在犯罪人和法院之间相互**沟通**(或者在犯罪人和被害人之间)。现在，我将论述这个问题。

3.2 协商式量刑？

在现行的刑事制度中，刑罚通常是由法院**施加于**犯罪人的。犯罪人或许能够通过辩诉交易而获得较轻的刑罚，但是施加何种刑罚由法院决定。无论是犯罪人，还是被害人，通常在这种决定中不具有正式的作用。[31] 看起来这是完全正确的，即犯罪人应当作为量刑决定的承受者，而不是参与者：作为犯罪人，他们的角色无疑是屈服于法律的权威；并且他们的处境，也很难形成一个公正的判断，以决定他们应受何种刑罚。这正是废除主义者的关注点所在，即刑法将"纠纷"定义为"犯罪"，进而把它们从其本应归属的适当领域"偷走"了 (参见 Christie 1977；上述第一章第 5.2 节)。但是，我们或许认为，一旦我们认识到犯罪是一种公共的不法行为 (参见第二章第 4.3 节)，我们也应当认识到，由法院决定给予他们适当的惩罚性回应，这正是代表了法律和社群。

但我也主张 (第三章第 4.2~4.3 节)，刑事调解程序可以提供一个沟通性的刑罚范式，包括犯罪人给予被害人赔偿；沟通是该程序的核心，因为犯罪人和被害人 (在调解员的协助下) 必须对赔偿的方式和数额展开协商。更概括地说，我或许应当支持一种协商式的量刑，无论是犯罪人和被害人之间的协商，还是犯罪人与社群之间的协商 (通过刑事审判)。我的理论认为，刑罚的目的不仅仅包括与犯罪人进行沟通，也包括提供一个方式，可以让**她**对被害人和整个社群表达其歉意。如果犯罪人被要求参与这个沟通性的活动，如果她被视为一个负责的主体，那么她当然就必须被允许表达，决定他应

---

[31] 这里我暂且搁置"被害人影响陈述"(victim impact statements) 的作用问题 (参见 Ashworth 1993a)。它们是量刑者使用的正式证据，并不直接作用于量刑决定。美国一些州也允许有利于正确量刑的"被害人意见陈述"(victim statements of opinion) (参见 Erez 1994；Zedner 1997，601)。我会在本节后面部分谈论被害人的角色问题。

当沟通什么以及如何进行沟通。但这似乎就意味着,要么我所论述的终究就不是**刑罚**——而毋宁说是一种非惩罚性的恢复性正义,区别于报应性的或惩罚性的正义(参见第三章第4.3节)——要么如果它一定是一种刑罚理论,那么就会面对批评:一种协商式的量刑制度与消极的罪刑相适应原则,甚至都会存在冲突(一般可参见 Ashworth 1993b; von Hirsch & Ashworth 1998, 300-11; Zedner 1994)。

至此,我并不认为我的理论**需要**一种协商式的量刑制度。公民被要求接受刑法内容的权威性——他们应当避免刑法所定义的犯罪行为,即便他们自己没有将这个行为视为犯罪。刑法虽然具有这种权威性,但是它与公民的沟通中,仍将他们视为自由政体的负责成员,只要存在着这样一种适当的民主领域,他们可以质疑并改变刑法的内容(参见第二章第4.4节)。他们也被期待接受法律在量刑时的权威:接受法律通过法院对他们的罪行所施加的刑罚;只要存在这样一种适当的民主领域,他们可以对刑罚的一般程度和模式以及量刑的指导原则进行讨论和决定。而且,当真正需要的是对公共侵害的公共道歉,那么法律规定道歉的形式和内容就并非不合理。犯罪人应当道歉。但是,什么可以构成充分的道歉,取决于犯罪的性质和严重程度,并且取决于道歉性补偿的模式和程度所具有的含义。因为这些都是公共的问题而不是私人的问题,依赖于社群对犯罪以及补偿模式的理解,法律不仅可以合理地规定犯罪人应当道歉,而且还可以规定如何道歉。这不会妨碍道歉的真诚性——犯罪人自己所作出的真诚道歉(如果他们开始忏悔其罪行)。如果我认识到我应当对自己的罪行作出道歉性的补偿,那么我也同样可以接受,并且依据法律的规定作出我自己的特定形式补偿。

但是,同样正确的是,我的理论**支持**这种协商式的量刑制度。首先,一个珍视自治价值的自由政体,一般而言,比起公民在这种活动中的被动卷入,更推崇主动的参与。这种政体下的制度,应当在尽可能的情况下让那些被影响的人可以具有更为积极的作用,以确定对他们所要采取的措施。其次,若涉及具体的刑罚,如果犯罪人可以参与到对他们自身刑罚的决定过程中,那么刑罚的沟通效率无疑会被加强。如果犯罪人可以参与到其罪行需要何种补偿的讨论中,那么我们更有可能让犯罪人理解他们罪行的本质和影响,以及使对他们的处罚本身变成一种真诚的道歉性补偿。

通过追问什么内容可以被协商,与谁协商,这种协商受到何种限制,我们可以更清楚地理解一个协商式量刑制度可能包含什么,以及它如何回应可能引起的批评。[32]

至于什么可以是协商的内容,有一个问题是肯定不能被协商的,就是犯罪人存在犯罪行为(参见第三章第4.2节)。量刑,无论能否协商,其前提就是存在一个对具体犯罪的定罪。虽然犯罪人被期待参加这个协商的过程,适当地讨论其罪行的含义和影响,无论是与被害人,或是与缓刑官,或是同时包含上述两者,但是不可协商的问题就是,犯罪人确实犯下了该罪行。[33] 另一个不能被协商的问题是,犯罪人必须承担或承受与其罪行严重性(符合消极性)相称的刑罚。这一点源于这一章以及上一章的论述,即犯罪人必须被惩罚,并且他们的刑罚与其罪行必须符合(消极性的)相称性。

能够被沟通的是刑罚的具体形式和内容,它们受到消极相称性的限制,以及刑罚模式的进一步限制。其中一种限制涉及监禁刑。必须由法院来决定犯罪人的罪行是否足够严重,以至于其刑罚必须包含监禁刑。另一种限制是关于可适用的非监禁刑。虽然量刑者应当拥有一个较大的裁量权以决定刑罚的模式(这种裁量权适合于这种协商性的程序),但是它不应当是无限制的。刑罚必须是可行的——对于犯罪人而言是能够履行的,而且刑罚也能够被切实地监督和执行。不能包含那些不人道、屈辱的,或者过度侵犯性的措施(参见 von Hirsch 1993, ch. 9)。它们对于相关罪行必须具有适当的含义。

---

[32] 关于在许多方面与我的观点相似的一个建议,参见 Cavadino & Dignan 1998. 也可参见 Zedner 1994.

[33] 该讨论也被限制在犯罪人被指控之犯罪的本质和社会影响。它不是广泛讨论以强迫犯罪人关注与其犯罪无关之问题的场合。参见本书第 182~183 页。

适用这些限制的最显著方式，就是法律对刑罚方式规定一个一般性的范围（包括监禁刑，社区服务令或对被害人的补偿性工作，附带一系列条件的缓刑令，以及罚金刑）。法院将针对一个特定的罪行确定可能的刑罚范围（这也需要遵守相关的量刑指导规范），这一具体确定过程需要考虑量刑的所有必要因素（例如监禁刑）。如此，就可以在这个范围内对刑罚的形式和刑罚的内容展开协商，同时协商的结果要得到法院的批准。[34]

在考虑适当的刑罚方式和程度时，必须区分赔偿（compensation）和刑罚。赔偿是为了弥补犯罪所造成的物质性损害。通常包含金钱给付，至少可以弥补犯罪所引起的某些物质损失（例如替代或修理被盗窃或被损坏的物品的费用，对伤害的医疗费用，等等）。因此，要求给付的赔偿，如果存在的话，依赖于犯罪的实际损害；它并不必然与犯罪的严重性紧密相关（可以比较一下，一个过失性犯罪造成了重大损失，但是一个杀人未遂的行为却没有造成任何物质性的伤害）。犯罪人支付的赔偿，如果存在的话，将取决于他的财产。在我的理论中，刑罚可以包含补偿（reparation）。补偿针对的是所犯的**罪行**，而不是犯罪所造成的物质性伤害。因此，补偿的形式和程度将取决于罪行的性质和严重程度，而不是造成的实际伤害，如果它并没有影响罪行的严重性（这就回应了阿什沃斯所提出的问题，Ashworth 1993b, 290-91）。

我们可以通过将赔偿视为一种民事问题，[35] 而将补偿视为刑罚独有的问题，以明确这个重要的区分。但是，这样也会过于简单，因为补偿可以采取赔偿的形式。有时候，犯罪人给予其罪行作出的道歉性补偿，是通过金钱支付以赔偿其罪行对被害人造成的损

---

[34] 也可能存在协商产生的量刑建议不应被纳入法院批准或者拒绝的特定范围的规定。

[35] 我先不讨论国家是否应为那些不能从犯罪人处得到赔偿的受害人提供补偿问题。参见 Ashworth 1986.

害。〔36〕即使刑罚采取了某种补偿性的赔偿，赔偿和刑罚还是可以作出语义上的区分。决定何种刑罚方式和程度是适当的（即使刑罚包含赔偿），我们必须追问，对于罪行，什么可以构成一种适当的补偿性道歉，而不是对犯罪造成的损害可以给予多少赔偿。

协商应当在哪些主体之间进行呢？如果犯罪是针对可以确定的被害人，那么他就应当参与这种协商，并且协商至少要部分地关注犯罪人应当如何对他进行补偿。这不是因为犯罪是一种"私人"的而非"公共"的侵犯（主要参见 Cavadino & Digan 1998, 353）。犯罪正是社群作为整体所关注的一种公共性侵犯，（参见第二章第4.3节）；社群也承受着被害人所受到的侵害，它通过法院代表被害人展开表达，相似地，被害人在刑事调解程序中的表达也不仅仅代表他自己，也代表着整个社群。被害人参与这个程序是适当的，因为犯罪人应当以这样的方式直面他，并尝试对其给予某种补偿性的道歉，这样做是正确的；也因为被害人自己也可以以这样的方式帮助犯罪人承担其责任。但是，即使被害人愿意参加这样的程序，协商程序也必须包含除犯罪人和被害人之外的其他声音。因为这种程序处理的是一种公共的侵害，既是对整个社群的责任，也是对个体被害人的责任，所以它必须在法律的保护下运行，并符合法律所规定的适当（上述）限制。〔37〕这个条件就要求一个正式调解者的参与，他的责任在于促进犯罪人和被害人的沟通，表明何种补偿性措施是适当的或不是适当的，并帮助制定一个向法院申请批准的调解计划。调解者一个特殊的职责在于，当被害人要求过高或过低时进行干预——即被害人夸大了或低估了罪行的严重性，并以此主张其认为是适当的补偿。因为犯罪是关系到整个社群的公共侵害，补偿性道歉也是给予整个社群的（即使它可以直接给予被害人），所以被害人所要求的补偿就

162

---

〔36〕主要参见英国刑法中的补偿令。参见 Ashworth 1995a, 256-61；Walker & Padfield 1996, 245-50.

〔37〕我必须搁置其他利害关系人（受害人或犯罪人的家属或朋友，当地社群的其他成员）是否应该有一个角色的问题，而他们在某些类似的调解过程中发挥着一定的作用。

不能是决定性的。

有时候,犯罪人与被害人之间的刑事调解程序当然是不可能的,因为并不存在可以参加这种程序的一个具体被害人,或者是因为被害人根本不愿意参加。在这样的情况下,协商就必然存在于犯罪人与整体的社群之间(而在被害人-犯罪人调解项目中,犯罪人与社群的协商是间接通过被害人来完成的),或者可以说存在于犯罪人和法律之间,因为对于这种公共的侵犯,法律代表了社群。此时缓刑官就可以发挥明显的作用:在犯罪人被定罪后与其会面,讨论适当的刑罚(这也要遵守法院所给出的规范),并制定一个向法院申请批准的量刑建议(主要参见 Bottoms & McWilliams 1979, 184-87; Raynor 1985, 117-22, 180-204)。事实上,我们可以在**所有的**量刑协商中给缓刑官以核心地位(对他们现在仅仅具有的制定出席报告的角色给予扩展和修正)。一旦犯罪人被定罪,缓刑官就会受理她的案件:他最初的职责就是安排与犯罪人的讨论(如果可能并且适合,讨论也包含被害人),以便制定向法院申请的量刑建议,在此过程中,犯罪人应起到更为积极的作用,虽然这仍然需要遵守上述规范。更为准确地说,与缓刑官(以及被害人)讨论其罪行本身,就是一种惩罚性的过程(参见第三章第4.3节、第5.1节),除了最为轻微的案件之外,这个讨论将包含对犯罪人的具体量刑(这也可以实现让犯人直面其罪行),以及法院将批准的其他措施。

缓刑官的进一步作用在于,监督并完成这些被批准的措施(除了监禁刑)。这也意味着,除了对于最为严重和最为轻微的犯罪,缓刑应当作为一个通常的刑罚。但是此时,"缓刑"的传统角色就不仅仅得到了极大的加强(参见第三章第5.1节),而且还包括了对所有刑罚的沟通与监督,除了那些最为轻微的非监禁性刑罚。比现在大部分缓刑官所希望的自我角色定位更为明确(参见第三章第5.1节),这就要求缓刑官将他们自己理解为刑事制度中的刑罚执行者:这正是他们应然的角色理解。[38]

（当然，对于拒绝参加讨论或者拒绝接受合理的量刑建议的犯罪人，我们需要制定相关的规则。在这样的情况下，刑罚需要被强行施加，正如我们现行的制度模式。）

无疑，这样一种协商式的量刑，尽管应遵守一定的限制条件，也会在案件之间制造差异，而这会让积极罪刑相适应原则的支持者感到不安。这种差异会同时出现在刑罚的方式和内容上，使得在相似罪行之间很难核查刑罚是否符合相对的相称性原则要求，而在可以比较的情况下，也很难核查刑罚的严厉程度是否适当。这些差异之所以存在，是因为法院（自然）不愿意否决满足适当限制性条件，也获得了犯罪人和缓刑官（以及被害人）一致同意的量刑建议。然而，首先，这样一种量刑符合了消极罪刑相适应原则的要求（因为这是此种程序的一个限制性条件），这是我认为我们应当接受的相称性版本。其次，我们必须在考量结果正义的同时，满足程序正义的要求。一个正当的刑罚，不仅仅要与犯罪人的罪行相当或相适应，而且还应当产生于正当的量刑程序；而正当的量刑程序，我认为就是可以尊重犯罪人和被害人声音的程序。[39]

4. 犯罪记录和"危险"犯罪人

当然某些读者会认为这一章以及上一章对刑罚理论所作出的论述是不合理的，即使这些论述是对刑罚应当是什么的理论性思考。我不知道我还能说些什么来说服他们。另一些读者或许会认为我的

---

[38] 详见本书第282~283页。
[39] 我讨论"法院"在批准被提议的量刑时所扮演的角色，就好像那明显是法官或者治安法官的任务。为什么它不应该是代表广泛社群的陪审团的任务呢？我在这里不再追问这个问题（但是可参见 Dubber 1997, 551-53, 591-95），但是将最终的决定权留给法官或治安法官，有两个理由：首先，他们更应该尽量考虑并确保满足相称原则（消极的相称原则）的要求；其次，他们更应该尽量考虑不同量刑可能涉及的因素及其可行性。这不是说我们的法官和治安法官在事实上总是为完成上述任务做好了准备——只是他们应该做到。

理论作为一种**理想性的**思考，或许是合理的或是具有吸引力的，但是考虑到它与我们现行刑罚制度的距离，它无法适用于我们现实的世界。我将在下一章回应这种担忧。也有一些读者或许会认为这种理论对于**某些**犯罪或犯罪人是合理的，但对于另一些犯罪或犯罪人所引发的问题，它却无从解决。这种担忧，构成了本节的主题。

比起我们的现行制度，沟通性的刑罚制度所施加的刑罚会相对的轻缓，并且它的目的在于说服被害人忏悔他们的罪行，开始自我改造，以及与他们的同胞达成和解。或许这样一种刑罚制度适合于依旧可以被道德说服所影响，或者其罪行并没有显示出他们已经对此无动于衷的犯罪人。我们可以合理期待，这些犯罪人或许能够倾听他们的刑罚，并被其说服，同时我们能够希望与他们继续共同生活在一个社群之中。这样的犯罪人也并不总是可以被说服而进行忏悔，或者即使他们被说服，某些人还会再次滑落到犯罪之中。对于劝阻潜在的犯罪人放弃犯罪，这种制度比起严厉的、威慑性的制度，**或许**并不是那么有效。〔40〕但是只要他们的罪行还没有**严重地破坏社群的共同"善"观念、利益，以及它的成员**，那么这或许是为了维持一个文明的自由政体，我们应当愿意承受的代价，这个政体将所有的公民视为一个规范性社群的适格成员。但是，批评者可能会主张，存在另外一种犯罪人，对于他们而言，这种沟通性的刑罚制度完全是不适当的：其罪行已经证明，这些犯罪人会对所有的道德沟通尝试充耳不闻，或者其罪行具有严重的破坏性，使得我们无法将他们看作为确保自由的文明社会而必须承受的代价。

哪些犯罪或犯罪人引起了这种担忧呢？有时候，在政治家的口中或想法中（并且，他们推定这也是其选民的看法），**任何**一个犯下了两个重罪的犯罪人就会引起这样的担忧——如在美国所存在的多种"三振出局"法律——或者那些犯了特定重罪类型且超过两次的

---

〔40〕考虑到在提高刑罚严厉性和降低犯罪发生率之间建立任何显著相关性的难题，它甚至是有争议的。参见 von Hirsch, Bottoms, Burney & Wilkström 1999.

人——如1997年英国所建立的强制性量刑规定。[41]然而,这样的扩张性规定并不适合于自由政体。除了那些作为犯罪预防措施所具有的非常可疑的有效性外(参见Tonry 1996, ch. 5),这样的规定实则太过草率地将犯罪人排除于正常的公民权利和保护之外,在适用强制性终身监禁的场合,将犯罪人永久性地隔离则更显草率。

"选择性消除犯罪能力"的建议也是如此。它通过确定一系列适当的"指示因素",确定特定种类的高频率犯罪人,并对归属于这些种类的犯罪人施加一定延长期限的消除犯罪能力性监禁(虽然也可以用于指导减少其他种类犯罪人的刑罚),意在实现有效的犯罪预防。[42]除了"指示因素"在准确性层面非常可疑,这种措施在实现初始目的的有效性方面也是可疑的,自由的政体也不应当如此草率地将归属于特定种类的全部犯罪人(例如惯犯)排除在公民的正常权利和保护之外。

其他种类的犯罪人会对我的理论造成更为严重的问题——特别是那些可以将其界定为"有危险"(dangerous)的犯罪人。

"危险的"犯罪人具有多样化的面像。包括:恐怖分子,他们会对某种无法通过民主程序实现的政治目的采取暴力活动;职业的"强硬犯罪分子"(hard man)或者有组织犯罪的帮派成员,他们会进行一种职业性犯罪,其中包括对他人实施严重的暴力行为;"暴徒",虽然他们不是职业性的犯罪人,但是会习惯性地实施严重的暴力(经常针对一个特定族群的成员);性侵犯者,他们经常攻击女性;以及恋童癖者,他们经常对儿童实施严重的(有时候甚至是致

---

[41] 有关美国法律的富有启发性的批判讨论,参见Dubber 1995. 有关英国法律条款,参见1997年的《犯罪(刑罚)法》第2节(二级重罪的法定终身监禁;"重罪"不仅包括与杀人罪有关的犯罪行为,也包括故意伤害,强奸和强奸未遂,与未满13周岁的未成年女孩性交,持枪或持仿制枪抢劫以及其他一些有关枪支的犯罪行为),第3节(第三次A级贩毒犯罪行为最低刑期7年),以及第4节(第三次入室夜盗最低刑期3年)。

[42] 参见例如Greenwood & Abrahamse 1982; Wilson 1983, ch. 8. 参考文献和讨论详见Duff 1998a, 143-51.

命的)性侵犯。

当然对于这些危险性的图景,会存在着很多追问:它们在多大程度上是道德恐慌的产物,以及在多大程度上,这些犯罪人(例如恋童癖者)是一个负责的主体,可以控制他们自己和他们的行为。我们或许可以期待,在某个政治社群中(与我们自己的社会有非常的不同),这样的犯罪人是极少的,因此沟通式忏悔性刑罚制度的合理性可以被充分的证成(参见第五章)。不过,我认为无论现在还是将来,都存在这种"有危险的"犯罪人,他们对我的刑罚理论造成了困难:特别是当这些犯罪人的危险性在于经常对其他人实行严重的暴力性犯罪,经常严重地**攻击**他们的同胞。[43]

他们引发的困难是这样的。就一般而言,可以认为(正如自由主义者所认为的)自由政体必须接受一定程度的犯罪。它必须避免适用一些犯罪预防方法,虽然它们可以降低犯罪,因为它们并不符合这个政体的明确价值观念。然而,假设我们面对一个犯罪人,他长期地对他人实行严重的暴力伤害,对于他以前的刑罚无动于衷,并且可以合理地预测到如果他有机会,他还会实行那样的攻击行为。即使根据我的理论,他也可能因为每一个间续的犯罪而被判处(相对)较长的监禁刑(参见本章第2.2节)。但是,我们能够预测,一旦他被释放(即使是要求其接受一定的特殊监视),他还会实行这样的犯罪。那么,面对他的下一个被害人或者他所杀害的被害人的家属,我们能够说些什么呢?对于那些生活已经被摧毁的人,我们能够诚实地说,这个新的犯罪是我们(特别是他们)为了维持自由的政体而必须支付的代价吗?他们为什么就不会理性地反驳,这是蔑视他

---

[43] 参见 Duff 1998a, 141-42, 151-56. 我暂时不讨论那些与毒品交易有关的犯罪行为,因为自由政体是否应当对引起相应犯罪的各种毒品使用行为进行犯罪化,至少还是一个有争议的问题(参见 Husak 1992a)。我也暂且不讨论那些与更典型地属于"有危险性的"(参见 Bottoms 1977, 83-87; Floud & Young 1981, 6-7, 10-15)犯罪人相比会造成更大的的物质性伤害,但又不直接攻击他人的犯罪者(例如,不思悔改的醉驾者,或者不遵守安全规范操作的公司)。我们一定要对这些犯罪人加以比通常更认真地对待(关于公司犯罪,参见 Wells 1993),但是我们也能够期待他们的犯罪行为可以在没有额外措施的情况下被劝阻。

们避免这种可预测的袭击而应受保护的权利,同时,如果我们可以合理地确定,一旦他被释放就会实施这样的犯罪,那么我就对他们就负有义务,将该犯罪人隔离在监狱之中?

对于这样的反驳,我充满着同情——正如我认为的,任何一个刑罚理论者都会这样。但是此时,我能说些什么呢?

看起来具有吸引力的建议是一种"二元"政策(参见 Bottoms 1977,87-91; Cavadino & Dignan 1997,23,26)。对于那些"普通的"、"不具有危险性的"犯罪人,我们可以保留这种沟通式、忏悔性的刑罚制度,他们要么有可能被这样的刑罚所改变,要么不被改变,即使如此他们也不会作出过度的伤害行为。但是我们应当对那些危险的、不易改变的犯罪人,施加一种更为严厉的刑罚制度,可以期待的是要么威慑他们(以他们唯一愿意倾听的语言向其叙述),要么隔离他们。

实际上,这就是将这些犯罪人视为部分意义上的法外之人。因为他们不易改变的、严重的、暴力的犯罪性格,他们已经将自己排除于规范性的社群之外。在这种语境之下,刑罚能够如其应当的那样发挥我所主张的功能。但这也对我所论述的理论给予了极大的限制。似乎需要承认,自由政体的刑法不能在向**所有**公民的表达中,都使用包容性的语词,一概将他们视为规范性社群的适格成员。某些人似乎必须被排除于,或被认为是自我排除于这种成员身份之外,并由法律对他们施加威慑性或剥夺性的刑罚,即他们不再被视为共享社群明确价值观念的公民(参见第三章第1.2节)。即使这种犯罪人是很少的,但是对于我所提供的真正的、纯粹的包容性刑罚理论,他们都将会造成严重的、道德不安的保留。

我是否会证成或避免这个结论呢?对此,我简单地讨论与这个问题相关的两个议题,它们已经在近期的刑罚理论的研讨中获得了显要的关注。这也会让我更为清楚地确定,哪些犯罪人才对我的理论构成了严重的困难(正如我要论述的,其实这是一个极小的群体)。

将要讨论的两个议题当中,第一个是先前犯罪记录在量刑时的作用,第二个是"危险的"犯罪人能否被正当地施加延长期限的消除犯罪能力监禁。我同意冯·赫希的观点,犯罪人先前的犯罪记录,其本身不应当对她当前犯罪应承受的刑罚,造成巨大的差异。在这种二元政策的背景下,那些可能被正当施加特殊刑罚措施的人,要远远少于这些具有先前犯罪记录的人——即使当这些记录包含严重的犯罪。随后,尽管并非十分自信,但我也将讨论能否确定一个较小的、真正"危险"的犯罪人群体的问题,而他们可以被正当地施加这些刑罚措施。

但是,应当先强调的一点是:核心的问题必然还是我们能否**正当地**将任何一个犯罪人完全排除于规范性社群的成员身份之外,而不是在结果上是否可能有用或是划算。这一点源于我的刑罚理论的报应主义维度(如果刑罚的正当性可以被证成,那么它必然是正当的,即是应得的),以及我对自由政体与其成员关系的思考(如果适格的成员身份所具有的权利和属性在根本上是可以丧失的,那么这只能是因为,该成员自己的行为让我们能够正当地认为,是他自己放弃了它们)。这就意味着,此问题不应当是我们能否正当地**偏离**相称性的要求,从而对某些犯罪人施加的刑罚措施要重于他们所应得的刑罚。这个问题毋宁是,犯罪人先前的犯罪记录或"危险性",能否显著影响其犯罪的严重性,因而针对性地施加的严厉措施并非不相称的(参见本章第1.4节)。

以下,我所关注的将是关于再犯或不易改变的犯罪人。也存在第三章所提及的(脚注18、42)问题,是否一个单一的犯罪行为就可以如此严重,以至于只要犯罪人实行这样的行为,就可以被正当地认为他将自己排除于社群之外。与我对"反叛性"犯罪人和死刑的论述相一致(第三章第7.4节;以及本章第2.3节),我倾向认为不能如此。虽然我可以尊重犯罪人形成并且按照其犯罪行为所反映的信念来行事,但是这并代表我们应当据此对他人做出判断,或基于此采取行动。

第四章 | 沟通式量刑

4.1 先前犯罪记录的相关性

一个现在要被定罪的犯罪人，其具有先前犯罪记录这个事实本身，并不能正当地引起他现在刑罚的变化。例如，如果某人现在被定盗窃罪，那么他5年前被定的伤害罪，并没有为对盗窃罪施加一个更严厉的刑罚提供充足的理由，因为它并没有提供充足的理由来判断当前的犯罪变得更为严重，还是犯罪人变得更危险。只有当先前犯罪在发生时间上相对接近，尤其他们和现行犯罪属于同一类时，有关犯罪记录的问题才会变得重要起来。[44]假设一个被告人被判入室盗窃，并且他在过去的3年中，两次因为入室盗窃而被定罪和惩罚。[45]那么，根据我的刑罚理论，是否有理由认为，他前两次已经因为入室盗窃而被惩罚，那么这第三次就可以正当地对其施加更为严厉的刑罚——即，他现在应得一个更严厉的刑罚，以表达更为严厉的责难？[46]

如果将刑罚描述成一种道德**教育**，那么结果或许会是这样。如果一个学生表现出她无法学会所应当学会的东西，那么给予其进一步且更为严格的教授过程安排以促使其学会这些东西或许是合理的，同理，如果犯罪人没有从之前的刑罚中得到学习，那么此时我们就可以尝试某些新的以及更为严厉的手段。[47]但是在我的理论中刑罚并不是一个道德教育的问题（参见第三章第4.1节），况且沟通式刑罚

---

[44] 参见 Wasik 1987；Roberts 1997, 322-26, 331-33, 335-41. "同一类"犯罪的概念固然模糊。但可参见 J. Gardner 1998a, 247-49.

[45] 只有过去的定罪才有价值，而不是过去曾被捕之类的记录（参见 Roberts 1997, 325）。如果我们认真对待无罪推定原则，就不能允许犯罪人以前没有被定过罪，以及犯罪人没有认过罪影响对其所作的量刑。

[46] 参见 Robert 1997, 对美国先前犯罪记录规定以及相关理论问题的有价值调查；也可参见 Ashworth 1995a, ch.6, 以及 Wasik & von Hirsch 1994, 关于英格兰先前犯罪记录的作用；von Hirsch 1985, ch.7；1991, 1998a.

[47] 主要参见《1993年刑事司法法》第66章第6节："在考虑犯罪行为的严重性时，法院可以考虑犯罪人之前的犯罪记录或者犯罪人没有正确回应以前的量刑。"相反参见 Ashworth 1995a, 160-62, 要求对这个条款作出狭义的解释。

刑罚·沟通与社群
Punishment, Communication, and Community

的固有弱点就在于犯罪人具有不被说服的实质自由（参见第三章第7.4节），这就排除了一次次加重刑罚直到他被说服这种做法的合理性。我也不认为，先前的刑罚没有让犯罪人忏悔和自我改造，可以使他现在的罪行变得更为严重。之前被定罪本身，并无法表明这些，因为这符合犯罪人意志的脆弱性本质，并且任何一种对其行为作出正确解释的尝试，都会不适当地入侵犯罪人的一般道德品格［以下，我将会论述"初犯从宽"（first offender discount）和不易改变的、危险的犯罪人］。

另一种可能的论点是，再犯的犯罪人，其当前的罪行之所以更为严重，并应受到更为严厉的处罚，是因为除了其具体犯罪行为的实质不法性之外，犯罪人还表现了对法律缺乏尊重的态度，而这是应受惩罚的。不仅仅是再次侵犯了被害人的权利，而是他对上次刑罚中法律对其所表达的权威声音充耳不闻。一个自由政体应当在它的公民中努力培养对法律的尊重和维护法律权威的意识，并且对那些试图削弱或威胁法律制度的公共侵犯行为给予处罚（如那些妨碍司法公正的犯罪）。但是，它不应当将这种由具体的实质犯罪行为所反映的"不尊重"，视为可以脱离于或附加于该犯罪行为的侵害，进而给予惩罚。不论犯罪人的特定罪行是纯正的**自然犯**——即他被惩罚的罪行并不是"对法律的不服从"，而是一种实质性的道德违反行为，法律将其定义为一种公共的侵害——还是**行政犯**——这些罪行的本质，恰恰在于犯罪人对其本应遵守之法律的不服从或不尊重，都不应当做这样的结论（参见第二章第4.4节；也可参见 Fletcher 1982, 57; von Hirsch 1985, 79–80）。

但是，如果转换提问的方式，或许我们可以发现犯罪人先前的犯罪记录是具有一定相关性的。我们或许可以这样提问：并非具有犯罪记录的犯罪人是否应当受到更严厉的刑罚，好像这种记录**加重**了她当前的罪行，而一个没有犯罪记录的人，即初犯者（至少法律上是如此），是否应当受到较轻的刑罚——即没有犯罪记录是否应当成为一个**减轻**的因素。这正是冯·赫希的论点（von Hirsch 1991; 也可参见 Ashworth 1995a, 156-60)。初犯者应当接受一定程度的从轻处罚,部分上是因为对人性弱点的同情性理解——"人性弱点会导致第一次的失足"(von Hirsch 1991, 55)——但也是因为,她还没有机会针对刑罚向她所表达的强有力责难,给予回应或不予回应。但是,这种减轻会随着她继续犯罪而逐步丧失。因为通过之前的刑罚,她已经直接面对了强有力的公共责难,意在说服她认识到此种行为的不法性。那么现在,就不能说她还没有真正的理解或从心里接受此种犯罪行为的性质,进而像她第一次犯罪时那样减轻她的罪行,因为她之前的刑罚已经给予其履行这些行为义务的机会,而她没有做到,就应当受到谴责。

我认为,这个论点证明了一个直觉判断的合理性,即在刑罚以及其他语境下,犯罪人的首次犯罪应当成为一个适当的减轻因素。进而也证明了对犯罪人第三次入室盗窃的惩罚要重于他第一次入室盗窃的惩罚。但是,其一,该论点绝不能被合理地适用于**每一个犯罪**(参见 von Hirsch 1991, 56)。罪行越严重,那么其绝对不法性就越明显(对所有适当关注他人权利和利益的人都是这样),减轻初次犯罪刑罚的空间也就越小。其二,犯罪记录不应在量刑中占有十分重要的作用。基于犯罪人首次犯罪而产生的减轻只能是相对适度的,所以在该因素消失之后,刑罚严厉性的增加也应是相对适度的;并且,一旦减轻因素消失之后(如果不是第二次犯罪,也至少是相当有限的次数之后),对再发生的犯罪施加更为严厉刑罚的论点就无法证成。事实上,犯罪人第二十次的入室盗窃并不能证成其刑罚就应当比第十次的入室盗窃更为严厉。

或许事实有可能是,我们会认识到,此时犯罪人不仅仅是一个**重复**犯罪的人,而是一个**持续**犯罪的人。对此,我的意思是,我们不能再将其连续入室盗窃的行为视为是一连串独立的异常行为,而只能将它们理解为是其持续性的行为模式的一个部分,这也反映了一种持续性的犯罪人的态度,即彻底无视其所蔑视的价值(参见 Duff 1998a, 161-62)。同时这也是事实,即随着犯罪行为的激增,对犯人连续的刑罚就可能只是一种仪式上的摆设。与犯罪人进行量刑讨论的量刑者或缓刑官，或许会尝试一种不同的刑罚模式，以察看这是否会让他理解。但是，这些参与者可能会越来越感到，他们只是简单地与犯罪人履行了刑罚的仪式，而犯罪人根本不会被说服进行忏悔或自我改造。然而，将犯罪人视为一个道德主体，也就是将他视为一个**可以**形成忏悔或被引导形成忏悔的人——这意味着我们不能放弃这种不断说服他的努力，无论这种努力看起来是多么无效。将犯罪人视为一个同胞，即作为规范性社群的成员，也就是将他视为这样的人，即他通过其刑罚完成了对罪行的道歉性补偿——这意味着我们必须至少认为，他**似乎**被重新信任了（参见第三章第 7.4 节）。

对持续的入室盗窃或一般盗窃，这么说是一回事，但是我真的可以对以下这种持续性的犯罪人，即他们的罪行对个体更为严重的伤害——上述所说的"危险的"犯罪人——作出同样的论述吗？

4.2 "危险的"犯罪人

"危险的"犯罪人，因为持续性地对他人实施严重的暴力犯罪，从而将自己自我定义或自我构成了对他人的一种严重威胁（参见 Duff 1998a, 141-42, 151-56）。判断他是否是危险的犯罪人，只能依赖犯罪人自身的犯罪行为，而不是任何与相关罪行紧密相连的、经验性的"指示因素"。判断结论的正当性也不能仅仅基于犯罪人多年实行多起暴力犯罪——他只是一个**再犯的**犯罪人，其罪行只能被视为一系列独立的异常行为，而他也依然具有一定的道德敏感性。他是一个**持续的**犯罪人，只有当他的犯罪职业反映出其对所违反的价值以及对所侵害的他人具有一种彻底的、不可更改的漠视和蔑视。这样，我们就可以说，不（只）是**我们**判断他是危险的，而是**他**自我定义为或构成了一种危险。通过其自身持续的犯罪行为，他将自己定义为并且如此展示自己：除非经历极大的道德转变（他之前的刑罚显然没有实现这个效果）或者被阻止，否则他将继续对他人实施严重的侵害。

这样一种说法是具有吸引力的，即当真正危险的犯罪人因为其最近严重暴力犯罪被定罪时，他就应当被施加一个延长期限的安全监禁期，以剥夺其再次实施相同犯罪的能力。这种不仅基于将安全监禁作为一种预防严重犯罪的划算方法的结果主义立场，还可以被视为对于其罪行的正当的应得回应。此时，我们或许可以主张，至少刑罚作为一种社会防卫模式是可以适用的（参见第一章第 3.2 节）。犯罪人已经证明自己从事了对他人的**持续性**侵害或是战争行为，因而我们可以适当地采取必要措施以防止其实施这些行为。或许，我们可以主张，即使一般而言，犯罪人并没有放弃公民身份所具有的权利或道德属性（参见第一章第 3.1 节），但此时他们就真的放弃了。一个人，若持续性地、严重性地违反公民身份所固有的基本要求，那么他就不能主张，也不应得到国家在处理与其公民关系时通常所具有的尊重和限制。但是，我所捍卫的刑罚理论对于这样的犯罪人，会主张什么呢？

如果将此种理论像适用于其他犯罪人一样，适用于危险的犯罪人，那么危险的犯罪人自然将会为最近的一次犯罪承担（相对）较重的监禁刑。对于这种严重的犯罪，监禁刑是一种适当的刑罚（参见本章第 2.2 节），而且他也早就丧失了不具有犯罪记录所享有的从轻处罚条件。这种监禁刑的刑期将会是确定的，或许会比严重犯罪的现行处罚略轻一些，在服刑之后，他将有资格重归于公民社群之中，因为他已经履行了其忏悔性的负担。而他的同胞们，虽然可能不想尝试与其维持任何紧密关系，但是仍应当给予其尊重，关怀，以及信任，这是其共享规范性社群的成员身份所应得的待遇。他的刑罚，他所承受的每一个连续刑罚，都必须强调将其视为规范性社群的成员。这仍是一种尝试——无论这种尝试看起来将会多么徒劳——以说服其忏悔自身的罪行，并开始自我改造。法律也应当给予其不被说服和拒绝忏悔的自由。刑罚也必须被其同胞视为（如果不是被他视为），犯罪人与这个国家的其他成员所形成的和解。

但我真的相信是如此吗？更准确地说，我能够诚实地对犯罪人的下一个受害人和下一个受害人的亲属、朋友,作出这样的表述吗?这个表述就是:虽然他们的确犯下了严重的罪行(这是我作为同胞而与他们共同承受的罪行),虽然可以完全预测到他将会再次犯下这样的罪行(简单表明实施严重犯罪的持续过程,由此他已经自我定义为"危险的"),但是,这是我们——特别是他们——为了将犯罪人当作是一个规范性社群的成员(在承受其最近一次犯罪的刑罚之后,他必然再次完全重新回归到社群之中),所必然承受的代价。

我在其他地方也论述过(Duff 1998a),我们无需也不应该作出这样的表述。其他类型的社群可以正当地将某个成员永久排除在社群之外,因为他持续地、严重地违反该社群所基于的实质价值,致使他无法再继续参与该社群。例如,如果其成员持续地剽窃他人的作品,或者以不符合学术社群明确价值的方式对待其他成员,一个大学可以正当地排除他;一个宗教社群也可以排除或驱逐其成员,如果该成员持续地否认或违反其核心宗教价值。相似地,基于他们持续的、严重的违规行为,人们可以被排除于许多种类的行为之外,或被吊销相应的资格(例如,驾驶,或者从事法律或医疗的行为)。这种排除或吊销资格就是致力于一种保护性的目的,保护其他人免于被排除人可能造成的伤害,被排除的人的持续性违规已经证明了这一必要性。但是这些措施同样可以被证成为正当的刑罚,它们的严厉性与犯罪人罪行的严重性是相称的。基于犯罪人持续的、严重的不法行为,她使得自己不适于继续参加这样的社群或行为,这实际上也就是自我取消了资格。至此,除非我们相信公民身份所包含的参与政治社群正常生活的权利是**无条件的**,否则似乎我们可以提供一个类似的论证,将危险的犯罪人排除于正常的政治社群之外。基于他持续的、严重的犯罪行为,他已经使得和解——即维持或恢复一种公民关系——是不可能的。他已经剥夺了自己继续参与社群正常生活的资格。这样,如果事实上就保护他人免于犯罪人的持续性侵害而言,终身监禁是必要的话,我们就可以正当地施加一种延长期限的监禁刑,这也是一种对其罪行相称的刑罚。虽然这种刑罚会比施加于犯了相同罪行的其他人的刑罚严厉许多，但它的适当性在于，此种犯罪是其持续的严重犯罪图谱中的一个组成部分，必然要比其他人的罪行更为严重。在这种图谱下，危险犯罪人的最近犯罪已经不是单一的、独立的侵犯他人的行为，而是针对社群成员和其核心价值实施的**持续性**侵害的一个进一步阶段，实施持续性攻击**活动**的一个阶段。

这个主张的实践意涵还需要作出更多的论述。例如我们如何确定那些（极少的）应当适用这种延长监禁刑期限的犯罪人，如何确定他们的监禁制度和条件，以及需要为他们预先安排相应的措施，以保证在他们证明自己不再危险时得到释放。（即使将他们排除于正常社群之外的监禁刑应当**假定**具有永久性，也不应当是一种**不可撤销的**永久性；犯罪人作为道德主体，他们依然能够实现自我的救赎，我们对他们也负有义务，允许他们重新回归到社群之中。）但是这里我所关注的是此论点在理论上的基础，而不是在实践上的后果；即这样一种延长期限的监禁刑制度**在原则上**是否有正当性，而不是执行这种制度的困难和危险是否如此之大，以至于它在实践上是无法被证成的（虽然这也是一个真问题）。

我依然对这个论点和它的结论感到不安。即使这种监禁的永久性只是假定的，且相比于现在我们监狱的普遍情况，它将在一种更为人道的、积极的条件之下运行，但事实上我们仍然是在对犯罪人说："你不能再与我们生活在同一政治社群中了，而你只能在监狱中度过余生（除非你改造自我）。"即使这不是彻底地放弃促使犯罪人实现自我救赎的努力，但已经并无二致。这种不安，还因以下的批判而得到加强。[48]

从其他社群被排除，情况仅仅是这样的：某人被排除，但她在被排除的社群之外依然有自由构建她的生活，找到她的出路。这或许是艰难的：一个学者被永久地排除于职业化的学术社群，一个医

---

[48] 安德鲁·冯·赫希就此向我做了强有力的陈述。

生被永久地剥夺从事医疗的资格，这或许在物质上和心理上都很难（重新）构建自己的生活。但是，在学术之外，在医疗之外，仍然存在着其他的生活；一个人被排除于这些领域，并不因此就被剥夺了确立或维持她在其他社群中位置，以及自我决定在哪里、如何生活的所有机会。但是，对危险的犯罪人可能施加的假定性永久监禁，却在两个相关的方面有着极大的不同。其一，他被排除的程度极深——他被排除在监狱之外的所有的生活方式，以及所有的社群。其二，更为重要的是，犯罪人所遭受的不仅仅是被排除。他不是单纯地被驱逐，在这个世界之外找寻他自己的出路，而是被强制地生活在一个特定的地点，并置于特定的、严格的限制性条件之下。证成这种刑罚的正当性，我们就需要证成排除犯罪人的正当性，而且还要证成要求其服从这种监禁的正当性。与从其他种类的社群当中被排除作类比分析，也不能提供这样一种正当性的证明。[49]

不过对我来说，要拒绝这个论点，似乎需要相信，所有的犯罪人在承受其正常的刑期之后，无论其罪行的性质，作为公民都享有重归正常社群的无条件权利。这也就是说，我们需要相信，所有公民负有义务来接受这种情况所产生的风险和伤害。但是，我并不确定能否在这里所阐述的情况下相信这一点：犯罪人通过其持续的、严重的、暴力的犯罪行为，已经自我定义为从事暴力攻击其公民同胞的持续性事业的有"危险的"人。

或许，在此我将问题夸大了。其一，即便基于我的论点，可以适用假设性永久监禁刑的危险犯罪人也会非常少。我们至少应当非常谨慎地判断犯罪人复归社会——公民伙伴关系的恢复——是不可能，同时我们或许可以预先安排一些非监禁刑的措施（例如延长监督期限），以保护潜在的被害人，使其至少可以部分免受"危险"

---

〔49〕如果驱逐（受到适当的刑罚后）成为一种可能，它可能被正当化吗？如果另一个政治社群愿意接受这样的犯罪人，或许他应当有这样的选择（除非可提供选择的政体打算利用犯罪人的犯罪能力来压迫它的国民）。但是如果不存在这样的移民可能性（这是更有可能的情况），驱逐就从任何人类社群当中被驱逐——这不是我们应该对人类做的事情。

犯罪人释放后带来的侵害。其二，即使是假设性的永久监禁刑，也无需将犯罪人彻底地排除在政治社群（和公民）的正常生活，或者他所属于的其他社群之外。他或许可以保留投票权和参与政治讨论的权利。他可以被允许、被鼓励与其他的社群至少保持一定的关系或加入其他社群，例如他的家庭。其三，这种监禁刑也无需放弃尝试说服或帮助服刑人忏悔他们的罪行和实现自我的救赎。它的确可以保留悔罪式刑罚的核心特征。它仍然适当地向犯罪人传递有关其持续性犯罪的本质和后果的信息。如果犯罪人忏悔了，那么它可以成为一种被认可的悔罪方式，犯罪人通过此可以完全回归社群（因为此种监禁刑的永久性只能是假定的，而并非是不可撤销的）。

那么，这些论点是否足以让只针对极少数"危险"犯罪人的假设性永久监禁刑，具有道德上的可接受性呢？

我必须承认，对于这个结论我依旧非常的不安。我的不安，不仅仅是由于尝试执行这个措施所产生的危险（虽然这已经足以拒绝任何一种将其作为我们现行刑罚制度内容的建议），更是因为它是否可以在原则上，成为理想的刑罚理论的一个可接受内容。事实依然是这样，这样的措施将某些人监禁起来，直到他们死去，标志着对他们的放弃，即使存在让他们实现自我救赎的机会和帮助机制。我并不确信，一个自由政体应当如此轻易地放弃任何一个它的成员。

但是，基于以上所论述的原因，我无法自信地拒绝这个论点以及它的结论，因此我也依然处于一种不确定的不安状态。在这里，我只能说，这种不确定，并不只是特定刑罚理论的产物。我并没有简单地为自己制造一个问题，而这个问题是只要放弃我的宏大刑罚理论——即作为沟通忏悔的刑罚理论——就可以避免的。毋宁说，"危险"犯罪人的问题，如果不是不可解决的，对于任何一个认真对待以下疑问的人，都是一个重要的问题：自由政体对其所有的公民究竟负有怎样的义务，无论对实际的或潜在的被害人，还是对于实际的或潜在的犯罪人？

第五章 Chapter 5
从理论到实践

正如我所主张的,刑罚应当被理解为和证成为一种沟通式的忏悔性措施,它意在说服犯罪人认知并忏悔他们的罪行,改造自我,并与被害人达成和解。现在,我将解决该刑罚理论与现实的刑罚实践之间所存在的一些问题。

1. 理想的理论和现实的实践

我的刑罚理论是对"刑罚应当是什么"的规范性、应然性的思考,或者说,如果它的正当性能够被充分地证成,那么它必然会是什么样子。这种思考并非完全脱离于我们的现行刑罚实践:它必然不能脱离,如果它意在证成一种可认知的人类刑罚实践(参见引言第2节);并且,它也依赖于我们现行实践的某些特征,以解释刑罚适当的目的和含义。但是,它也并不旨在为我们现行的刑罚实践提供一种描述或正当性。我们没有理由说这些实践在整体的设计和运行上,是致力于一种沟通性的和忏悔性的目标,即我的刑罚理论主张所应当致力的目标。这些实践活动的正当性也无法依据此种理论而得到证成。

此种巨大差距,存在于规范性理论和现实实践之间,存在于作为理论应然的刑罚和作为实践事实情况的刑罚之间,但这种不一致本身,并不构成一种对理论的批判。事实上,这是任何一种言之成理的规范性刑罚理论都具有的特征。对人类实践活动的规范性理论研究,并不旨在为现状提供令人满意的正当性论证。它所提供的是一种批判性的标准,让我们据以对现行的实践作出评判;提供的是一种关于某种实践应当是什么的理想性思考,激发我们追求,并且必须依据这样的标准,认识到我们现行实践所存在的(或许是巨大的)不足。理论与现实的差距,(对于那些相信理论是具有说服力的人来说)不是理论的不足,而是现实的缺陷。

虽然应然理论和现实实践之间存在着巨大的差距,且其本身并不构成对理论的批判,但是当理论致力于指导实践时,确实会产生一些问题。

最为明显的问题就是我们如何跨越鸿沟:即我们如何对现行实践进行改革,以使其接近理论所描绘的应然状态。理论与实践的差距越大,这个问题的难度也越大。不仅仅是"我们"这些支持理论的人,必须解决如何说服政策的制定者和执行者以使其认同它的优点。即使"我们"中包含了那些拥有权力决定改革实践的人,我们也必须解决如何实现这种改革或改造。这就已经出现了一个巨大的问题。即使刑罚政策的制定者和执行者可以被我的理论所说服,即刑罚应当成为一种沟通式的忏悔过程,这种对刑事制度和政策的改变,对执行者的态度和行为的改变也都将是巨大的。但是,即使我们仅仅关注刑罚领域的制度结构和运行状况(我将在以下第 2 节论述,其实我们根本无法这样做),或许还会有一个比这个更为严重的问题。

我们必须追问,这种理论在原则上究竟是否具有可行性:即,它所描绘的实践,是否是类似我们这样的人类种群所应当尽力实现的。一方面,只有当理论具有最低限度的可行性时,它才是一种合理的应然理论,因为认同此种应然范式的合理性,实际上就是认识到它所描述的实践——如果我们可以实现的话——是符合我们道德判断的。但是,另一方面,一个言之成理的应然理论可能无法通过可行性检验,并且这并不仅仅是因为我们或许会合理地相信这个理想将永远无法**完全**实现。易错性和不完美性是人类生活的一般特征,但是我们无法实现完美本身,并没有削弱"做完美的人"这种命令的力量[1]——它要求我们依然要尽力实现我们永远都无法实现的理想,并且谦逊地认识到我们与实现理想之间的距离。但是,或许我们不得不承认,有时候对理想的直接追求,不仅仅无法达成理想,还可能对该理想所包含的价值造成**破坏**。如此一来,我们的处境就会更加艰难。

这当然也是我们个人道德生活的一个特征。或许,我知道某个人正处于苦难之中,并且应然地意识到,我应当干涉(一个具有适当的道德关怀和道德情感的人都会这样做),以给予一定同情的帮助。但是,我或许会充分地认识到我自身能力的不足——如缺乏想象、情感,以及技巧——并意识到,如果我试图给予帮助,鲁莽的、冰冷的干涉可能会使得境况变得更糟,因此我都不应当尝试给予直接的帮助。[2]与此相似的是,同样存在着阻碍共同追求某种政治理想的东西。例如,我们或许认同,理想性的刑罚应当是一种我所描述的沟通性的和忏悔性的事业;但同时我们也相信,如果为实现这个理想,而将现行的刑罚实践向此方向进行改造,那么结果或许是我们违背了而不是实现了这个理想所指向的价值。

我们为什么要相信这个观点呢?部分答案在于这个理想的宏观性质,即刑罚作为一种具有说服力的道德沟通,必须将犯罪人视为规范性社群的成员,给予其应有的对待和尊重。它必须尝试说服(而不是强制或操纵)犯罪人忏悔他的罪行,并认同他所受的刑罚是对其罪行的一种悔罪,但同时给予犯罪人不被说服和拒绝忏悔的自由。难以保证的是,当我们与他们接触时,本应是具有说服力的道德沟通活动,可能会转变为一种道德败坏的威胁或操纵,不再尊重他们作为道德主体的应有权利。难以保证的是,本应希望尝试诉诸

---

[1] 参见 Murdoch 1970, 61-63, on Matt. 5. 48.

[2] 当然,类似情况下的自我欺骗有很大的空间——说服自己不应该干涉,因此卸下施与帮助的负担,同时从承认自己能力不足的(可能的)谦虚意识当中获得些许自我满足。但是,有自我欺骗的例子也有真实的情况。关于相关现象的有价值讨论,参见 Phillips 1982, 42-45.

犯罪人的道德理解，使其自己认识到这些理由的说服力，可能会径直地转变为强制她服从我们的意愿。如果此种道德说服的尝试由正式的国家刑罚制度加以实施，且基于该制度对其被施加者的纯粹权力运用，那么这种危险就更加难以消除。自视为是说服者的人，对被说服者所拥有的权力越大，说服转变为压迫或威胁的危险就越大。同时，当这种尝试包含了严厉刑罚措施的运用，这种危险就更加难以消除——考虑到这种措施的适用转变为压迫性、报复性的权力运用是如此的简单。

更为重要的是，作为一种沟通的模式，我所主张的刑罚是充满情感的。它意在让犯罪人产生忏悔——基于犯罪的特征，这可能让犯罪人对其曾经的行为产生恐惧，厌恶，和蔑视。它试图向犯罪人表达其罪行对被害人和其他人所造成的义愤和愤怒。但是，义愤和愤怒非常容易被滥用（特别是在这种情感被认为是正义的或正当的情况下）。它们或许并不总是非理性的或被滥用的，相反可以来源于引起这些情感的道德的正当理解和把握。但是它们太容易变得非理性——特别是变得非理性地过度强烈。它们也太容易被滥用，成为一种伪善或自我欺骗，隐藏我们试图掩饰的更为本能的情感，如怨恨和嫉妒。它们也太容易促使我们做出野蛮的、报复性的和压迫性的行为。〔3〕如果我们允许这种情感在刑罚制度中发挥作用，正如我的理论一样，就会让人感到进一步的恐惧，因为此种制度不再是一种沟通性的刑罚，不再将犯罪人视为公民同胞并给予尊重；相反，它成为那些自认为是正义守法的公民，向那些他们认为是不守法的公民发泄愤怒的渠道。

我曾在第三章（第8节）讨论过自由主义者对我所主张的刑罚理论的批判，而上述担忧会为这些批判增加新的说服力。即使在理论上，一个沟通式的忏悔性刑罚制度，可以与自由政体所包含的价值相契合，但是，在实践中，它却会非常容易地破坏这些价值——它

---

〔3〕 参见 Murphy 1999，涉及这方面和相关担忧的有见地的讨论，其中主要是对道德品质以及报应主义惩罚动机的担忧。

会侵犯或贬低本应受到尊重的自治,排除那些本应被包含的成员,侵入那些本应属于私人领域的范畴。若此,这种担忧或许就会使得我所拒绝的刑罚理论,看起来更具有吸引力,特别是将沟通责难作为刑罚的核心目的,以威慑性理论来解释刑罚的严厉措施(参见第三章第3节)。这种理论所沟通的责难,只需要是某种形式上的,冷漠的责难,它不会寻求强迫侵入犯罪人的灵魂;同时,威慑性刑罚就可以被理解为,是与犯罪人保持了一定的道德距离——因为它也不会寻求侵入"犯罪人灵魂的内在堡垒"(Lucas 1968-69, 215)。

事实上,这种担忧才是真正重要的。但是它们本身并没有削弱我的刑罚理论,也不足以排斥该理论所呈现的,我们应当致力实现的理想。[4] 首先,它们并没有削弱我对刑罚作为一种威慑的批判(参见第三章第1.2节、第3节)——将责难和威慑结合的制度,当然也非常容易受到其自身被滥用之可能的影响。其次,我的理论所支持的刑罚程度和模式,将会降低那些严重压迫和强制的危险。它支持一种递减的策略,逐渐降低刑罚的整体幅度。它会极大降低我们对监禁刑的依赖性(这可能是滥用刑罚的重灾区)。它支持不太可能具有压迫性的刑罚模式(例如缓刑和社区服务)。但这并不是说上述担忧就不真实:任何实现这种应然理论的尝试,都需要构建强大的保护性措施来抵抗它的危险。这也不是说,我们应当以热情的意志和心安理得的态度来支持这种刑罚的实践。我们应当遵从墨菲的告诫:"在刑罚领域,我们应当充满谨慎、惋惜、谦逊,充分认识到我们正在运行一个易错的、局限的人类制度——它虽然是必要的,但却是令人遗憾的"(Murphy 1999; 160-61)。但是,这意味着(或者说是一种希望),我们应当努力将现行的刑罚实践改造成一种沟通式的忏悔性刑罚制度,而它将确实服务于自由政体的价值观念,虽然(就像其他的人类实践活动一样)它与完美的状态会存在差距。这也意味着,虽然国家权力具有潜在的压迫性和滥用性,我们对此必须警惕

---

[4] 主要参见 Duff 1986, 293-99; and 1991, 441-51.

并提供保护，但是国家刑罚制度并**不必然**就是压迫性的或滥用性的。

不过，即使这些担忧本身并没有从本质上影响我的理论，在原则上可以成为一种具有可行性的应然刑罚理论，但是它们指出了实现该应然理论的任何尝试都涉及的某些深层次问题。承上所述，这些担忧涉及理想刑罚制度的内容和内在的运行——即刑罚能否被如此架构和运行，以使其成为道德沟通的真正尝试。但是，我们必须同样探讨建立这种刑罚制度及其合理性的更广泛语境。在这里，问题就会变得更为复杂。

2. 刑罚的前提

规范性理论的任务之一，就在于它要确定对具体犯罪人所施加之刑罚以及特定制度所施加之刑罚的正当化条件。我认为，这里涉及被惩罚者的确实施了法律所规定的犯罪而被正当地定罪，他的刑罚与他的罪行是相称的，并且这些刑罚构成了与犯罪人进行适当道德沟通的诸种尝试。如果这些条件没有被满足，那么刑罚就是不正当的。但是，一个规范性的刑罚理论同样还要明确进一步的条件。这些条件不涉及特定制度所施加的具体刑罚的正当性，而是这个制度本身的正当性：只有基于这些条件，我们才可以正当地开展刑罚实践活动。这些就是刑罚的**前提**：在我们从事该实践活动之前，在我们讨论该实践活动的具体内容和政策导向的正当性之前，这些前提就必须得到满足。

2.1 条件和前提

一个类比和一个例子应当会帮助我们理清条件和前提的区别，以及后者的重要性。[5]

---

[5] 参见 Duff 1998d，我不认为条件和前提的区别总是清晰的，或者能独立于其所处的背景和目的而被确定。但是它有助于我们理解不同刑罚合理性条件被满足和不被满足的各种不同路径。

考虑道德批判和责难的正当性所基于的某些条件来做类比。如果我批评另一个人的行为，责难其不道德的行为，她的回应可能是：她并没有做我所批评的行为，或者她的行为并不是不道德的，或者是可谅解的，又或者是我的责难过于激烈（易言之，这些行为并非是**那么**不道德）。这些主张关乎责难的正当性条件。我们正在进行道德批评和责难，并讨论我所作出的正当批评的条件（即该实践活动的内在条件）是否得到满足。然而，她可能转而采取其他的逻辑回应，主张我并不具备谴责其行为的权利或道德属性；她所涉嫌的行为与我无关，对此我并不能（虽然其他人或许可以）给予批评或要求其承担相应的道德责任。此时，她的论点就不再涉及道德实践中正当责难的条件——即关于其行为的道德性质，或此行为是否正当或可否谅解。相反，它指向了从事该实践活动的条件，从根本上指向了对其行为的道德性和可谴责性提出质疑的条件。她主张我并不具有权利或地位展开这项与她的行为相关的实践活动，其论点就涉及了道德批评的前提。

举一个例子：一个涉嫌犯罪的人，自从涉嫌犯罪之后，就变成了一个精神紊乱的人，他无法理解对他的起诉，也无法理解他所承受的刑罚（假设他被判处刑罚）是一种惩罚——即因为其罪行而施加给他的用于表达责难的负担。这样一个人就不适格被审判或被刑罚。他不能被正当地置于审判、定罪，和刑罚的刑事程序中（参见 Duff 1986, 14-38, 119-23, 180-84）。问题的关键不在于他是否应当被判**无罪**，或者如果他被定罪，法院是否应当免除他的刑罚，而不是判处其刑罚。判处无罪或免除刑罚的决定，依然是处于审判和惩罚犯罪人的实践**之中**，但是，他适格被审判或被惩罚是将其置于这种实践之中的一个根本条件。他的适格就是其刑事责任和刑罚的**前提**。在他被审判之前，甚至在回答他能否被定罪（而不是被判无罪）或如果他被定罪，法院应当施加何种刑罚（如果施加刑罚的话）这个问题之前，这个前提就应当被满足。

要求一个被指控的犯罪人适合被审判和被惩罚，是将他作为一个有责任的（responsible）公民所提出的要求的一个方面。这里的"有责任的"，意思是"可答责的"（answerable）。[6] 如果我可以对某件事情做出回应，那么我就需要对此负责（在这种语境下，也就是针对我曾经的行为）：即如果我因此受到质疑，就应当给予解释或提供正当理由，或者如果我无法给予正当的或可谅解的理由，就应当认同谴责（如果谴责属于待裁决的范围）。[7] 审判和刑罚的刑事程序都假设犯罪人是能够答责的。审判要求她对针对其所作出的指控给予答辩；定罪，将她视为可以针对其已被证实的罪行承受责难并可以接受责难的人，给予她责难（参见第三章第 2.2 节）；并且刑罚，作为一种说服她认知并忏悔其罪行的尝试，也将其视为可以把刑罚作为这样一种沟通性的事业，进行理解和回应的人。但是，可以回应，被适当地要求做出回应，前提是都必须要具有回应的**能力**。如果一个涉嫌的犯罪人，无法理解对他的指控（即对其提起的刑事诉讼），或者无法理解他所受的审判，无法对指控做出回应，自然也就无需承担责任。本应意在让其对指控给予回应的审判，也就变成了一场闹剧。如果他无法理解对他的定罪和刑罚的含义，如果他无法接受定罪和刑罚所表达的正当责难（因为他根本无法理解），那么同理，他也就无需承担责任。定罪和刑罚，本应意在向其表达责难并寻求他的认同，也就变成了一场闹剧。他或许实施了犯罪，并且在实施犯罪之时还是一个可答责的主体，但现在他无法再为过去的犯

---

〔6〕 参见 Lucas 1993, ch. 1；Hart 1968, 264-65. 答责能力的概念与哈特（Hart）区分的四种责任类型都有重合（Hart 1968, 211-30）。我对履行或不履行自我角色责任有答责能力（说某事是我的角色责任，部分意义上是说我对此应予答责）。我至少对大部分事实上应予负责的事项应予答责（主张我有责任经常意味着我应予答责）。我对我的法律责任或道德责任应予答责（我对 X 有责任，就是要求我对 X 进行答责）。但是我只对我能力范围之内的责任有答责义务。

〔7〕 在这种意义上，责任既不构成谴责也不引起谴责。在我们被要求就某个指责进行答辩时，我们通常应对自己的行为进行答责，但这种指责不一定是可以引起谴责的某种违法行为。我可能被要求对这本书的缺陷进行回答，假如我不能回应那些指责我就会受到批判，但是哲学上的批判不是责备。再者，即使现在谈论的问题是应受谴责性，我也可以通过论证我行为的正当性来消除责备。不过，在论证其合理性的过程中，我不否认，我的确预设了我应对这件事负责。

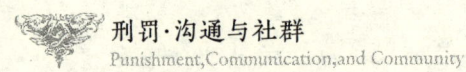

罪而承担责任,因为他对此已经无法给予回应了。[8]

一个被审判进而(如果被定罪)被施加刑罚的人,应该是一个能够负责任的公民,这是刑事责任和刑罚的实质前提。如果一个人不适格被审判或刑罚,那么这个前提就没有被满足——如果他不具有必要的相应能力对其指控进行答辩,或者对定罪和刑罚给予适当的理解和回应。但是要成为一个能够负责任的公民,还需要比具备这种能力更多的内容,而这种"更多的内容"就是这一节我们首要关注的问题。我会进一步讨论"能够负责任的公民"所包含的三个具体刑事责任和刑罚的前提。一是人们对法律或在法律之下所承受的义务。二是谁拥有权利要求犯罪人对其罪行负责。三是犯罪人被要求答辩时所使用的语言。

(对于犯罪人适合被审判或刑罚的每一种情况,法律本身通常会明确刑事责任和刑罚的**法定**前提:如适格的人,对她具有约束力且据以提起指控的法律,有权审判她的法院,审判时她可以理解的语言——如果有必要的话,会通过翻译。但是,我所关心的是法律所**应当**确定的前提,而不是事实上被确定的前提——如果一个人要被**正当地**定罪或被处罚,这些前提是必须满足的。)

这三个问题都反映了我的刑罚理论所立基的政治社群的概念——虽然,任何一种规范性的刑罚理论都需要涉及这三个问题(参见本书第279~280页)。它们关系到人们被一个政治社群包容或排斥的方式(参见第三章第1节)。这也是为什么我所说可以负责的**公民**,而不是能够负责的**主体**,是刑事责任和刑罚的前提。问题的关键并不在于一个人在一般的或抽象的意义上是否属于能够负责的主体(虽然只有能够负责的主体才能够成为负责的公民),而在于她是否是能够负责的**政体公民**(该政体的法律是对她进行审判和刑罚的依据),以及

---

[8] 相反的情况是,被告人在受审时是一个可以负责的主体,犯罪时却可能并不是,如犯罪时他处于暂时性精神障碍状态,那么他也有权被无罪释放。承担刑事责任需要满足的前提条件是,犯罪人是一个能够对自己行为予以答责的主体。但是刑事责任的必要条件没有得到满足。

在多大程度上,她被该政治社群所包含,视为其成员。[9]

2.2 政治义务

如果某人因为其罪行而受到正当的审判和刑罚,那么她一定要受到法律的约束,这些法律将其行为定义为犯罪,并规定了对她的审判,定罪和刑罚。如果她不受这些法律的约束,那么无论她的行为多么错误,都不能正当地依据这些法律要求其承担责任。在此,她是否受到这些法律的约束,并不是**法律意义上**她是否受到约束的问题,而是**在道德意义上**她是否受到它们约束的问题——即,法律声称对其具有约束力,在道德上是否具有正当性(主要参见 Bottoms 1998, 91-94,关于"正当性")。

她是否受这些法律的约束,经常被等同于她是否有义务服从它们的问题——这不仅仅是一种法律义务,更是作为公民所负有的一种政治或道德义务。但是,问题并不这么简单:刑法对核心**自然犯的**规定,不应当被理解成公民负有服从义务的**禁止性规定**(参见第二章第4.1节)。某人因故意伤害而被定罪,并不是因为其**违反了**将这些行为定义为犯罪的法律规定,而是因为其实施了社群通过刑法给予正当关注的一个(先法律的)非道德行为。所以,本源的问题并不是她是否有遵从法律的义务,而是她是否受到法律所包含和表达

---

[9] 主张公民身份是刑事责任的前提条件,还需要满足以下两个方面的要求。首先,不仅特定国家的公民,短期居住在该国的外来游客,都要按照该国家的法律为自己犯罪行为承担责任和接受惩罚。尽管这些前提条件适用于外来游客,但是他们在适用法律的时候和本国公民不太一样。其次,正如奥古斯托·皮诺切特(Augusto Pinochet)案那样,一个人可能发现自己正依据一个国家法律受审和接受惩罚,而他不是这个国家的公民,且他是在该国境外对不属于该国公民的受害人实施了犯罪。对此,我不想谈论由这个案例引发的复杂问题,在这个案例中,国际法的因素包含在国家法律中被市政法院采用。然而,在皮诺切特的案例中就她应该向谁进行答责,谁有权要求他对自己被指控的犯罪负责任这两个问题进行道德争论没有意义。论证引渡正当性的道德讨论可以被理解为诉诸这样的理念(直到我们有一个合适的,正常运行的国际刑事法庭):内国法院不仅应该代表他们自己的城市社群,还经常要代表较广泛的国际社群开展司法活动。

之价值的约束。不过,被告人是否具有服从法律的义务的问题,很快会以两种方式被提出。

第一,即使对那些核心的、没有争议的**自然犯**,若要证成行为人应负刑事责任,就必须证明她不仅仅受到其行为所侵犯的价值的约束(无论是作为政治社群的成员或是简单作为人类的成员),而且她被要求或负有义务在刑事审判中对其行为进行答责:即法律具有正当的权力,将其行为定义为公共的不法行为,并让其接受相应的审判。即使她没有义务服从将其行为定义为犯罪的法律规定,我们也可以正当地说,她有义务服从要求其接受审判和刑罚的法律规定;这样一种参与刑事程序并对其行为答责的义务,就是其刑事责任的前提之一。这是要求犯罪人对其行为负责的人必须拥有这样做的权力或属性的一个重要方面(参见本章第 2.3 节)。

第二,对于具有争议性的**自然犯**,或具有争议性的**自然犯确定**,或**行政犯**(参见第 2 章 4.4 节),我们确实负有服从实质刑法规定的义务。在这些情况下,法律的确要求公民服从,并且只有她负有服从法律的义务时,才能要求其对指控不服从行为进行答责。

这里,我不会完全地展开讨论人们负有或不负有服从法律义务的条件问题。我只是想简单地指出,某些因素可能会削弱本应负有的义务,并且会威胁到要求他们为其罪行承担刑事责任的正当性。我所关注的问题不是法律的内容(虽然这当然是重要的),而是法律设定的更为宏大的情境。

考虑一些弱势群体所实施的犯罪。一个贫穷的单亲家长,为了她的孩子而在超市里偷了一些衣服,或者通过隐瞒自己的收入在社会保障系统中作弊。一群生活在一个破败不堪、设施残缺的建筑中的失业年轻人,故意损坏了当地市政建筑,或者将针对强力管制的一次抗议活动升级成为一场暴乱。一对无家可归的夫妇,为了找到可以睡觉的地方,入侵了一栋空的办公楼,并对物品造成了一些损害。对于那些关注在不公正的社会中实现刑罚公正的人,这些例子肯定会引起他们的担忧。我们真的能够诚实地说,如果这些人因为其行为被带到法庭,那么对他们的刑罚将是公正的——如果在现行法律下他们的行为的确构成了犯罪。但是,我们又为什么会对他们所承受的刑罚而感到不安呢?

在这样的案例中,我们或许会认为行为人的行为在道德上是正当的,并且法律也应当认可这样一种正当性;或者这些行为,如果不是正当的,至少也是法律应当承认的可得宽恕的行为。[10] 这些问题是重要的,但是在此我并不加以论述。因为它们预设了行为主体受到了法律的约束——即她受到法律所宣示的价值的约束,而这些价值正是政治社群的价值,并且受到法律所**规定的**价值的约束,即使她并不认同它的内容,也具有服从的义务。但是,这或许恰恰是我们所应当质疑的(参见 Hudson 1995, 68-69)。

假设我们确信,在上述任何一种情况下,犯罪人所承受的不仅仅是"社会性弱势"压力,更是一种严重性的、持续性的、制度性的不公。他们被排斥参与社群政治生活,对于他们必然生活于其中的法律和政策,没有任何真正的机会可以在决定他们事务的讨论中发言。对于所应享有的经济性或物质性帮助,他们没有公平享有或公平参与的机会。他们也被规范性地排除在社群之外——没有受到作为公民所享有的,国家或其他公民同胞共同给予的尊重或关怀(参见第三章第1.1节)。那么,面对如此对待他们的政体和法律,我们是否依然可以说他们应受其约束?我们是否可以说,虽然在诸多领域他们被深度排除,但是他们仍旧被规范性地包容,因此也应受到这些法律的约束?我们是否可以说,这些仍旧是他们的法律(参见第二章第4.2节),即便因其行为而被处罚会加剧他们所遭受的不公?

当然,这个问题并没有简明的答案。我们需要追问,何种严格的条件必须得到满足,人们才具有服从法律的义务。正如我所主张的,削弱这种义务的是人们被法律所属社群排斥——政治层面,物

---

[10] 参见 Delgado 1985(批判参见 Dressler 1989, 1377-85); Bazelon 1976(批判参见 Morse 1976); von Hirsch 1993, 97-99, 106-8; Hudson 1995, 70-72, 关于"经济压力"(economic duress)辩护的可能; Duff 1998c, 184-98。

质层面,规范层面——的程度,因为只有当他们是,并且被视为社群的成员,他们才受到法律的约束。但是这种排除要多么严重,才会削弱法律服从义务呢?包容的最低程度或适当程度是多少时,才会维持这种义务呢?我们也需要追问,严重的排斥是否定了,还是只是削弱了服从法律的义务;是否定了,或是削弱了,被排斥人对法律的所有义务,还是只针对那些使得他们遭受不公正待遇的法律服从义务。在此,我并不想继续论述这些问题。我只是想简单地指出,成为可以负责任公民的一个条件,也是刑事责任和刑罚的一个前提,在于主体应当受到法律的约束,并依据此接受她的审判和刑罚,同时我们有理由怀疑,对于那些出现在我们刑事审判中的人,这个前提是否被充分地满足了。

对于那些被制度性地排斥的人或遭受不公正待遇的弱势群体,论述他们不受法律的约束(或者说不像其他人一样受到相同严格的约束),并不是说他们的犯罪行为是正当的、可允许的,或是可谅解的。这是一个完全不同的问题,而上述论点并没有涉及。毋宁说,他们的行为并非**作为刑事犯罪**的不法行为:即根据法律的要求和必要条件,他们不应受到法律的裁判(来决定其行为是正当的,或是可谅解的,或是应谴责的)。一个雇主以不公正的、压迫性的方式对待他的雇员,那么他也就没有权利要求他们服从他所设定的工作规则。违反这些规则的雇员,其行为可能仍然是错误的,因为依然存在有效的道德理由要求他们避免这些规则所禁止的行为。实际上,如果这些规则有助于协调他们共同的行动,那么这些规则本身恰恰就是雇员们服从的理由。但是,导致他们的行为正确的或是错误的,并非遵守或没有遵守其具有服从义务的规则,这些规则是否是雇主基于合法的权威所制定的,等等这样的事实。对于法律也是如此。如果因为她承受着这个政体及其法律的不公正待遇或排斥,某人不受法律的约束,那么他也就未必要把法律视为权威命令的来源。但是除了关注她对法律的遵从性外,她的行为仍然可以受到他人的价值判断和道德标准的评价和批评。

这也就是说，她的行为不受法律和制度的评价。刑事责任的第一个前提，即行为人受到法律的约束，因而与第二个前提相联系，此即法律和法庭拥有要求其对罪行负责的权力。实际上，第二个前提与第一个前提是难以分开的，因为我是否受到法律约束的问题，在部分意义上也就是我是否必须要为没有遵守法律的要求做出回应。对于惩罚那些被不公正地排斥的人，其正当性因而受到了一个更为严重的质疑（即在一个不公正的社会实现刑罚公正的可能性）。我原来所使用的例子，意在提出这样的问题，即如果他们实施的犯罪并不是最严重的罪行，而且它们与犯罪人所遭受的排斥存在直接的关联，被不公正排斥的人是否依然受到法律的约束。但是，如果对于这些被不公正排斥的人，法律没有要求其承担责任的权力，那么意味着法律对**所有的**犯罪都缺乏这样的权力，包括那些最为严重的**自然犯**。

2.3 我必须向谁答责？

能够负责也就是能够答责。能够答责也就是具有回应的**能力**：因此有了被告人适格于被审判这一前提性要求（参见本章第2.1节）。同时，他也要对某事有答责能力。在刑事责任的语境下，这就是说面对依据对其有约束力的法律所指控的罪行，被告人应是可以答责的：正如本章第2.2节所讨论的，刑事责任的赋予，要求被告人应当受到据以对其进行审判的法律的约束。如果她不受该法律的约束，那么在刑事审判中她就不需要为任何事情而进行答辩。不过，应予答责也包含向某人或某事物答责的意思：向我的良心，向上帝，向我的伴侣或家庭，向我的朋友或同事，向我的雇主。只有当此人或此物拥有要求我负责任的权利，我才向他们答责。如果我没有尽到老师的义务，那么我应向许多人或组织负责——他们具有正当的权利要求我负责（给予解释，或请求谅解，或接受对我失责的批评）：如我的学生，我的同事，和我工作的大学。但是如果某个陌生人知道了我的失责，并对此给予批评，我或许可以正当地回应道，他与此无关——即他并没有权利要求我对此负责。这种回应,并非试图解释,或证成,或为我作为老师的失职表现找理由:我只是简单地拒绝向他答责。

刑事责任和刑罚的另一个前提就是,被审判、定罪和承受刑罚的人,应当向那些要求他对所涉罪行答责的人给予回应:即这些人拥有要求他负责的权利。如果他们缺少这样的权利,那么就不能正当地对他进行审讯或审判。他们也就没有权利判定他有罪或无罪,以及决定他是否应当承受刑罚。因此,我们必须追问,当被告人被审判时,是谁以及是什么要求他进行答辩。他本应向谁或者向什么负责?他的审判**由**特定的法庭安排,但是他并不是**向**这个法庭负有答责义务。这个法庭是以某些人或某些组织的名义发表言辞、作出行为的,被告人正是向这些人或组织负责。但是,这些人或组织是谁呢?

英国刑事案件的法定命名格式是"女皇诉被告人"——这或许意味着这些人或组织是女皇。但是这个答案对一个自由政体中的公民们是不适当的(单纯就主体而言即是如此)。而美国案件的命名就意味着一个更适合的答案,"人民诉被告人"(参见第二章脚注34):即被告人作为公民要对其他公民同胞进行答责——而这就是为什么一个负责的**公民身份**是刑事责任的前提。法庭以法律的名义,并代表着该法律所属的政治社群发声。它要求公民就其实施的公共不法侵害,依据社群的法律,对他们的公民同胞给予答责——这也就意味着,该法律亦是他们的法律,是他们作为成员所属于的社群的普通法(参见第二章第4.2节)。

因此,刑事责任和刑罚的另一个前提就是,法律以及法律以其名义进行表达的政治社群有权力或权利,要求该人对其所实施的犯罪负责。但是,是什么赋予以及什么可以剥夺这种权力或权利呢?可以说,只有当被告人受到该法律的约束时,政治社群才拥有这种权力和权利(这是本章第2.2节的内容)。但是,我认为这尚不充分。

假设,一个学术机构为学生们设定了严格的规则,以规范他们的学术行为,并且这些规则是正当的,因为它们符合该机构作为学术单位所应符合的价值。这些规则要求学生们在对待该机构的其他成员时,要诚实和尊重,要参加规定的课程,按时提交论文,等等。这些规则的适用和执行由学术委员会成员负责,他们被赋予了相应的权力,可以要求违反规则的学生承担责任,并给予相应的惩罚。但是,假设这些学术委员会成员自身,在对待他们的学生时,就一直是不诚实的、不尊重的。他们经常在本应授课的时候缺课或是迟到。他们给论文评分时粗心大意,或是在论文提交的数月之后才开始加以修改。这些行为或许并没有违反该学术机构的正式规则;或者即便违反了正式的规则,这些规则也从来没有对这些学术委员会成员严格执行。此时,如果一个学生受到学术委员会成员或官方委员会的要求,对其违反规则的行为负责,她或许会理直气壮地回答道,他们并不具有要求她负责或是对她评判的道德权利:这并非是因为她不受这些学术机构的规则的约束(她或许已经准备好了,向她的同学们或是那些行为得体的学术成员们承担违反规则的责任),也不是因为她认为她的行为是正当的或是可得宽恕的(这并不是她所阐述的问题);而是因为那些要求她承担责任的人,其自身对待该学生的行为已表明,对于据以指责她违规行为的价值要求,他们本身也并不尊重。同理,如果我批评某人对我实施的不道德行为,她主张的理由,或许并不是她的行为正确,或是她不受我所主张的价值的约束,或是这与我无关,而是因为我一直以来对她的不当行为,使我已经丧失了要求她对此负责的权利。如果我一直对她说谎,且没有悔意,那么我的处境也就并不适合于就她对我说谎加以批评。

同样的事情也可能削弱法律和法庭要求公民对其受控的罪行承担责任的权利。法律和法庭以政治社群的名义发声,并作出行为。他们要求被告人就其罪行违反公共价值而向社群负责,而这些价值以法律的形式得以表达、解释,和应用。但是,假设社群对待被告人的方式却是持续性地、严重性地违背这些价值(如果不是直接地体现在法律和执法官员的行为,而是表现在社群的政治制度,政府政策，以及社会的实践和习惯）；假设被告人已经被排斥在外——在政治上，在物质上，以及在规范上——无法充分共享社群的善；而且这种排斥尚没有被认定为属于对他的侵害，那么，他难道不能理直气壮地对法庭说，无论他是否受到刑法的约束，法庭都没有权利要求他对受控的罪行负责：因为法律所依据的社群对待被告人的方式，与其所宣称的价值明显不符，以至于它难以获得相应的权利，要求他对其没有尊重这些价值的行为负责，而这些价值正是包含在刑法之中？[11]

有人或许会说，无论被告人遭受了何种不公正和排斥，这些都与现在审理他案子的刑事法院无关。与之相关的是他是否犯了罪，而其他社群政治制度的内容或机构对他所造成的不公正对待，并没有削弱法院要求他对受控罪行承担责任的权利和权力。这个论点的真实意思是说，**一旦犯罪人开始被审判**，这些不公正或许就是不相关的，除非它们能够获得法律的认可，被认定成为针对犯罪人行为的正当化事由或可得宽恕事由。法院所关注的，当然是具体的指控，即犯罪人所犯下的具体罪行，能否被证成。但是此时犯罪人的主张，并不是其所承受的这些不公正给法院提供了判定他无罪的理由——即这些不公正否定了刑事责任的**条件**。毋宁说，法院失去了以这样的方式审理他的案件，要求他负责的权利：即这些不公正否定了刑事责任的**实质前提**，否定了要求犯罪人通过法院向政治社群答责的权力。一旦被告人开始被审判，法庭应当适当地只关注那些与刑事责任先决条件相关的因素，这通常并不包括被告人诉请注意的那些不公正对待。如此，法庭的决定就正当地与更为广阔的社会语境和政治语境相分离，而这些语境正是作为特定实践活动的法律和刑事程序就被设定的前提情境。不过，被告人所主张的，却是他根本就

---

[11] 但是可参见 von Hirsch 1999, 80-82，涉及对这个思想脉络的批判性评论。同样的建议，参见 Bazelon 1976, 388-89 [但是他没有很好地区分起诉资格（standing）和可得宽恕的问题；参见 Dressler 1988, 685-86]；Delgado 1985, 68-75（参见 Dressler 1989, 1379, n. 246）。

不应当被置于这种实践活动之中——即适用于他的实践活动的合法性条件（这也是这种实践活动中具体判决的合法性前提）并没有被满足。这种实践活动的合法性问题，脱离其被设定的情境是无法给出答案的。[12]

或许也有人主张，即使被告人所遭受的那些不公正或排斥削弱了法院要求其对**某些**犯罪承担责任的权利，但就**所有**犯罪而言，法院的相应权利并不能被削弱。如果某些学者自己持续性地、严重性地侵犯某些价值，而这也是他们正在处理的学生所侵犯的价值，那么他们或许就丧失了要求该学生承担责任的权利；如果我一直对你撒谎，那么我就不具有相应的权利，要求你承担对我说谎的责任。但是，对于那些学者们自己没有侵犯的价值，他们依然拥有相应的权利，要求学生承担责任；针对你对我作出的其他不法侵害，我也依然可以要求你承担责任（如果你试图谋杀我，那么我对你撒谎的行为就没有削弱我谴责你杀人的权利）。这对于以下情况也是一样的。即使法院丧失了要求被告人对某些犯罪承担责任的权利，因为政治社群并没有以符合这些价值的方式对待他们，但是它当然具有相应的权利要求他对其他罪行而负责：例如对杀人或强奸，因为被告人的生命和性尊严并没有被社群所侵犯。但是，首先，我们必须追问，政治社群以及它的制度在处理这个人，或者这个团体，或被告人所属的社群时，在多大程度上是符合这些价值的。例如，如果警察或法院，并没有认真对待那些弱势群体的成员所遭受的犯罪侵害，那么这种轻视就削弱了他们要求该团体的成员对其犯罪行为承担责任的权利，因为这说明政治社群并没有让这些成员充分共享这些价值。其次，问题是这个人是否还应作为一个公民的成员向他的同胞承担责任：如果事实上，他们共同地将此人排除在公民属性所

---

[12] 详见 Duff 1998c. 我认为，我们可以在批判理论学家们的主张当中发现一个事实：如果不关注法律的内在连贯性，而是关注承担刑事责任的前提条件——即刑法事业具有合理性必须满足的条件，那么自由刑法将被"矛盾"所撕裂（参见例如 Kelman 1981; Norrie 1993）。

享有的众多权利和善之外，如果他们都没有将其视为公民成员，那么他们现在又如何要求其作为公民成员而承担责任呢？

这并不是说**没有人**拥有要求它负责的权利——即他无需向任何人负责。他理应向其不法侵害的被害人负责。他应当向他所属的社群的其他成员负责，如果他的罪行影响到了他们。这只是说，如果政治社群不正当地排斥了他，那么犯罪人就无需作为一个公民伙伴而向该政治社群负责，并且对于以社群及其法律的名义作出行为的刑事法院，他也无需给予回应。

当然我们也必须追问，就像我们对政治义务的追问一样，这种不公正的排斥或歧视究竟有多严重，才导致它削弱人们作为公民的应予答责性——即这种刑事责任的前提要求究竟应当有多严格。但是，在此我并不想继续探讨这个问题。我的目标仍旧是简单地指出，作为能够负责任的公民的另一个条件，即刑事责任和刑罚的另一个前提——基于此，一个主体才能够就其受控的罪行向政治社群承担责任。同时我也指出，我们有理由怀疑，对于许多出现在我们刑事法庭的被告人这个前提条件是否已经被充分地满足。

2.4 法律的语言

刑事责任和刑罚的一般性前提，就是被审判的和被惩罚的人，作为一个公民，是有能力负责的、有能力回应的。只有当她**能够**负责时，她才要承担责任——即她能够理解并回应对她的指控。而只有当她作为一个受到法律约束的公民对其罪行负责时，并且只有当她通过法院审判**向**政治社群进行答责时，她才承担了这样的责任。而作为回应能力的责任属性的另一个条件，就是语言。

审判、定罪和刑罚的刑事程序是一个沟通的过程。审判要求被告人对受控罪行给予答辩。如果她被定罪，那么这就是向其表达她所应得的责难。而她的刑罚，正如我所主张的，应当意在加强这种沟通性的事业，即说服犯罪人对罪行给予认知和忏悔，同时这也提供了一个路径，让她可以向其他人表达这种忏悔。但是沟通需要一种语言，通过这种语言，指控得以表达，案件得以争辩，责难得以沟通。那么这种语言是什么呢？

一个显而易见的答案是法律语言：（在某种程度上不可避免地具有专业性）这种语言承载了刑法的实质性规则和要求，刑事责任的条件，审判和量刑的程序性规则，以及刑罚的执行。但是一个更深的、更为重要的问题是：这是**谁**的语言——并且这**应当**是谁的语言，如果这是法律向其公民表达的语言，如果这是公民们被要求对其罪行承担责任所使用的语言？

对于这是谁的语言，同样也存在着一个同样明显的答案。这是法律职业者的语言——最为明显的，这是法官和律师的语言。这是他们所精通的语言。他们能够理解这样的语言，并以此表达法律的判断和论点。但是，对于刑事程序的普通参与者——被告人、陪审团以及非专职的治安法官（lay magistrate），以及刑事程序运行所依据的更为广泛的社群，这种语言也同样**应当**是易于理解的。如果被告人被要求给予回应，那么她必须能够理解回应所使用的语言。如果对一个人进行审判（或者装作对他进行审判），而他却无法理解对其加以指控以及给予回应所使用的语言，那么这无疑就是一场闹剧。如果陪审团和非专职的治安法官要起到相应的作用，即判定被告人在法律上是有罪还是无罪，那么他们也就必须理解指控所表达的、审判所依据的语言。他们必须能够理解审判中，以及作出裁定时他们话语的含义。并且，如果公正要以看得见的方式得以实现，由法院以社群成员的名义得以履行，那么自由政体下的一般成员也就必须能够理解法律的语言。这种语言或许不是他们能够完全精通的，或者无需帮助就可以即刻理解的。它不可避免地是一种专业化的语言，有着其自身独特的法律概念（或者某些非法律的概念有着其法律的特定表达方式），并且有着自身的理解模式。但是，它们必须是**一种能够被理解的语言**，在必要的情况下，可以由那些精通法律语言的人给予一定的协助。法官、律师，以及地方法官助理所承担的一项重要任务，就是提供这种协助——在必要的情况下，向普通的参与者传达这些法律语言的含义（而辩护律师的一个任务，就是将被告人的语言表述成法律的语言）。

这看起来似乎并不是一个非常苛刻的条件。但是，如果我们追问刑事程序中普通的参与者要达到何种的理解程度，那么我们就会意识到，这是一个相当严格的条件。

第一，这必须是一个**规范性的**理解，而不是事实性的理解。被告人以及那些决定她在法律上有罪或是无罪的人，必须能够理解，她不是被描述成实施了符合法律定义的犯罪构成的某种事实的、特定的行为，而是因某种犯罪性的**不道德行为**而被指控。被告人以及对她进行审判的人，也因此必须能够理解指控其行为为犯罪行为所依据的价值观念。

第二，这种理解必须可以使被告人，以及那些决定她在法律上有罪或是无罪的人，能够以第一人称的身份**运用**这些法律语言。这种理解不仅仅要使他们在自身没有也无法分享这些价值的前提下，可能作出传达某种外部价值体系要求的与"规范性论述相分离"的第三人宣告（参见 Raz 1979, 146, 153-59），更要使他们作为第一人作出其所信守的规范性论述，表达自己对法律和价值的认同，成为可能。

这两个要求源于刑法在自由政体中的角色（参见第二章第4节）。如果刑法是一种普通法，而不是一种外来的强制，那么它就必须彰显政治社群的公共价值判断。它就必须以该政体的成员能够理解的语言，表达社会成员共有的或者能够为其共有的价值判断。刑法向社群成员表达的，不仅是强制他们服从的要求，更是从这些价值判断中推导出的规范和义务，并且刑法所使用的语言必须是成员们可以为自己叙述、向自己叙述的语言。被告人必须能够理解她被指控的公共不法行为，以及相关法律所支持的、要求她拥护的价值信念。如果她被正当地证明是有罪的，那么她就必须表达其对罪行的忏悔性认知，因为这正是她的定罪和刑罚要求她所作出的行为。同样的，陪审团或者非专职的治安法官也必须能够理解，他们所要决定的是一项罪行的指控能否被证成;并且,在对被告人的定罪过程中,他们会针对被证成的罪行而对她进行责难(因为这就是定罪的含义),所以他们也就必须能够以第一人称的声音公布此定罪,即他们是认同该项定罪所蕴含的法律和价值。他们注定是要代表整个政治社群,并以它的名义发表言辞、作出行为。因此他们也就必须能够以第一人称的身份,叙述法律的语言,表达社群的公共价值判断。至此,语言性的包容(参见第三章第1.1节)就是法律对它所约束的那些对象施加权力的一个重要条件,也是刑事责任的一个前提。法律的语言必须是规范性的语言,即公民自己可以理解,并为自己展开叙述的语言。

如果上述是可能的,那么法律的语言就不能与日常的、非法律的语言彻底分离,这些语言是公民们互相交谈(以及自我言谈)时所使用的语言——即当他们批评另一个人的(或自己的)行为时,当他们在讨论或实践政治社群共享的价值时所使用的语言。即使在某种程度上,法律的语言是一种专业性、技术性的语言,也必须存在一个桥梁,使得一般的公民可以穿越他们日常的、非法律的语言,进而充分进入法律的语言,让他们能够以第一人称叙述该语言的相关内容。

根据伯纳德·威廉斯(Bernard Williams)的说法,这个桥梁可以由我们称为"厚"(thick)的法律概念来提供。"厚"的伦理概念可以让我们根据实质的伦理价值,描述和判断人们的行为。明显的例子包含这样一些概念,如勇敢和胆怯,诚实和欺诈,善良和残忍。这样的概念"表现了一种事实和价值的统一"(B. Williams 1985, 129; ch. 8)。当将某个行为称为勇敢或胆怯,这是对特定行为类型的描述。但是如果我们使用这些语词来为自己辩护,实际上是在依据这些概念所表达的价值判断,将这些行为描述成可敬的或是可鄙的。这样一种"厚"的伦理概念对道德思考和道德理解具有核心意义。同理,"厚"的法律概念真正使得对法律的通俗理解成为可能,而这正是刑事责任的前提。最为明显的例子就是区分不同类型的犯罪(杀人,强奸,盗窃,故意伤害,诈骗,危险驾驶,等等)以及不同类型的主观过错(故意,过于自信的过失,疏忽大意的过失)的那些概念。

刑罚·沟通与社群
Punishment,Communication,and Community

虽然这些词语的法律含义与他们在非法律语境下的含义并不完全一致，但是法律上的定义必须与非法律的含义紧密相连，以保证普通人能够以自己所熟知的厚的伦理概念，认同它们的专业化版本——并借此认同法律所定义的犯罪是实质的不道德行为。

法律的语言对于刑事程序中的被告人和其他普通的参与者均应当是易于理解的，这个条件看起来仍然是容易实现的，并可以普遍达成的——即便如我所主张的应然状态，法律的语言被要求解释为普通人可以以第一人称的身份使用这种语言，并且作为一种规范性的语言表现着政治社群共享的价值观念。法律中当然包含着我所主张的"厚"的概念，这对于实现上述目的是至关重要的。这些概念充分地与它们的非法律定义紧密相连，使得那些明白非法律概念的普通公民能够理解并应用它们的法律概念。因为，对于绝大多数的普通公民而言，只要能够在自身的道德语境下理解并运用非法律的概念，也就有了适当的渠道可以理解法律语言。

法律语言，至少在原则上可以让大部分的公民理解，这个论点确实有一定的道理。大多数人并非不能理解法律所基于的规范性道德语言。大多数人所使用的道德语言，包含着法律得以呈现的厚概念（这些概念是重要的，因为它涉及，对人或财物造成侵害或危险的不同行为类型，以及欺骗或欺诈的不同主观类型，诸如此类）。普通人对于这些概念的定义、范围、重要性的理解，或许不同于法律对它们的界定。但是，仍然存在着沟通普通人的语言和法律的语言桥梁，并且我们没有理由认为普通人无法穿过这座桥梁。当然，这也是他们应当跨越的桥梁：因为法律的语言就是这个政体的权威语言，它宣告并定义了这个政体的公共价值判断；作为这个政体的公民，人们应当认识到这些价值判断就是他们的价值判断，并且依据这些价值以及法律的语言判断自身的行为（和他人的行为）。

但是，那些法律试图约束的对象是否都能够被合理地期待着跨越这座桥梁，仍然是有疑问的。对于他们来说，法律的语言或许*在原则上*是可理解的，但是这还不是说，他们就真的能够被合理期待听到并使用这种语言,并把它们当作自己的语言——就好像这种语言表达了他们作为政治社群的成员所共享的价值信念。[13]

一个人听到了什么,或者他能够合理地被期待听到什么,这不仅仅取决于向他叙述的内容,而且还取决于这些叙述的语境,以及叙述的语气。[14] 我或许会真诚地向我的学生们提出哲学上的疑问,并鼓励他们能够自我思考所讨论的问题,追寻这些论点所指引的方向,同时告诉他们,哪些论点能够有效支持我的观点或反驳他们的观点。我或许会希望(真诚地或是自我欺骗地),我能够借此说服他们将这些语言内化为自己的语言——即他们自己所从事的实践活动,他们自身所阐述的哲学观点。但是,我向他们论述的语境(这不仅仅取决于我对他们的行为态度,更取决于我所处的学术机构的性质和做法)或许隐约地或直白地向他们表达,独立思考并不被视为一种重要的价值。而被清楚表明的是,通过说出老师想听的话,进而完成论文并取得学位,才是重要的,同时他们的老师对于其学生作为潜在的哲学家并不感兴趣,相反,而是将他们视为对自己的研究而言不可避免的、令人烦恼的一种烦扰。此外,我对他们说话的语气或语调,或许明显表明对于他们自身以及他们潜在的哲学工作,我根本没有任何的尊重。我的声音总是充满了厌烦或轻视,或者恐吓他们强行接受我所认为是正确的观点。如果这就是我向学生们叙述的语境和语气,那么我就不能合理地期待他们将我的叙事视为一种向他们或是与他们进行理性的、真诚的哲学探讨,或是他们自身所使用的语言。他们无法从我的叙述中听到对哲学探讨的价值信守,以及对他们从事这种活动的鼓励。相反,他们听到的是要求他们服从、顺从,以及恣意地附和他们认为我想听到的观点(参见 Duff 1998b, 261-64;1998d, 204-5;1999, 65-66)。

---

[13] 在讨论什么是对某人而言的合理期待时,实际上讨论的是规范性而不是预测性的期待,这种期待是我们合理主张或要求她应该做什么,而不是我们合理预测她事实上将要做什么。

[14] 事实上,讲述的内容或意义不能偏离叙述的语境。参见 Travis 1989.

对于法律而言也是如此。法律意在借助一种语言——公民应当听到和运用,并且将其作为自己的语言——向所有的公民阐述政治社群的价值信念。但是,假设法律向某些公民所叙述的语境是他们被不正当地排斥或歧视。假设他们所受到的来自社群或制度的对待,并没有彰显他们共享价值所应得到的尊重和关怀。假设他们在政治层面、物质层面、规范层面被排除于社群所包含的众多的善之外。同时,假设法律工作人员向他们叙述的语气(或者基于这样的语境,他们合理地相信这是他们所听到的语气)——警察,法官,以及其他法律的实施者——他们的语气中充满了轻视而不是尊重,充满了强制而不是权威。那么,他们就不能合理地被期待其所听到的法律语言就是他们自己的语言,就是他们能够并且应当借以为自己发声的语言。毋宁说,他们会理性地将其当作陌生的声音,他们或许会服从,但是他们自己不会遵从。

  这个论点对于沟通性的刑罚理论具有明显的影响。如果刑罚意在与犯罪人进行沟通(并且可以使她向同胞表达其忏悔),那么它就必须使用一种她能够理解的语言,并且作为责难的规范性语言为自己发言。[15]但是这里存在着巨大的误解空间,这种误解可以是理性,也可以是非理性的。基于刑罚执行的语境(这包含着被告人受到其他政治机构的对待情况)以及执行刑罚的工作人员的语气,某些犯罪人所听到的声音,并不是他们所属的或者他们被视为所属的社群的声音,而是一种陌生的、压迫的声音;这样的声音并不是诉诸他们所共享的或是他们被视为所共享的价值信念,而是一种试图强制他们服从的声音。

  那么,语言就成为一个受法律约束的、负责任的公民的必要条件,也就是作为有答责能力的公民的条件,而同时,它也构成了刑

---

  [15] 刑罚的语言不单纯是一个动词。刑罚与犯罪人的对话,不仅仅是通过借以与其沟通的文字,更是通过沟通所采用的实质形式。监禁,罚金刑,社区服务令,以及其他种类的刑罚都有其本身的含义(参见第四章第2节)。但是,关于法律语言的一般观点是:法律语言富含非言辞符号和意义。

事责任和刑罚的另一个前提：刑罚和刑法的语言，应当是行为人被合理期待的可以理解并自己使用的语言，是彰显其认同的或可以认同的公共价值的语言。对此，我依然怀疑，对于那些出现在我们刑事法庭的被告人而言，这个条件是否已经被充分满足。

2.5 法律与社群

这一节所讨论的刑事责任和刑罚的前提，实际上是涉及适当政治社群的存在与范围。公民作为政治社群的成员，受到其法律的约束，而该法律正是社群的普通法。他们通过法院的审判，向其他的公民同胞答责，因为他们的罪行违反了法律所宣告的、所解释的社群公共价值。借助上述价值被表达的和应用所使用的公共语言，他们才有了答责能力。当判断刑罚的正当性能否被证成时（先不提它能否被现实实践所证成），我们必须追问的不仅是刑罚制度的内部运行，还需要关注刑罚制度所置身于的、更为宏观的政治语境；不仅是所施加的刑罚能否真的构成道德沟通的努力，即意在说服犯罪人形成忏悔、实现改造、达成和解（本章第 1 节的论点），更在于被惩罚者是否真的被视为正当政治社群的成员（这是本节的论点）。

追问这样的问题，首先也就是在追问这样的政治社群是否真的存在。我们能够在我们现行的社会中分辨出我所描述的政治社群吗（参见第二章第 2 节）？这种社群的形成，是基于对某些明确的价值观念的共同信守，是基于公民同胞之间的互相尊重。社群的成员受到这些价值的约束，社群的法律由这些价值所构建。这样的社群必然是一种规范性的社群和语言性的社群，即它共同信守着某些价值观念，并且这些价值通过特定语言得以表达和讨论，而且它也共享着一种生活形式——一套实践方式以及行为方式体系——使得这种信守得以践行。

在此，某些类型的怀疑主义或许会对我们产生诱惑。例如，麦金泰尔（MacIntyre）式的怀疑主义就认为，现代西方社会仅仅是"道德的幻想"，"碎片式的概念结构"，对于我们已经不再具有任何意义。我们仍然使用道德语言,并且认为对这些道德概念的使用和理解已经达成了共识(或者对于它们的概念和应用存在理性的分歧);但是,这些概念早已经失去了其应有的含义,因为我们已经失去了曾经使这些概念具有意义的社会结构和概念结构。"我们已经——在很大程度上,如果不是彻底的——丧失了我们对道德的理解能力,无论是理论上还是实践上"(MacIntyre 1985, 2)。这样,我们也就失去了建构政治社群的可能性,因为我们已经无法理解社群所依赖的价值信念。而后现代主义的怀疑主义(或者与其紧密相连的,源于批判法律运动的怀疑主义)则认为,现代的社会和法律体系,并不是一个内在统一的、理性的或是合理的价值体系,而是一个不连贯的、冲突的且没有理性支撑的教条集合,它将野蛮的权力隐藏在价值和法律的修辞之下。我们或许拥有"社群"的形式,以及运用它的修辞,但却缺少它的实质。一个不彻底的怀疑主义会主张,在我们现在的社会中,我们可以找到**多个道德社群**,但却无法实现**一个政治社群**。"在社会中,作为一个整体的单一概念或单一社群"是不存在的,只存在着"流动的且局限的,在结构上多元的且冲突的"多个社群(Norrie 1998, 116)。

我认为,极端的怀疑主义是缺乏依据的。一旦我们认识到(参见第二章第2节)规范性社群不仅是一种现实,同时也是一种理想,并且政治社群是一种局部的而不是全领域的,也不是其成员生活的唯一社群或是在他们生活中最为重要的社群,那么,我们就可以发现,在我们的社会中依然存在着真正的政治社群,虽然它并不完美,也十分局限。这些社群充满着冲突与分歧。但是,分歧并没有阻碍这个社群的存续——分歧恰恰预设了社群,因为只有在共识的背景下才存在理性的分歧。[16] 很多时候,社群没有将其意在信守的价值变

---

[16] 如果我们要反对,而不是仅仅一个接一个地不求甚解地发表言论,那么我们必须共享能够表达反对的语言。但是"如果语言是一种交流工具,那么,我们必须同时在定义方面和(这听起来可能会很奇怪)在判断方面达成一个共识"——这就本身依赖于"共识……在生活形式上"(Wittgenstein 1963, paras. 242, 241)。

成现实，但是我们可以将这种信守视为（从某种程度上）是一种真诚的追求，而不仅仅是（自我）欺骗的修辞。很多时候，社群的成员没有给予其他公民同胞应有的尊重和关怀。但是，他们能够认识到，这些缺陷恰恰是与他们所应当具有的生活状态之间的**差距**。他们或许对社群建构所依据的价值缺少足够的思考和理论化的分析，并且这无疑也缺少理性的、强有力的**证明**为什么人类政体的建构应当依据这些价值。但是，我们不应当错误地（我怀疑这是麦金泰尔和其他人所犯的错误）把充足理论的缺失当成是理论对象的缺失，因为对于人们真诚建构其生活所依据的那些价值，或许他们无法给予理论化的分析。我们也不应当假设（正如理性主义者和怀疑主义者错误地假设），只有当我们能够提供有关价值有效性的先验证明，这些价值才具有要求我们服从的理性依据（参见 Duff 1998c157-67）。因为确实存在着某些人，他们拒绝社群的部分或全部的价值。但是，这并没有削弱其他公民的主张，即他们依然是社群的成员，并且也依然受到这些价值的约束（参见第二章第5节）。

但是，我们要追问的不仅仅是政治社群的存在问题，还包括政治社群的范围问题：不仅仅包括政治社群是否存在，通过法律向其成员表达，还包括它是否真的包容了**所有**本应受到法律约束的、社群的成员。对于这个问题，正如我在这一节中所论述的，存在着更为巨大的怀疑主义空间。政治社群可以包容（能够坚持包容）拒绝社群的价值或不愿将自己视为该社群成员的人；社群可以正当地坚持他们依然受到社群法律的约束，并应在法庭前作出答责。很多时候，社群并没有给予某些成员应有的尊重和关怀，但是这并没有削弱他们作为成员所应受到的价值约束，因为他们也同样受到依据这些价值所给予的对待，虽然并不完美，他们也应受到相应的法律约束，因为这也为他们提供了保护，虽然这也并不完美。并不是社群**中**的每一个缺陷（即没有符合社群价值要求的行为，无论是整体的或是个体的），都意味着社群的整体性缺陷——特别是在这些缺陷得到承认，并且社群真诚地尝试对它们作出弥补的情况下。但是，也存在我们必须承认社群的整体失败的一个临界点。如果在社会中，存在着某些个人或群体，（即使不是被有意地设计如此，也是在实际效果上如此）被持续性地、制度性地排除在社群的政治生活之外以及物质福利之外，同时在规范层面被排除在社群之外，因为社会治理的法律和机构在对待他们时，并没有基于共享的社群价值信念给予他们真诚的关怀，而在语言层面也被排斥在社群之外，因为法律的声音（即社群通过此，以成员们共享的价值语言，向他们叙述）对于他们是一种陌生的声音，这不是也不可能是他们自己的声音；至此，如果要求他们作为公民要受到法律的约束并对社群负责，这种要求就会变得非常空洞。如果没有给予某些个体或团体作为政体成员所应得的利益，而且社群的此种对待方式是严重的、持续性的、制度性的，并不予承认或不予纠正，就会削弱他们应受到法律约束的主张。他们只有作为公民才受到法律的约束，但是上述这种缺陷通过否定给予他们作为公民所应具有的尊重和关怀，实际上否定了他们的公民身份。

我已经表明（虽然我还没有试图证明），上述这种怀疑主义相对于我们社会中的某些个体和团体是正当的。这包括许多出现在刑事法院庭审中的人，以及那些为自己的罪行承担了定罪和刑罚的人：他们中的许多人，无论是作为个体还是作为受到不公正待遇的团体的成员，已经遭受了严重的排斥，以至于刑事责任的实质前提并没有被充分地满足。在这样的情况下，他们没有得到公正的审判、定罪和刑罚。法院不能正当地要求他们对其罪行承担责任，因为他们无需对这些罪行（作为犯罪）向法院进行答责。

任何人都可以站在"我们"或者"社群"的角度，讨论应当如何应对犯罪以及犯罪人的问题；这样的"我们"，无论是作为理论者或是政策的制定者，或许都将我们自己视为政治社群的成员，而社群的法律就是我们的法律，社群的语言就是我们的语言。但是这样来讨论"我们"或者"社群"应当如何行为，要么太容易使得讨论和思考在"这些政策是为了对付他们"的轨道上进行——即存在一个由实际的和潜在的犯罪人所组成的分立群体,"他们"不是"我们"(因为"我们"不会经常地面对刑事法庭的指控或遭受刑罚制度的强制性关注);要么导向简单地认为,"我们"所做的事情,我们所讨论的社群刑事政策,包含了那些该政策适用的所有对象。这种将犯罪人构成"他们"的想法,实际上没有将他们当作是公民的同胞,将削弱了对他们实施刑罚的正当性。而不容置疑地假设他们作为社群的成员应当受到法律的约束,并向法律负责,实际上没有认真地关注,那些出现在我们庭审中的人所遭受的各种排斥及其带来的影响。

那些遭受制度性、持续性排斥的人,正是被社群本身排除在外的成员。他们有权要求社群以及其他成员将他们纳入社群之中,并视其为公民同胞,从而共享社群的价值和善,接受作为成员所应有的尊重和关怀。这就是为什么对他们的排斥不只构成了一个中性的事实,更是一种不正义。他们并没有**被视为**社群的成员,因此社群的法律和法院无法正当地要求他们对于其罪行承担责任,或向他们施加刑罚。因为要审判被告人,审判的正当性是必须的,所以如果社群在其他领域根本不将其视为成员,那以社群的名义作出行为的法院也就不能主张,被告人应当通过该法院,就其对社群所作出的侵害,向社群进行答责。即使针对被告人的指控被证实,法院也不能主张权利,对她进行谴责,要求她悔罪,或者要求她给予被害人补偿性道歉。法院也不能主张,对她的刑罚实现了她与社群的和解。这种和解以一种先在的、相互承认的成员关系为前提,而这种关系曾经被损害、现在得以修补。但是,如果被告人不曾被视为公民同胞,那么这种前提就是被虚构的。

3. 刑罚的正当性能够被证成吗?

第3章和第4章的论述已表明,刑罚作为一种世俗悔罪的沟通性制度,其正当性在原则上是可以得到证成的。在本章中,针对这种"原则上"的正当性能否证成我们社会的现行刑罚实践,我提出了某些质疑。即使我们可以致力于将现行刑罚实践的内容,改革成或转变成一种真正的沟通性的、忏悔性的事业,我们也必须面对这样的问题,即刑事责任和刑罚的前提是否得以满足。我已经阐明,对于现行制度下许多承受刑罚的人而言,这些前提并没有被充分满足。

如果这是正确的,那么结论必然是,现行刑罚实践,如果不是完全不正当,在很大程度上也是不正当的。我们不能正当地惩罚那些承受严重的、不公正的排斥或歧视的犯罪人——这包含了许多在我们法庭中被审判和被惩罚的犯罪人。

如果一本书的写作目标不是进行彻底脱离现实世界的理想化智识论理,而是要提供一种刑罚的规范性思考,虽然这仍是一种理想性的理论,但它可以应对现实的实践,那么上述结论就不能是最终的结论。如果我(和其他人)相信现行刑罚实践是不公正的、不正当的,那么我(和其他人)就必须面对"我们需要做些什么"这样的问题。我们不能简单地附和墨菲的观点,认为如果我们"想要在施加刑罚之前确信拥有惩罚的道德权利,那么我们最好事先确认,我们已经以这样的方式重构了社会",它可以使得刑罚具有正当性(Murphy 1979c, 110)。当然,我们应当尽我们所能对社会进行重构,使其转变成一个真正的、包容性的自由社群(虽然比起"我们可以正当地惩罚犯罪人"这种确认性的需求,这里还存在着其他的、更好的理由来做这件事情)。或许,如果以及当真正的包容性自由社群得以实现时,"犯罪本身以及对刑罚的需求都会有极大地下降,如果不是彻底消失"(Murphy 1979c, 110)。但是这样的重构工作需要时间——几十年,如果不是终生。如果被追问,在这段时间中,我们应当对刑罚做些什么,我们不能只是甩甩手说"无事可做"——仅仅是因为,无论我们喜欢与否,我们都与刑罚实践达成了共谋,它正是以我们的名义继续维持并运行。那么此时,我们应当做些什么呢?

一种可能的回应路径是追寻废除主义者,主张因为在目前以及短期之内,刑罚的正当性无法得以充分的证成,那么它就必须被废除。实际上,废除主义者所致力的目标与我们当今现实之间的差距,与我所提供的刑罚理想相比较,是一样的遥远(参见第一章第5节)。实现他们的目标,就需要(重新)构造一个真正的社群,成员们在其中基于共享的价值观念、相互的尊重和关怀而紧密相连,他们互相负责,并且当存在"冲突"或"纠纷"时,可以一起解决这些问题,而这些要求跟我的理论所需要的条件是一样多的。同时,我们仍然还要追问,在这些前提得到满足以前,我们能够做些什么。正如我已经论述的,废除主义者向我们提供的理想,本身就是一种误导,因此这并不是我们应当选择的路径。

另一种回应是,拒绝我所提供的刑罚理论,因为无论这种理想看起来多么具有吸引力,如果一个理论为刑事责任和刑罚设定了如此严苛的前提,距离人类生存状态过于遥远,那么它就不能作为人类实践活动的指引或目标。或者,即使我们不完全拒绝这种理论,但或许应当搁置它,直至该理论所设定的前提趋于被满足的时候(如果这存在的话)。那么,取而代之的是,我们或许可以引入第三章第3节所讨论的有限威慑理论。我曾经论述认为,这或许是我们应当选择的路径(Duff 1986, 291-99; 1991, 441-51),但是现在,基于许多原因,我对此持有质疑。

第一,虽然在前一节,我依据自由社群式的政治社会以及沟通性刑罚理论阐明了刑罚的前提,但是我认为**任何**一个合理的规范性理论都会设定与此相似的前提。任何一个合理的理论都会认为,只有当刑罚是应得的,它才是正当的,同时使刑罚成为应得就必然基于被惩罚者实施了犯罪,而他本来应承受相关的约束或承担相关的义务,以避免犯罪行为。任何一个合理的理论都必然认为,只有当犯罪人能够在对其进行审判和量刑的法院前为其罪行进行答辩时,我们才能够正当地对他进行审判、定罪和刑罚。虽然其他理论者并没有像我一样,赋予道德沟通以刑罚的核心作用或宏大作用,但是任何合理的理论都必然认为,只有当犯罪人合理地被期待,能够理

刑罚·沟通与社群
Punishment, Communication, and Community

解他们所承受的刑罚是对其罪行的正当回应时，我们才能够正当地对他们施加刑罚。[17] 究竟如何界定这些前提，将取决于理论的细节，以及其所依据的更为宏大的国家观念。反对社群主义的自由主义者，不会像我的理论那样对它们进行界定。但是一旦对这些前提进行界定，而如果现行社会无法满足这些前提，我认为，任何一种看似合理的刑罚理论，其正当性都会受到严重的削弱。

第二，受到不正当排斥和歧视的犯罪人，经常会侵犯那些与他们处在相同境况的人。我认为（参见本书第264~265页），这样的犯罪人依然要向其罪行所侵犯的被害人和当地的社群进行答责。这种情况下如果坚持，因为刑事责任的前提并没有被满足，所以法律不能要求犯罪人对其罪行承担责任，就意味着这些罪行的被害人对其所受到的侵害，不能通过法律的途径以获得相应的赔偿。这也就是说，如果要求犯罪人对这些罪行承担责任或给予道歉，就必须由被害人自己以及他们当地的社群（如果存在的话）来完成。但是，这实际上就是在排斥之上附加了再一次的排斥。因为犯罪人被不公正地排除在社群的权利和福利之外，被害人也被排除在了法律的帮助之外。问题的关键，并不是法律再也不能通过预防犯罪保护被害人。他们可以得到威慑性或消除犯罪能力刑罚制度的保护——虽然这种刑罚制度的代价是进一步将实际的或潜在的犯罪人排除在规范性的社群之外。问题的关键，毋宁说是政治社群对犯罪的被害人负有义务，要求犯罪人对其罪行承担责任（参见第三章第6.2节）。拒绝履行这样的义务，在某种程度上，也就是将被害人排斥在规范性的社群之外。

这看起来让问题更加复杂了。如果政治社群并不具有要求犯罪人承担责任的权利，但又可以强制他这样做，那么对犯罪人显然是不公正的；然而如果社群不要求犯罪人承担责任，这对罪行的被害

---

[17] 关于"任何原则上合理的理论"都会主张什么的断言，必然会遭到一些理论家的批判——显然纯粹的结果主义者认为只要刑罚比目前其他可供选择的机制有更多的优势，刑罚就是正当的。我不想在这里复述针对结果主义的异议（参见第一章第1~3节），但我认为，任何非结果主义理论都会认真对待这个要求：刑罚将犯罪人作为应负责的主体看待，必然会设定此类前提。

第五章 从理论到实践

人也是不公正的。那么，第三，或许可行的一个路径就是，如果刑罚的正当性需要被证成，那么可以将刑罚自身认定为一种道德沟通，它可以推进社会和政治所需的重构过程；并且，虽然在重构完成之前，刑罚的正当性依然是非常不足的、具有道德缺陷的，但它仍然可以是正当的，因为这已经是我们处于道德困境的情况下所能做到的最好程度。

要求某人通过刑事制度对其罪行承担责任，从某种程度上讲就是将其视为一个公民。我曾经论述，如果犯罪人在其他领域被持续性地排斥在公民身份的权利和福利之外，那么上述做法的正当性就会被相应地削弱。特别是在这种排斥并没有得到承认的情况下——即政治社群根本没有意识到它未将其视为一个公民。但是，假设社群承认了这一点。假设，社群通过制度或政府，集体认定了她（以及相同境况的人）所遭受不公正的待遇，并承诺对其给予纠正。这种纠正是一个巨大的、耗时的工程，它的完成或许会经过几十年；并且直到它被完善之前，社群所拥有的权利，即要求那些遭受排斥的人对其罪行承担责任的权利，仍然处于被削弱的状态。但是此时，它并没有像以前那样被严重地削弱：因为对纠正不公正待遇的集体认定和集体承诺，表明了一种将被排除者视为公民同胞的确认和关怀——即作为社群的成员，共享着它的善。因为，只要要求承担责任本身构成了一种适当的沟通性事业，那么要求他们对自己的罪行负责也就是将他们视为公民成员，或许这种（不完整的）正当性的证成，可以部分基于上述的承诺，即他们被包含在政体之中，并将完全被视为政体的成员。

当然，对于责任主体所遭受的不公正待遇，要求承担责任所具有的沟通性内容，必须反映出适当的承认。在某些情况下，这或许要求法律和法院将"社会歧视"认定为一种抗辩理由，或是同意将其作为一种具有说服力的减轻责任因素（参见本书第256~260页）。在其他情况下，被不公正排斥的犯罪人仍旧犯下了实质性的侵害行为，他们必须对此承担责任、承受刑罚。但是，对他们的刑罚也必须包含对他们所遭受的不公正待遇的承认,包含对他们施加的刑罚所具有的道德缺陷的认定——刑罚的性质仍然受到这些不公正待遇的削弱。这种承认,可以由量刑者以遗憾的或是道歉的语气给予表达,但是对于缓刑官而言,因为他在沟通性刑罚制度中的核心地位,这或许对他提出了更多、更高的要求(参见第三章第5.1~5.2节,第四章第3.2节)。根据沟通性的刑罚理念,他们的任务就不仅仅是让犯罪人直面其罪行并给予忏悔,以及与犯罪人共同制定出补偿性道歉的适当模式,还包含了说服犯罪人认识到,虽然对他们的刑罚远远没有满足相应的前提要求,但是此刑罚依然是正当的。而作为犯罪人与社群之间的调解员,他们的任务就是与犯罪人沟通社群对其罪行的理解。这种理解必须同时包含对犯罪作为一种不法侵害的谴责,以及对犯罪人所遭受的社群不公正待遇的承认。

这种处境并不轻松。它并没有提供一个完整的刑罚正当性证成,使其可以作为我们投身的事业,或是与其进行心安理得的合作。它最多也只是提供了一种十分有限的刑罚正当性,使刑罚成为一种必要——或许是在相当长的时间内——但却具有道德缺陷的事业,而这会让我们的良知忐忑不安。然而,我猜测这可能已经是最好的路径,并且我们不应当惊讶的是,根本就不存在没有道德缺陷或可以免除道德伤害的路径。无论是个体还是群体,都会因为其自身的错误而置身于这样的境地,即他们根本无法避免造成道德伤害,但是他们又必须做些什么以弥补这样的情况。我认为,这就是面对刑罚时我们共同面临的困境。

我应当以两个十分谨慎的评论作为结尾。第一,我所提供的,并非按照现行刑罚模式继续惩罚犯罪人的正当性,也不是现行刑罚模式所依赖的语境的正当性。如果刑罚的正当性可以被证成,即使是按照上述我所建议的临时性的、非确定性的方式,它也至少要求我们做出严肃的集体承诺:改革刑罚制度的内容和运行模式,(参见本章第1节),并着手改善那些削弱刑事责任和刑罚前提条件满足程度的社群性排斥。如果缺少了这样的承诺,我们就无法证成刑事法律体系所施加的,由犯罪人所承受的惩罚的正当性(这些刑罚也是被我们所施加的,因为刑事法律体系以我们的名义行事,并且我们与它保持同谋关系)。

第二,上述集体性承诺,最为明显的要求就是政府和制度的协调一致行动。但是它也对所有的公民提出了要求,特别是那些没有遭受政治社群不公正排斥的或歧视的公民。它要求我们为政府实施正当行为而呐喊和奔走。更为重要的是,它要求我们认真反思我们自己对其他公民的态度和行为。这样的反思,无疑会让我们许多人意识到,我们需要对自己作出极大的改变,因为对政治社群的(重新)构造不仅仅需要依靠政府和制度,更依赖于每一个公民以及公民群体对待彼此的态度和行为。而且,刑罚制度本身的含义和价值,不仅仅需要依靠那些直接执行者的态度和行为,更依赖于所有公民的态度和行为。如果刑罚制度意在向犯罪人沟通其罪行所应得的公共责难,同时能够让犯罪人向政治社群道歉,并与其达成和解,那么社群的其他成员也必须愿意接受这种道歉,并将犯罪人视为公民同胞,愿意与其达成和解。

证成刑罚正当性的任务,并不是寻找规范性的理论对现行刑罚实践进行正当化。这种任务是要将刑罚的制度和语境,转变成它能够实现的应然状态。它对我们所有人都赋予了沉重的责任。这个结论,虽然是令人不安的、不适的,但是对于那些能够切身感受到现行刑事制度的残酷现实的人,这个结论也并非那么令人惊讶。

参考文献

Abel, R. 1991. "The Failure of Punishment as Social Control." *Israel Law Review* 25: 740–52.

———, ed. 1982. *The Politics of Informal Justice*. (2 vols.). New York: Academic Press.

Adler, J. 1992. *The Urgings of Conscience*. Philadelphia: Temple University Press.

Alexander, L. 1980. "The Doomsday Machine: Proportionality, Punishment and Prevention." *The Monist* 63: 199–227.

———. 1983. "Retributivism and the Inadvertent Punishment of the Innocent." *Law and Philosophy* 2: 233–46.

———. 1986. "Consent, Punishment, and Proportionality." *Philosophy and Public Affairs* 15: 178–82.

———. 1991. "Self-Defense, Punishment, and Proportionality." *Law and Philosophy* 10: 323–38.

Alldridge, P. 1990. "Rules for Courts and Rules for Citizens." *Oxford Journal of Legal Studies* 10: 487–504.

Allen, F. A. 1981. *The Decline of the Rehabilitative Ideal*. New Haven: Yale University Press.

American Friends Service Committee. 1971. *Struggle for Justice*. New York: Hill and Wang.

Anderson, J. L. 1997. "Reciprocity as a Justification for Retributivism." *Criminal Justice Ethics* 16: 13–25.

Ardal, P. 1984. "Does Anyone Ever Deserve to Suffer?" *Queen's Quarterly* 91–92:

241-57.

Ashworth, A. J. 1984. "Sharpening the Subjective Element in Criminal Liability." In *Philosophy and the Criminal Law*, edited by R. A. Duff and N. E. Simmonds. Stuttgart: Franz Steiner, 79-89.

——. 1986. "Punishment and Compensation: Victims, Offenders and the State." *Oxford Journal of Legal Studies* 6: 86-122.

——. 1987. "Belief, Intent and Criminal Liability." In *Oxford Essays in Jurisprudence*, 3rd series, edited by J. Eekelaar & J. Bell. Oxford: Oxford University Press, 1-31.

——. 1993a. "Victim Impact and Sentencing." *Criminal Law Review*, 498-509.

——. 1993b. "Some Doubts about Restorative Justice." *Criminal Law Forum* 4: 277-99.

——. 1994. *The Criminal Process: An Evaluative Study*. Oxford: Oxford University Press.

——. 1995a. *Sentencing and Criminal Justice*. 2nd ed. London: Butterworths.

——. 1995b. *Principles of Criminal Law*. 2nd ed. Oxford: Oxford University Press.

Ashworth, A. J., & Player, E. 1998. "Sentencing, Equal Treatment, and the Impact of Sanctions." In *Fundamentals of Sentencing Theory*, edited by A. J. Ashworth &M. Wasik. Oxford: Oxford University Press, 251-72.

Avineri, S., & de-Shalit, A., eds. 1992. *Communitarianism and Individualism*. Oxford: Oxford University Press.

Baker, B. M. 1992a. "Penance as a Model for Punishment." *Social Theory and Practice* 18: 311-31.

——. 1992b. "Consequentialism, Punishment and Autonomy." In *Retributivism and Its Critics*, edited by W. Cragg. Stuttgart: Franz Steiner, 149-61.

Baldwin, J., & McConville, M. 1977. *Negotiated Justice*. London: Martin Robertson.

Baldwin, T. 1999. "Punishment, Communication, and Resentment." In *Punishment and Political Theory*, edited by M. Matravers. Oxford: Hart Publishing, 124-32.

Barnett, R. E. 1977. "Restitution: A New Paradigm of Criminal Justice." *Ethics* 87: 279-301.

Bazelon, D. L. 1976. "The Morality of the Criminal Law." *Southern California Law Review* 49: 385-405.

Beardmore, R. W. 1969. *Moral Reasoning*. London: Routledge.

Beaumont, B. 1989. "Professional Reactions and Comments." In *Punishment, Custody and the Community*, edited by H. Rees & E. Hall Williams. London: London School of Economics, 87-111.

Becker, L. 1974. "Criminal Attempts and the Theory of the Law of Crimes." *Philosophy and Public Affairs* 3: 262-94.

Bedau, H. A. 1987. *Death Is Different*. Boston: Northeastern University Press.

Benn, S. I. 1958. "An Approach to the Problems of Punishment." *Philosophy* 33: 325-41.

Bentham, J. [1789] 1970. *An Introduction to the Principles of Morals and Legislation*, edited by J. H. Burns and H. L. A. Hart. London: Athlone Press.

Berlin, I. 1969. "Two Concepts of Liberty." In *Four Essays on Liberty*. Oxford: Oxford University Press, 118-72.

Beyleveld, D. 1979. "Identifying, Explaining and Predicting Deterrence." *British Journal of Criminology* 19: 205-24.

Bianchi, H. 1986. "Abolition: Assensus and Sanctuary." In Bianchi & van Swaaningen 1986, 113-26. Reprinted in *A Reader on Punishment*, edited by R. A. Duff & D. Garland. Oxford: Oxford University Press, 1994.

———. 1994. *Justice as Sanctuary: Toward a New System of Crime Control*. Bloomington: Indiana University Press.

Bianchi, H., & van Swaaningen, R., eds. 1986. *Abolitionism: Towards a NonRepressive Approach to Crime*. Amsterdam: Free University Press.

Bickenbach, J. E. 1988. "Critical Notice of R. A. Duff, Trials and Punishments." Canadian Journal of Philosophy 18: 765-86.

———. 1992. "Duff on Non-Custodial Punishment." In *Retributivism and Its Critics*, edited by W. Cragg. Stuttgart: Franz Steiner, 69-74.

Bigel, A. I. 1994. "Justices Brennan and Marshall on Capital Punishment." *Notre Dame Journal of Law, Ethics, and Public Policy* 8: 11-163.

Blum, L. A. 1994. *Moral Perception and Particularity*. Cambridge: Cambridge University Press.

Bottoms, A. E. 1977. "Reflections on the Renaissance of Dangerousness." *Howard Journal* 16: 70-96.

——. 1983. "Neglected Features of Contemporary Penal Systems." In *The Power to Punish*, edited by D. Garland & P. Young. London: Heinemann, 166-202.

——. 1998. "Five Puzzles in von Hirsch's Theory of Punishment." In *Fundamentals of Sentencing Theory*, edited by A. J. Ashworth & M. Wasik. Oxford: Oxford University Press, 53-100.

Bottoms, A. E., & McWilliams, W. 1979. "A Non-Treatment Paradigm for Probation Practice." *British Journal of Social Work* 9: 159-202.

Bottoms, A. E., & Preston, R. H., eds. 1980. *The Coming Penal Crisis*. Edinburgh: Scottish Academic Press.

Braithwaite, J. 1989. *Crime, Shame and Reintegration*. Cambridge: Cambridge University Press.

——. 1999. "Retrospective Justice: Assessing Optimistic and Pessimistic Accounts." In *Crime and Justice: A Review of Research*, vol. 23, edited by M. Tonry. Chicago: University of Chicago Press, 241-367.

Braithwaite, J., & Pettit, P. 1990, *Not Just Deserts*. Oxford: Oxford University Press.

Brandt, R. B. 1961. "Determinism and Justifiability of Moral Blame." In *Determinism and Freedom in the Age of Modern Science*, edited by S. Hook. New York: Collier-Macmillan, 149-54.

Brook, R. 1988. "Treats and Punishment." *Philosophy and Public Affairs* 17: 235-39.

Brown, J. G. 1994. "The Use of Mediation to Resolve Criminal Cases: A Procedural Critique." *Emory Law Journal* 43: 1247-309.

Brownlee, I. 1994. "Hanging Judges and Wayward Mechanics: Reply to Michael Tony." In *Penal Theory and Practice*, edited by R. A. Duff, S. E. Marshall, R. E. Dobash & R. P. Dobash. Manchester University Press, 84-92.

——. 1998. *Community Punishment: A Critical Introduction*. London: Longman.

Brudner, A. 1993. "Agency and Welfare in the Penal Law." In *Action and Value in Criminal Law*, edited by S. Shute, J. Gardner & J. Horder. Oxford: Oxford University Press, 21-53.

Burgh, R. W. 1982. "Do the Guilty Deserve Punishment?" *Journal of Philosophy* 79: 193-210.

Cain, M. 1985. "Beyond Informal Justice." *Contemporary Crises* 9: 335-73.

Carlen, P. 1989. "Crime, Inequality, and Sentencing." In *Paying for Crime*, edited by P. Carlen & D. Cook. Milton Keynes: Open University Press, 8–28. Reprinted in *A Reader on Punishment*, edited by R. A. Duff & D. Garland. Oxford: Oxford University Press, 1994.

Carse, A. 1994. "The Liberal Individual: A Metaphysical or Moral Embarrassment?" *Nous* 28: 184–209.

Cavadino, M., & Dignan, J. 1997. *The Penal System: An Introduction*. 2nd ed. London: Sage.

———. 1988. "Reparation, Retribution and Rights." In *Principled Sentencing*. 2nd ed., edited by A. von Hirsch & A. J. Ashworth. Oxford: Hart Publishing, 348–58.

Charvet, J. 1996. "Criticism and Punishment." *Mind* 75: 573–79.

Christie, N. 1977. "Conflicts as Property." *British Journal of Criminology* 17: 1–15.

———. 1981. *Limits to Pain*. London: Martin Robertson.

Coates, A. J. 1997. *The Ethics of War*. Manchester: Manchester University Press.

Cockburn, D. 1991. "Capital Punishment and Realism." *Philosophy* 66: 177–90.

Cohen, S. 1985. *Visions of Social Control*. Cambridge: Polity Press; Oxford: Blackwell.

———. 1991. "Alternatives to Punishment: The Abolitionist Case." *Israel Law Review* 25: 729–39.

Cotterrell, R. 1995. *Law's Community*. Oxford: Oxford University Press.

Cottingham, J. 1979. "Varieties of Retribution." *Philosophical Quarterly* 29: 238–46.

Cragg, W. 1992. *The Practice of Punishment: Towards a Theory of Restorative Justice*. London: Routledge.

Cullen, F. T., & Gilbert, K. E. 1982. *Reaffirming Rehabilitation*. Cincinnati: Anderson.

Dagger, R. 1991. "Restitution: Pure to Punitive?" *Criminal Justice Ethics* 10: 29–39.

———. 1993. "Playing Fair with Punishment." *Ethics* 103: 473–88.

Daly, K., & Immarigeon, R. 1998. "The Past, Present, and Future of Restorative Justice." *Contemporary Justice Review* 1: 21–45.

Dare, T. 1992. "Retributivism, Punishment and Public Values." In *Retributivism and Its Critics*, edited by W. Cragg. Stuttgart: Franz Steiner, 35–41.

Davis, L. H. 1972. "They Deserve to Suffer." *Analysis* 32: 136–40.

Davis, M. 1989. "The Relative independence of Punishment Theory." *Law and Philosophy* 7: 321–50.

——. 1992. *To Make the Punishment Fit the Crime*. Boulder, Colo.: Westview Press.

——. 1996. *Justice in the Shadow of Death: Rethinking Capital and Lesser Punishments*.

Lanham: Rowman & Littlefield.

Dean-Myrda, M. C., & Cullen, F. T. 1998. "The Panacea Pendulum: An Account of Community as a Response to the Crime." In *Community Corrections*, edited by J. Petersilia. New York: Oxford Unviersity Press, 3-18.

de Haan, W. 1990. *The Politics of Redress: Crime, Punishment and Penal Abolition*. London: Unwin Hyman.

Deigh, J. 1984. "On the Right to be Punished: Some Doubts." *Ethics* 94: 191-211.

Delgado, R. 1985. "Rotten Social Background: Should the Criminal Law Recognize a Defense of Severe Environmental Deprivation?" *Law and Inequality* 3: 9-90.

Dennett, D. C., ed. 1987. *The Philosophical Lexicon*. 8th ed. Oxford: Blackwell.

Diamond, C. 1978. "Eating Meat and Eating People." *Philosophy* 53: 465-79.

Diana, L. 1970. "What Is Probation?" In *Probation and Parole*, edited by R. M. Carter & L. T. Wilkins. New York: John Wiley, 39-55.

Dignan, J. 1994. "Reintegration through Reparation: A Way Forward for Restorative Justice?" In *Penal Theory and Practice*, edited by R. A. Duff, S. E. Marshall, R. E. Dobash & R. P. Dobash. Manchester: Manchester University Press, 231-44.

——. 1999. "The Crime and Disorder Act and the Prospects for Restorative Justice." *Criminal Law Review*, 48-60.

Dimock, S. 1997. "Retributivism and Trust." *Law and Philosophy* 16: 37-62.

Dobash, R. E., & Dobash, R. P. 1992. *Women, Violence and Social Change*. London: Routledge.

Dolinko, D. 1991. "Some Thoughts about Retributivism." *Ethics* 101: 537-59.

Dressler, J. 1988. "Reflections on Excusing Wrongdoers: Moral Theory, New Excuses, and the Model Penal Code." *Rutgers Law Journal* 19: 671-716.

——. 1989. "Exgesis of the Law of Duress: Justifying the Excuse and Searching for Its Proper Limits." *Southern California Law Review* 62: 1331-86.

Dubber, M. 1994. "Rediscovering Hegel's Theory of Crime and Punishment." *Michigan Law Review* 92: 1577-621.

——. 1995. "Recidivist Statutes as Arational Punishment." *Buffalo Law Review* 43:

689–724.

———. 1996. "The Pain of Punishment." *Buffalo Law Review* 44: 545–611.

———. 1997. "American Plea Bargains, German Lay Judges, and the Crisis of Criminal Procedure." *Stanford Law Review* 16: 113–62.

Duff. R. A. 1986. *Trials and Punishments*. Cambridge: Cambridge University Press.

———. 1988. "A Reply to Bickenbach." *Canadian Journal of Philosophy* 18: 787–93.

———. 1990a. "Auctions, Lotteries, and Punishment of Attempts." *Law and Philosophy* 9: 1–37.

———. 1990b. "Justice, Mercy, and Forgiveness." *Criminal Justice Ethics* 9: 51–63.

———. 1990c. *Intention, Agency and Criminal Liability*. Oxford: Blackwell.

———. 1991. "Retributive Punishment: Ideals and Actualities." *Israel Law Review* 25: 422–51.

———. 1993. "Choice, Character, and Criminal Liability." *Law and Philosophy* 12: 345–83.

———. 1996a. "Penal Communications: Recent Work in the Philosophy of Punishment." In *Crime and Justice: A Review of Research*, vol. 20, edited by M. Tonry. Chicago: University of Chicago Press, 1–97.

———. 1996b. *Criminal Attempts*. Oxford: Oxford University Press.

———. 1998a. "Dangerousness and Citizenship." In *Fundamentals of Sentencing Theory*, edited by A. J. Ashworth & M. Wasik. Oxford: Oxford University Press, 141–63.

———. 1998b. "Inclusion and Exclusion: Citizens, Subjects and Outlaws." *Current Legal Problems* 51: 241–66.

———. 1998c. "Principle and Contradiction in the Criminal Law: Motives and Criminal Liability." In *Philosophy and the Criminal Law: Principle and Critique*, edited by R. A. Duff. Cambridge: Cambridge University Press, 156–204.

———. 1998d. "Law, Language and Community: Some Preconditions of Criminal Liability." *Oxford Journal of Legal Studies* 18: 189–206.

———. 1999. "Punishment, Communication, and Community," In *Punishment and Political Theory*, edited by M. Matravers. Oxford: Hart Publishing, 48–68.

Dworkin, G. 1988. *The Theory and Practice of Autonomy*. Cambridge University Press.

Dworkin, R. 1978. *Taking Rights Seriously*. 2nd imp. London: Duckworth.

———. 1986. *Law's Empire*. London: Frontana.

———. 1989. "Liberal Community." *California Law Review* 77: 479–504.

Erez, E. 1994. "Victim Participation in Sentencing: And the Debate Goes on ..." *International Review of Victimology* 3: 17-32.

Falls, M. M. 1987, "Retribution, Reciprocity, and Respect for Persons." *Law and Philosophy* 6: 25-51.

Farmer, L. 1997. *Criminal Law, Tradition and Legal Order*. Cambridge: Cambridge University Press.

Farrell, D. M. 1985. "The Justification of General Deterrence." *Philosophical Review* 94: 367-94.

——. 1995. "Deterrence and the Just Distribution of Harm." *Social Philosophy and Policy* 12: 220-240.

Faulkner, D., & Gibbs, A, eds. 1998. *New Politics, New Probation?* Oxford: University of Oxford Centre for Criminological Research.

Feeley, M. 1979. *The Process Is the Punishment*. New York: Russell Sage Foundation.

Feinberg, J. 1970. "The Expressive Function of Punishment." In *Doing and Deserving*, Princeton, N. J. : Princeton University Press, 95-118. Reprinted in *A Reader on Punishment*, edited by R. A. Duff & D. Garland. Oxford: Oxford University Press, 1994.

——. 1984-88. *The Moral Limits of the Criminal Law*. 4 vols. New York: Oxford University Press.

——1988. Harmless Wrongdoing. vol. 4 of *The Moral Limits of the Criminal Law*. New York: Oxford University Press.

Fingarette, H. 1977. "Punishment and Suffering." *Proceedings of the American Philosophical Association* 51: 499-525.

Finnis, J. M. 1972. "The Restoration of Retribution." *Analysis* 32: 131-35.

——. 1987. "On 'The Critical Legal Studies Movement.' " In *Oxford Essays in Jurisprudence*, 3rd series, edited by J. Eekelaar & J. Bell. Oxford: Oxford University Press, 145-65.

Fletcher, G. 1978. *Rethinking Criminal Law*. Boston: Little, Brown.

——. 1982. "The Recidivist Premium." *Criminal Justice Ethics* 1: 54-59.

——. 1986. "Constructing a Theory of Impossible Attempts." *In Crime, Justice, and Codification*, edited by P. Fitzgerald. Toronto: Carswell, 87-113.

Flew, A. G. N. 1954. "The Justification of Punishment." *Philosophy* 29: 291-307.

Floud, J. E., & Young, W. 1981. *Dangerousness and Criminal Justice*. London: Heinemann.

Frase, R. S. 1997. "Sentencing Principles in Theory and Practice." In *Crime and Justice: A Review of Research*, vol. 22, edited by M. Tonry. Chicago: University of Chicago Press, 363–433.

Gaita, R. 1991. *Good and Evil: An Absolute Conception*. London: Macmillan.

Galligan, D. J. 1981. "The Return to Retribution in Penal Theory." In *Crime, Proof and Punishment*, edited by C. F. H. Tapper. London: Butterworths, 144–71.

———. 1987. "Regulating Pre-Trial Decisions." In *Criminal Law and Justice*, edited by I. H. Dennis. London: Sweet & Maxwell, 177–202.

Gardner, J. 1994. "Rationality and the Rule of Law in Offences against the Person." *Cambridge Law Journal* 53: 502–23.

———. 1998a. "On the General Part of the Criminal Law." In *Philosophy and the Criminal Law: Principle and Critique*, edited by R. A. Duff. Cambridge: Cambridge University Press, 205–55.

———. 1998b. "Crime: In Proportion and in Perspective." In *Fundamentals of Sentencing Theory*, edited by A. J. Ashworth & M. Wasik. Oxford: Oxford University Press, 31–52.

Gardner, M. 1976. "The Renaissance of Retribution: An Examination of 'Doing Justice'." *Wisconsin Law Review*: 781–815.

Garland, D. 1985. *Punishment and Welfare*. Aldershot: Gower.

———. 1990. *Punishment and Modern Society*. Oxford: Oxford University Press.

Garvey, S. P. 1998. "Can Shaming Punishments Educate?" *University of Chicago Law Review* 65: 733–94.

Gauthier, D. 1986. *Morals by Agreement*. Oxford: Oxford University Press.

George, R. P. 1993. *Making Men Moral: Civil Liberties and Public Morality*. Oxford: Oxford University Press.

Gibbard, A. 1990. *Wise Choices, Apt Feelings*. Oxford: Oxford University Press.

Glazebrook, P. R. 1978. "Situational Liability." In *Reshaping the Criminal Law*, edited by P. R. Glazebrook. London: Stevens, 108–19.

Golash, D. 1994. "The Retributive Paradox." *Analysis* 54: 72–78.

Goldman, A. H. 1979. "The Paradox of Punishment." *Philosophy and Public Affairs*

9: 42-58.

———. 1982. "Toward a New Theory of Punishment." *Law and Philosophy* 1: 57-76.

Goodin, R. E. 1991. "Theories of Compensation." In *Liability and Responsibility*, edited by R. Frey & C. Morris. Cambridge University Press. 257-89.

Gordon, G. H. 1978. *The Criminal Law Scotland*. 2nd ed. Edinburgh: W. Green.

Greene, J. 1998. "The Unit Fine: Monetary Sanctions Apportioned to Income." In *Principled Sentencing*, 2nd ed., edited by A. von Hirsch & A. J. Ashworth. Oxford: Hart Publishing, 268-72.

Greenwood, P. W., & Abrahamse, A. 1982. *Selective Incapacitation*. Santa Monica, Calif.: Rand Corporation.

Gur-Arye, M. 1991. "The Justification of Punishment: A Comment on Retribution and Deterrence." *Israel Law Review* 25: 452-59.

Hajdin, M. 1987. "Criminals as Gamblers: A Modified Theory of Pure Restitution." *Dialogue* 26: 77-86.

Hampton, J. 1984. "The Moral Education Theory of Punishment." *Philosophy and Public Affairs* 13: 208-38.

———. 1991. "A New Theory of Retribution." In *Liability and Responsibility*, edited by R. G. Frey and C. W. Morris. Cambridge University Press, 377-414.

———. 1992a. "An Expressive Theory of Retribution." In *Retributivism and Its Critics*, edited by W. Cragg. Stuttgart: Franz Steiner, 1-25.

———. 1992b. "Correcting Harms versus Righting Wrongs: The Goal of Retribution." *UCLA Law Review* 39: 201-44.

Harding, J., ed. 1987. *Probation and the Community*. London: Tavistock.

Hare, R. M. 1981. *Moral Thinking: Its Levels, Methods and Point*. Oxford: Oxford University Press.

Harrison, R. 1988. "Punishment No Crime." *Proceedings of the Aristotelian Society* 62 (suppl.): 139-51.

Hart, H. L. A. 1963. *Law, Liberty and Morality*. New York: Random House.

———. 1968. *Punishment and Responsibility*. Oxford: Oxford University Press.

———. 1994. *The Concept of Law*, 2nd ed. Oxford: Oxford University Press.

Hegel, G. W. F. [1821] 1942. *The Philosophy of Right*, translated by T. Konx. Oxford: Oxford University Press.

Hillsman, S. T. 1990. "Fines and Day Fines." In *Crime and Justice: A Review of Research*, vol. 12, edited by M. Tonry. Chicago: University of Chicago Press, 49–98.

Holmgren, M. H. 1983. "Punishment as Restitution: The Rights of the Community." *Criminal Justice Ethics* 2: 36–49.

——. 1989. "The Backward Looking Component of Weak Retributivism." *Journal of Value Inquiry* 23: 135–46.

Home Office. 1988. *Punishment, Custody and the Community* (Cm. 424). London: HMSO.

——. 1998. *Criminal Statistics, England and Wales*, 1997. London: HMSO.

Honderich, T. 1984a. *Punishment: The Supposed Justifications*. Rev. ed. Harmondsworth: Penguin Books.

——. 1984b. "Culpability and Mystery." In *Philosophy and the Criminal Law*, edited by R. A. Duff and N. E. Simmonds, Stuttgart: Franz Steiner, 71–77.

Hood, R. 1998. *The Death Penalty: A World-Wide Perspective*. 2nd rev. ed. Oxford: Oxford University Press.

Horder, J. 1992. *Provocation and Responsibility*. Oxford: Oxford University Press.

——. 1994. "Rethinking Non-Fatal Offences against the Person." *Oxford Journal of Legal Studies* 14: 335–51.

Horton, J. 1992. *Political Obligation*. London: Macmillan.

Hudson, B. 1987. *Justice through Punishment: A Critique of the "Justice" Model of Corrections*. London: Macmillan.

——. 1993. *Penal Policy and Social Justice*. London: Macmillan.

——. 1994. "Punishing the Poor: A Critique of the Dominance of Legal Reasoning in Penal Policy and Practice." In *Penal Theory and Practice*, edited by R. A. Duff. S. E.
  Marshall, R. E. Dobash & R. P. Dobash Manchester: Manchester University Press, 292–305.

——. 1995. "Beyond Proportionate Punishment: Difficult Cases and the 1991 Criminal Justice Act." *Crime, Law & Social Change* 22: 59–78.

Hulsman, L. 1981. "Penal Reform in the Netherlands I." *Howard Journal* 20: 150–59.

——. 1982. "Penal Reform in the Netherlands II." *Howard Journal* 21: 35–47.

——. 1986. "Critical Criminology and the Concept of Crime." *Contemporary Crises*

10: 63-80.

——. 1991. "The Abolitionist Case: Alternative Crime Policies." *Israel Law Review* 25: 681-709.

Husak, D. 1990. "'Already Punished Enough.'" *Philosophical Topics* 18: 79-99.

——. 1992a. *Drugs and Rights*. New York: Cambridge University Press.

——. 1992b. "Why Punish the Deserving?" *Nous* 26: 447-64.

——. 1995. "The Nature and Justifiability of Nonconsummate Offences." *Arizona Law Review* 37: 151-83.

——. 1998. "Does Criminal Liability Require an Act?" In *Philosophy and the Criminal Law: Principle and Critique*, edited by R. A. Duff. Cambridge: Cambridge University Press, 60-100.

Ignatieff, M. 1978. *A Just Measure of Pain*. New York: Random House.

Kahan, D. M. 1996. "What Do Alternative Sanctions Mean?" *University of Chicago Law Review* 63: 591-653.

——. 1998. "Punishment Incommensurability." *Buffalo Criminal Law Review* 1: 691-708.

Kant, I. [1785] 1948. *Groundwork of the Metaphysic of Morals*, translated by H. Paton as *The Moral Law*. London: Hutchinson.

——. [1797] 1965. *The Metaphysical Elements of Justice*. Part I of *The Metaphysic of Morals*, translated by J. Ladd. Indianapolis: Bobbs-Merrill.

Kelman, M. 1981. "Interpretive Construction in the substantive Criminal Law." *Stanford Law Review* 33: 591-673.

King, J. F. S., ed. 1969. *The Probation and After-Care Service*. 3rd ed. London: Butterworths.

Kleinberg, S. S. 1980. "Criminal Justice and Private Enterprise." *Ethics* 90: 270-82.

Kleinberg, J. 1991. "Punishment and Moral Seriousness." *Israel Law Review* 25: 401-21.

Knowles, D. 1993. "Unjustified Retribution." *Israel Law Review* 27: 50-58.

Kymlicka, W. 1989. *Liberalism, Community, and Culture*. Oxford: Oxford Unviersity Press.

Lacey, N. 1988. *State Punishment: Political Principles and Community Values*. London: Routledge.

Lacey, N., & Zedner, L. 1995. "Discourses of Community in Criminal Justice." *Journal of Law and Society* 22: 301-25.

LaFave, W. R. , & Scott, A. W. 1986. *Criminal Law*. 2nd ed. St Paul: West.

Lewis, C. S. 1940. *The Problem of Pain*. Glasgow: Collins.

——. 1953. "The Humanitarian Theory of Punishment. " *Res Judicatae* 6. Reprinted in *Readings in Ethical Theory*, 2nd ed. , edited by W. Sellars and J. Hospers. New York: Appleton-Century-Crofts, 1970.

Lipkin, R. J. 1988. "Punishment , Penance and Respect for Autonomy. " *Social Theory and Practice* 14: 87-104.

Lucas, J. R. 1968-69. "Or Else. " *Proceedings of the Aristotelian Society* 69: 207-22.

——. 1980. *On Justice*. Oxford: Oxford University Press.

——. 1993. *Responsibility*. Oxford: Oxford University Press.

MacCormick, D. N. 1982. "Against Moral Disestablishment. " In *Legal Right and Social Democracy*. Oxford: Oxford University Press, 18-38.

——. 1990. " Reconstruction after Deconstruction: A Response to CLS. " *Oxford Journal of Legal Studies* 10: 539-58.

MacIntyre, A. 1985. *After Virtue*. 2nd ed. London: Duckworth.

Mackenzie, M. M. 1981. *Plato on Punishment*. Berkeley: Unviersity of California Press.

Mackie, J. L. 1985 " Morality and the Retributive Emotions. " In *Persons and Values*. Oxford: Oxford University Press, 206-19.

Marshall, S. E. 1992. "Harm and Punishment in the Community. " In *Retributivism and Its Critics*, edited by W. Cragg. Stuttgart: Franz Steiner, 75-82.

——. 1998. "The Community of Friends. " In *Communitarianism and Citizenship*, edited by E. Christodoulidis. Aldershot: Ashgate, 208-19.

Marshall, S. E. , & Duff, R. A. 1982. "Camus and Rebellion, from Solipsism to Morality. " *Philosophical Investigations* 5: 116-134.

——. 1998. "Criminalization and Sharing Wrongs. " *Canadian Journal of Law & Jurisprudence* 11: 7-22.

Marshall, T. F. 1994. " Grassroots Initiatives Towards Restorative Justice: The New Paradigm?" In *Penal Theory and Practice*, edited by R. A. Duff, S. E. Marshall, R. E. Dobash & R. P. Dobash. Manchester University Press, 245-60.

Marshall, T. F. , & Merry, S. 1990. *Crime and Accountability: Victim/Offender Mediation in Practice*. London: HMSO.

Mason, A. 1993. "Liberalism and the Value of Community. " *Canadian Journal of*

Philosophy 23: 215-39.

Mathiesen, T. 1974. *The Politics of Abolition*. London: Martin Robertson.

——. 1986. "The Politics and Abolition." *Contemporary Crises* 10: 81-94.

——. 1990. *Prison on Trial*. London: Sage.

Matravers, M. 2000. *Justice and Punishment*. Oxford: Oxford University Press.

Matthews, R., ed. 1988. *Informal Justice*. London: Sage.

McCloskey, H. J. 1972. " 'Two Concepts of Rules': A Note." *Philosophical Quarterly* 22: 344-48.

McIvor, G. 1994. "Community Service: Progress and Prospects." In *Penal Theory and Practice*, edited by R. A. Duff, S. E. Marshall, R. E. Dobash & R. P. Dobash. Manchester: Manchester University Press, 171-84.

McWilliams, W. 1983. "The Mission to the English Police Courts 1876-1936." *Howard Journal* 22: 129-47.

——. 1985. "The Mission Transformed: Professionalisation of Probation between the Wars." *Howard Journal* 24: 257-74.

——. 1986. "The English Probation System and the Diagnostic Ideal." *Howard Journal* 25: 241-60.

——. 1987. "Probation, Pragmatism and Policy." *Howard Journal* 26: 97-121.

McWilliams, W., & Pease, K. 1990. "Probation Practice and an End to Punishment." *Howard Journal* 29: 14-24.

Melden, A. I. 1959, *Rights and Right Conduct*. Oxford: Blackwell.

——. 1977. *Rights and Persons*. Oxford: Blackwell.

Menninger, K. 1968. *The Crime of Punishment*. New York: Viking Press.

Michael, M. A. 1992. "Utilitarianism and Retributivism: What's the Difference?" *American Philosophical Quarterly* 29: 173-82.

Mill, J. S. 1859. *On Liberty*. London: Parker.

Montague, P. 1995. *Punishment as Societal Defense*. Lanham: Rowman & Littlefield.

Moore, M. S. 1987. "The Moral Worth of Retribution." In *Responsibility, Character and the Emotions*, edited by F. Schoeman. Cambridge: Cambridge University Press, 179-219.

——. 1993. "Justifying Retribution." *Israel Law Review* 27: 15-49.

——. 1997. *Placing Blame: A Theory of Criminal Law*. Oxford: Oxford University

Press.

Morison, J. 1988. "Hart's Excuses: Problems with a Compromise Theory of Punishment." In *The Jurisprudence of Orthodoxy*, edited by P. Leith and P. Ingram. London: Routledge, 117-46.

Morran, D. & Wilson, M. 1994. "Confronting Domestic Violence: An Innovative Criminal Justice Response in Scotland." In *Penal Theory and Practice*, edited by R. A. Duff, S. E. Marshall. R. E. Dobash & R. P. Dobash. Manchester: Manchester University Press, 216-27.

Morris, C. W. 1991. "Punishment and Loss of Moral Standing." *Canadian Journal of Philosophy* 21: 53-79.

Morris, H. 1968. "Persons and Punishment." *The Monist* 52: 475-501.

——. 1981. "A Paternalistic Theory of Punishment." *American Philosophical Quarterly* 18: 263-71. Reprinted in *A Reader on Punishment*, edited by R. A. Duff & D. Garland. Oxford: Oxford University Press, 1994.

Morris, N. 1974. *The Future of Imprisonment*. Chicago: University of Chicago Press.

Morris, N., & Tonry, M. 1990. *Between Prison and Probation: Intermediate Punishments in a Rational Sentencing System*. New York: Oxford University Press.

Morse, S. J. 1976. "The Twilight of Welfare Criminology: A Reply to Judge Bazelon." *Southern California Law Review* 49: 1247-68.

Mulhall, S., & Swift, A. 1992. *Liberals and Communitarians*. Oxford: Blackwell.

Murdoch, I. 1970. *The Sovereignty of Good*. London: Routledge.

Murphy, J. G. 1979a. "Three Mistakes about Retributivism." In *Retribution, Justice, and Therapy*. Dordrecht: Reidel, 77-81.

——. 1979b. "Kant's Theory of Criminal Punishment." In *Retribution, Justice, and Therapy*. Dordrecht: Reidel, 82-92.

——. 1979c. "Marxism and Retribution." In *Retribution, Justice, and Therapy*. Dordrecht: Reidel, 93-115. Reprinted in *A Reader on Punishment*, edited by R. A. Duff & D. Garland. Oxford: Oxford University Press, 1994.

——. 1979d. "Cruel and Unusual Punishments." In *Retribution, Justice, and Therapy*. Dordrecht: Reidel, 223-49.

——. 1985. "Retributivism, Moral Education and the Liberal State." *Criminal Justice Ethics* 4: 3-11.

——. 1997. "Repentance, Punishment, and Mercy." In *Repentance: A Comparative Perspective*, edited by A. Etzioni & D. E. Carney. Totowa, N. J.: Rowman & Littlefield, 143-70.

——. 1999. "Moral Epistemology, the Retributive Emotions, and the 'Clumsy Moral Philosophy' of Jesus Christ." In *the Passions of Law*, edited by S. A. Bandes. New York: NYU Press, 149-67.

Murphy, J. G., & Hampton, J. 1988. *Forgiveness and Mercy*. Cambridge: Cambridge University Press.

Nagel, T. 1979a. "War and Massacre." In *Moral Questions*. Cambridge: Cambridge University Press, 53-76.

——. 1979b. "The Fragmentation of Value." In *Moral Questions*. Cambridge: Cambridge University Press, 128-41.

Narayan, U. 1993. "Appropriate Responses and Preventive Benefits: Justifying Censure and Hard Treatment in Legal Punishment." *Oxford Journal of Legal Studies* 13: 166-82.

Nathanson, S. 1987. *An Eye for an Eye? The Morality of Punishing by Death*. Totowa, N. J.: Rowman & Littlefield.

Nelken, D. 1985. "Community Involvement in Crime Control." *Current Legal Problems* 38: 239-67.

Nino, C. S. 1983. "A Consensual Theory of Punishment." *Philosophy and Public Affairs* 15: 183-87.

Norrie, A. W. 1991. *Law, Ideology and Punishment*. Dordrecht: Kluwer.

——. 1993. *Crime, Reason and History*. London: Weidenfeld & Nicolson.

——. 1998. "'Simulacra of Morality'? Beyond the Ideal/Actual Antinomies of Criminal Justice." In *Philosophy and the Criminal Law: Principle and Critique*, edited by R. A. Duff. Cambridge: Cambridge University Press, 101-55.

Nowell-Smith, P. H. 1961. *Ethics*. Harmondsworth: Penguin.

Nozick, R. 1974. *Anarchy, State, and Utopia*. Oxford: Blackwell.

——. 1981. *Philosophical Explanations*. Oxford: Oxford University Press.

Oldenquist, A. 1988. "A Explanation of Retribution." *Journal of philosophy* 85: 464-78.

Orwell, G. 1965. "A Hanging." In *Decline of the English Murder and Other Essays*. Harmondsworth: Penguin Books, 14-19.

Otsuka, M. 1996. "Quinn on Punishment and Using Persons as Means." *Law and Philosophy* 15: 201–8.

Palmer, T, 1994. *A Profile of Correctional Effectiveness and New Directions for Research*. Albany: SUNY Press.

Parfit, D. 1984. *Reasons and Persons*. Oxford: Oxford University Press.

Pease, K. 1985. "Community Service Orders." *Crime and Justice* 6: 51–94.

Pease, K., & McWilliams, W., eds. 1980. *Community Service by Order*. Aberdeen: Scottish Academic Press.

Petersilia, J., ed. 1998. *Community Corrections*. New York: Oxford University Press.

Pettit, P. 1989. "The Freedom of the City: A Republican Ideal." In *the Good Policy*, edited by A. Hamlin & P. Pettit. Oxford: Blackwell, 141–68.

——. 1997. "Republican Theory and Criminal Punishment." *Utilitas* 9: 59–79.

Pettit, P., & Braithwaite, J. 1993. "Not Just Deserts, Even in Sentencing." *Current Issues in Criminal Justice* 4: 225–39.

Philips, M. 1986. "The Justification of Punishment and the Justification of Political Authority." *Law and Philosophy* 5: 393–416.

Phillips, D. Z. 1982. "Some Limits to Moral Endeavour." In *Through a Darkening Glass*. Oxford: Blackwell, 30–50.

Pilon, R. 1978. "Criminal Remedies: Restitution, Punishment, or Both?" *Ethics* 88: 348–57.

Postema, G. J. 1986. *Bentham and the Common Law Tradition*. Oxford: Oxford University Press.

Primorata, I. 1989a. *Justifying Legal Punishment*. Atlantic Highlands, N. J.: Humanities Press.

——. 1989b. "Punishment as Language." *Philosophy* 64: 187–205.

Quinn, W. 1985. "The Right to Threaten and the Right to Punish." *Philosophy and Public Affairs* 14: 327–73.

——. 1988. "Reply to Brook." *Philosophy and Public Affairs* 17: 240–47.

Quinton, A. 1953–54. "Punishment." *Analysis* 14: 133–42.

Radzinowicz, L., & Hood, R. 1981. "The American Volte-Face in Sentencing Thought and Practice." In *Crime, Proof and Punishment*, edited by C. F. H. Tapper. London: Butterworths, 127–43.

Rawls, J. 1955. "Two Concepts of Rules." *The Philosophical Review* 64: 3-32.

———. 1972. *A Theory of Justice*. Oxford: Oxford University Press.

———. 1985. "Justice as Fairness: Political Not Metaphysical." *Philosophy and Public Affairs* 14: 223-51.

———. 1993. *Political Liberalism*. New York: Columbia university Press.

Raynor, P. 1985. *Social Work, Justice and Control*. Oxford: Blackwell.

Raz, J. 1979. *The Authority of Law*. Oxford: Oxford University Press.

———. 1986. *The Morality of Freedom*. Oxford: Oxford University Press.

———. 1994. *Ethics in the Public Domain*. Oxford: Oxford University Press.

Reitan, E. 1996. "Punishment and Community: The Reintegrative Theory of Punishment." *Canadian Journal of Philosophy* 26: 57-81.

Rex, S. 1998. "A New Form of Rehabilitation." In *Principled Sentencing*, 2nd ed., edited by A. von Hirsch & Ashworth. Oxford: Hart Publishing, 34-41.

Roberts, J. 1989. *The Guardian*, October 13, 4.

Roberts, J. V. 1997. "The Role of Criminal Record in the Sentencing Process." In *Crime and Justice: A Review of Research*, vol. 22, edited by M. Tonry. Chicago: University of Chicago Press, 303-62.

Robinson, P. 1987a. "Hybrid Principles for the Distribution of Criminal Sanctions." *Northwestern University Law Review* 82: 19-42.

———. 1987b. "A Sentencing System for the Twenty-first Century?" *Texas Law Review* 66: 1-61.

———. 1990. "Rules of Conduct and Principles of Adjudication." *University of Chicago Law Review* 57: 729-71.

Rosenblum, N. L., ed. 1989. *Liberalism and the Moral Life*. Cambridge, Mass.: Harvard University Press.

Rotman, E. 1990. *Beyond Punishment: A New View of the Rehabilitaiton of Offenders*. New York: Greenwood Press.

Sadyrski, W. 1985. "Distributive Justice and the Theory of Punishment." *Oxford Hournal of Legal Studies* 5: 47-59.

———. 1989. "Theory of Punishment, Social Justice, and Liberal Neutrality." *Law and Philosophy* 7: 351-73.

Sandel, M. 1982. *Liberalism and the Limits of Justice*. Cambridge: Cambridge University

Press.

Sanders, A., and Yong, R. 1994. *Criminal Justice*. London: Butterworths.

Schedler, G. 1980. "Can Retributivists Support Punishment?" *The Monist* 63: 185-98.

Scheerer, S. 1986. "Towards Abolitionism." *Contemporary Crises* 10: 5-20.

Scheid, D. E. 1980. "Note on Defining 'Punishment'." *Canadian Journal of Philosophy* 10: 453-62.

——. 1990, "Davis and Unfair-Advantage Theory of Punishment: A Critique." *Philosophical Topics* 18: 143-70.

——. 1995. "Davis, Unfair Advantage Theory, and Criminal Desert." *Law and Philosophy* 14: 375-409.

——. 1997. "Constructing a Theory of Punishment, Desert, and the Distribution of Punishments." *Canadian Journal of Law and Jurisprudence* 10: 441-506.

Schoeman, F. D. 1979. "On Incapacitating the Dangerous." *American Philosophical Quarterly* 16: 27-35.

Schünemann, B., von Hirsch, A., and Jareborg, N., eds. 1998. *Positive General prävention*. Heidelberg: C. F. Müller.

Scourfield, J., & Dobash, R. P. 1999. "Programmes for Violent Men: Recent Developments in the UK." *Howard Journal of Criminal Justice* 38: 128-43.

Scull, A. 1984. *Decarceration*. 2nd, ed. Cambridge: Polity Press.

Selznick, P. 1992. *The Moral Commonwealth: Social Theory and the Promise of Community*. Berkeley: University of California Press.

Shafer-Landau, R. 1991. "Can Punishment Morally Educate?" *Law and Philosophy* 10: 189-219.

——. 1996. "The Failure of Retributivism." *Philosophical Studies* 82: 289-316.

Sher, G. 1987. *Desert*. Priceton: Princeton University Press.

——. 1997. *Beyond Neutrality*. Cambridge: Cambridge University Press.

Sim, J. 1994. "The Abolitionist Approach: A British Perspective." In *Penal Theory and Practice*, edited by R. A. Duff, S. E. Marshall, R. E. Dobash & R. P. Dobash. Manchester: Manchester University Press, 263-84.

Simmons, A. J. 1996. "Associative Political Obligations." *Ethics* 106: 247-73.

Skillen, A. J. 1980. "How to Say Things with Walls." *Philosophy* 55: 509-23.

Slattery, B. 1992. "The Myth of Retributive Justice." In *Retributivism and Its Critics*, edited by W. Cragg. Stuttgart: Franz Steiner, 27-34.

Slote, M. 1989. *Beyond Optimizing: A Study of Rational Choice*. Cambridge, Mass. : Harvard University Press.

Smart, J. J. C. 1973. "An Outline of a System of Utilitarian Ethics." In *Utilitarianism: For and Against*, by J. J. C. Smart & B. Williams. Cambridge: Cambridge University Press, 1-74.

Smith, J. C. , & Hogan, B. 1996. *Criminal Law*. 8th ed, London: Butterworths.

Sowle, S. D. 1994-95. "A Regime of Social Death: Criminal Punishment in the Age of Prisons." *New York University Review of Law and Social Change* 21: 497-565.

Sprigge, T. L. S. 1968. "A Utilitarian Reply to Dr McCloskey." In *Contemporary Utilitarianism*, edited by M. D. Bayles. Garden City, N. Y. : Doubleday, 261-99.

Steinert, H. 1986. "Beyond Crime and Punishment." *Contemporary Crises* 10: 21-38.

Stephen, J. F. [1873] 1967. *Liberty, Equality, Fraternity*, edited by J White. Cambridge: Cambridge University Press.

Stocker, M. 1990. *Plural and Conflicting Values*. Oxford: Oxford University Press.

Sypnowich, C. Forthcoming. "The Civility of Law: Between Public and Private." In *Public and Private: Legal, Political, and Philosophical Perspectives*, edited by M. d' Entrèves & U. Vogel. London: Routledge.

Taylor, C. 1989. "Cross-Purposes: The Liberal-Communication Debate." In *Liberalism and the Moral Life*, edited by N. Rosenblum. Cambridge, Mass. : Harvard University Press, 159-82.

——. 1990. *Sources of the Self*. Cambridge: Cambridge University Press.

Teichman, J. 1973. "Punishment and Remorse." *Philosophy* 48: 335-46.

Ten, C. L. 1987. *Crime, Guilt , and Punishment*. Oxford: Oxford University Press.

——. 1990. "Positive Retributivism." *Social Philosophy and Policy* 7: 194-208.

Tolstoy, L. [1886] 1960. "The Death of Ivan Ilych." Translated by A. Maude. In Tolstoy, *The Death of Ivan and other Stories*, edited by D. Magarshack. New York: New American Library, 95-156.

Tonry, M. 1994. "Proportionality, Parsimony, and Interchangeability of Punishment." In *Penal Theory and Practice*, edited by R. A. Duff, S. E. Marshall, R. E. Dobash & R. P. Dobash. Manchester: Manchester University Press, 59 - 83. Reprinted in *A Reader on Punishment*, edited by R. A. Duff & D. Garland. Oxford: Oxford University

Press, 1994.

——. 1996. *Sentencing Matters*. New York: Oxford University Press.

——. 1997. *Intermediate Sanctions in Sentencing Guidelines*. U. S. National Institute of Justice.

——. 1998. "Interchangeability, Desert Limits and Equivalence of Function." In *Principled Sentencing*, edited by A. von Hirsch & A. J. Ashworth. Oxford: Hart Publishing, 291-96.

Tonry, M., & Morris, N. 1978. "Sentencing Reform in America." In *Reshaping the Criminal Law*, edited by P. R. Glazebrook. London: Stevens, 434-48.

Travis, C. 1989. *The Uses of Sense*. Oxford: Oxford University Press.

Trollope, A. 1864. *The Small House Allington*. London: Smith, Elder.

Twentieth Century Fund (Task Force on Criminal Sentencing). 1976. *Fair and Certain Punishment*. New York: McGraw-Hill.

U. S. Bureau of Justice Statistics. 1998. *Sourcebook of Criminal Justice Statistics 1997*. Washington, D. C.: U. S. Government Printing Office.

von Hirsch, A. 1976. *Doing Justice: The Choice of Punishment*. New York: Hill and Wang.

——. 1985. *Past or Future Crimes*. Manchester. Manchester University Press.

——. 1990. "Proportionality in the Philosophy of Punishment: From 'Why Punish?' to 'How Much?'" *Criminal Law Forum* 1: 259-90.

——. 1991. "Criminal Record Rides Again." *Criminal Justice Ethics* 10: 55-57.

——. 1992. "Proportionality in the Philosophy of Punishment." In *Crime and Justice: A Review of Research*, vol. 16, edited by M. Tonry. Chicago: University of Chicago Press, 55-98.

——. 1993. *Censure and Sanctions*. Oxford: Oxford University Press.

——. 1998a. "Desert and Previous Convictions." In von Hirsch & Aschworth 1998, 190-97.

——. 1998b. "The Swedish Sentencing Law." In von Hirsch & Aschworth 1998, 240-52.

——. 1999. "Punishment, Penance and the State." In *Punishment and Political Theory*, edited by M. Matravers. Oxford: Hart Publishing, 69-82.

von Hirsch, A., & Ash worth, A. J. 1992. "Not Not Just Deserts: A Response to Braithaite and Dettit." *Oxford Journal of Legal studies* 12: 83-98. 1

——. 1993. "Desert and the Three Rs." *Current Issues in Criminal Justice* 5: 9-12.

——. eds. 1998. *Principled Sentencing*. 2nd ed. Oxford: Hart Publishing.

von Hirsch, A., Bottoms, A. E., Burney, E., Wikström, P-O. 1999. *Criminal Deterrence and Sentence Severity*. Oxford: Hart Publishing.

von Hirsch, A., & Jareborg, N. 1991. "Gauging Criminal Harm: A living Standard Analysis." *Oxford Journal of Legal Studies* 11: 1-38.

von Hirsch, A., & Wasik, M. 1997. "Civil Disqualifications Attending Conviction." *Cambridge Law Journal* 56: 599-626.

von Hirsch, A., Wasik, M., & Greene, J. 1989. "Punishment in the Community and the Principles of Desert." *Rutgers Law Journal* 20: 595-618.

Waldron, J. 1988. "When Justice Replaces Affection: The Need for Rights." *Harvard Journal of Law and Public Policy* 11: 625-47.

——. 1992. "Lex Talionis." *Arizona Law Review* 34: 25-51.

——. 1999. *Law and Disagreement*. Oxford: Oxford University Press.

Walker, N. 1978. "Punishing, Denouncing or Reducing Crime." In *Reshaping the Criminal Law*, edited by P. R. Glazebrook. London: Stevens, 391-403.

——. 1980. *Punishment, Danger and Stigma*. Oxford: Blackwell.

——. 1981. "The Ultimate Justification." In *Crime, Proof and Punishment*, edited by C. F. H. Tapper. London: Butterworths, 109-26.

——. 1991. *Why Punish?* Oxford: Oxford University Press.

Walker, N., & McCabe, S. 1973. *Crime and Insanity in England*. Vol. 2. Edinburgh: Edinburgh University Press.

Walker, N., & Padfield, N. 1996. *Sentencing: Theory, Law and Practice*. 2nd ed. London: Butterworths.

Walzer, M. 1983. *Spheres of Justice*. New York: Basic Books.

Wasik, M. 1987. "Guidance, Guidelines and Criminal Record." In *Sentencing Reform: Guidance or Guidelines?* edited by M. Wasik & K. Pease. Manchester: Manchester University Press, 105-25.

Wasik, M., & von Hirsch, A. 1988. "Non-Custodial Penalties and the Principles of Desert." *Criminal Law Review*: 555-72.

——. 1990. "Statutory Sentencing Principles: The 1990 White Paper." *Modern Law Review* 53: 508-17.

——. 1994. "Section 29 Revisited: Previous Convictions in Sentencing." *Criminal Law Review*, 409-18.

Wells, C. 1993. *Corporations and Criminal Responsibility*. Oxford: Oxford University Press.

Weston, W. R. 1978. "Probation in Penal Philosophy: Evolutionary Perspectives." *Howard Journal* 17: 7-22.

Williams, B. 1973a. "Ethical Consistency." In *Problems of the Self*. Cambridge: Cambridge University Press, 166-86.

——. 1973b. "Egoism and Altruism." In *Problems of the Self*. Cambridge University Press, 250-65.

——. 1981a. "Moral Luck." In *Moral Luck*. Cambridge: Cambridge University Press, 20-39.

——. 1981b. "Internal and External Reasons." In *Moral Luck*. Cambridge: Cambridge University Press, 101-13.

——. 1985. *Ethics and the Limits of Philosophy*. London: Fontana.

——. 1993. *Shame and Necessity*. Berkeley: University of California Press.

Williams, G. 1961. *Criminal Law: the General Part*. 2nd ed. London: Stevens.

——. 1983. *Textbook of Criminal Law*. 2nd ed. London: Stevens.

Wilson, J. Q. 1983. *Thinking about Crime*, Rev. ed. New York: Basic Books.

Wilson, P. 1972a. "Nature and Convention." In *Ethics an Action*. London: Routledge, 50-72.

——. 1972b. "The Universalizability of Moral Judgements." In *Ethics and Action*. London: Routledge, 151-70.

——. 1972c. "Can a Good Man be Harmed?" In *Ethics and Action*. London: Routledge, 193-209.

——. 1972d. "Ethical Reward and Punishment." In *Ethics and Action*. London: Routledge, 210-28.

Wittgenstein, L. 1963. *Philosophical Investigations*, translated by G. E. M. Anscombe. Oxford: Blackwell.

Wood, D. 1988. "Dangerous Offenders, and the Morality of Protective Sentencing." *Criminal Law Review*: 424-33.

Wootton, B. 1963. *Crime and Criminal Law*. London: Stevens.

Young, P. 1994. "Putting a Price on Harm: The Fine as a Punishment." In *Penal Theory and Practice*, edited by R. A. Duff, S. E. Marshall, R. E. Dobash & R. P. Dobash. Manchester: Manchester University Press, 185–96.

Zedner, L. 1994. "Reparation and Retribution: Are They Reconcilable?" *Modern Law Review* 57: 228–50.

——. 1997. "Victims." In *The Oxford Handbook of Criminology*, edited by M. Maguire, R. Morgan & R. Reiner. Oxford University Press, 577–612.

Zimring, F. E. 1976. "Making the Punishment Fit the Crime: A Consumer's Guide to Sentencing Reform." *Hastings Center Report* 6: 13–21. Reprinted in *A Reader on Punishment*, edited by R. A. Duff & D. Garland. Oxford: Oxford University Press, 1994.

Zimring, F. E. & Hawkins, G. 1995. *Incapacitation: Penal Confinement and the Restraint of Crime*. New York: Oxford University Press.

译后感言(代后记)

在吉林大学法学院本科阶段,王志远教授带我进入了刑法学的殿堂,从那时起我就对刑罚正当性问题产生了强烈的兴趣。后来,在香港中文大学攻读第一个硕士学位时,於兴中教授再次建议我可以深入研究刑罚正当性理论。至此,刑罚哲学就成了我魂牵梦绕的学术领域。

在不断阅读和思考过程中,刑罚哲学越来越展现出其深奥的魅力。首先,研究者应当对现行的刑罚有所认知,这就要求我们掌握基本的刑罚学、监狱学等相关知识和实践经验。其次,它强烈叩问着国家正当性问题——国家为什么可以对公民实行刑罚,国家是否可以将刑罚作为一种工具来看待?这些又将我们引入政治哲学的本源问题。最后,刑罚哲学亦探寻道德与刑罚之间的关系——刑罚是否应当成为道德践行的保障,所谓"罪有应得"又是何种含义?这些又迫使我们面对道德哲学的根本追问。简言之,刑罚正当性研究无疑是探寻社会正当性和政治正当性的极好的切入问题。

在诸多文献之中,达夫(Duff)教授的"沟通刑罚理论"深深地吸引了我。该理论很好地打破了刑罚要么是"向后看"(back-looking)要么是"向前看"(forward-looking)的二元对立,重新

译后感言（代后记）

审视隐藏在我们内心深处的犯罪人与守法者的二元分类，强调犯罪人在社会中所具有的平等性，犯罪人在刑罚过程中的主动性，以及社会公民对重新接纳犯罪人的义务性，这些共同激发我们去构建一个更为平等，更为尊重，更为博爱的人性社会。

因为对达夫教授的喜爱，2012年我申请至明尼苏达大学法学院（University of Minnesota）继续研究刑罚哲学和美国刑法问题。达夫教授为人谦和、幽默，经常可以在课堂中提出具有挑战性的问题，与达夫教授的论辩和交流，让我受益匪浅，很多理念和方法也成了我宝贵的财富。可以说，在美国攻读第二个硕士学位期间，是我最为幸福的时光，完全可以纯粹地沉浸于学术研究之中和知识积累之中。

2014年3月，我与王志远教授商量，决定合作完成达夫教授 Punishment, Communication, and Community（《刑罚·沟通与社群》）这本书的翻译，其后根据工作的需要又邀请吉林大学法学院刑法学博士姜盼盼先生加入工作团队。经过正文初译，注释翻译，全文统校等多个层层递进的艰辛过程，当译稿完成的那一刻，我难免激动不已。这个成果一方面可以作为自己多年研究刑罚正当性的阶段性总结，另一方面又可以借此与更多读者分享此问题的魅力。

译著付梓之际，我要向给予自己启发和指点的老师们表示感谢：吉林大学的李洁教授、王志远教授、徐岱教授，香港中文大学的王庆杰教授、习超教授，康奈尔大学的於兴中教授，诺丁汉大学的扎卡里·霍斯金斯（Zachary Hoskins）教授，西北大学的约书亚·亚克莱费尔德（Joshua Kleinfled）教授。最后特别感谢达夫教授对我的帮助和指导。

在美国读书期间，爷爷不幸因病离世，由于签证问题，我无法回国照顾爷爷并料理后事。我自小由爷爷奶奶带大，老人家对我甚为疼爱，寄予厚望。爷爷的离世，让我无比悲痛；没有在病床前尽到孙儿的责任，亦让我无比内疚。如今，我时常也会梦到爷爷，泪流至醒。

谨以此译著献给我的爷爷，以告慰老人家的在天之灵。孙儿也一定不负厚望，继续前行。

柳冠名
2018 年 8 月

声　明	1. 版权所有，侵权必究。
	2. 如有缺页、倒装问题，由出版社负责退换。

图书在版编目（CIP）数据

刑罚·沟通与社群/(英)安东尼·达夫著；王志远等译. —北京：中国政法大学出版社，2018.10
ISBN 978-7-5620-8616-1

Ⅰ.①刑⋯　Ⅱ.①安⋯　②王⋯　Ⅲ.①刑罚－研究　Ⅳ.①D914.104

中国版本图书馆CIP数据核字(2018)第236089号

出　版　者	中国政法大学出版社
地　　　址	北京市海淀区西土城路25号
邮寄地址	北京 100088 信箱 8034 分箱　邮编 100088
网　　　址	http://www.cuplpress.com（网络实名：中国政法大学出版社）
电　　　话	010-58908289(编辑部) 58908334(邮购部)
承　　　印	固安华明印业有限公司
开　　　本	650mm×960mm　1/16
印　　　张	20.5
字　　　数	275 千字
版　　　次	2018 年 10 月第 1 版
印　　　次	2018 年 10 月第 1 次印刷
定　　　价	65.00 元